智慧林业丛书

SMARTER FORESTRY

 智慧林业丛书

CHINA FORESTRY DIGITAL MAP
IDEAS EXPLORATION AND DEMONSTRATION CONSTRUCTION

中国林业一张图

思路探索与建设示范

李世东 等著

中国林业出版社

图书在版编目(CIP)数据

中国林业一张图：思路探索与建设示范 / 李世东等著. —北京：中国林业出版社，2016.12（2019.4重印）

（智慧林业丛书）
ISBN 978-7-5038-9511-1

Ⅰ. ①中… Ⅱ. ①李… Ⅲ. ①林业经济–经济发展–研究–中国 Ⅳ. ①F326.23

中国版本图书馆 CIP 数据核字（2018）第 061141 号

中国林业出版社·生态保护出版中心
责任编辑：刘家玲

出　　版：	中国林业出版社(100009 北京西城刘海胡同 7 号)
E-mail：	wildlife_cfph@163.com　　电话：83143519
印　　刷：	北京中科印刷有限公司
版　　次：	2018 年 1 月第 1 版
印　　次：	2019 年 4 月第 2 次
开　　本：	787mm×1092mm　1/16
字　　数：	480 千字
印　　张：	21.5
定　　价：	80.00 元

审图号：GS(2018)1217 号

中国林业一张图：思路探索与建设示范

李世东　邹亚萍　冯峻极　著

参与编写人员

王　茜　王　辉　李安颖　张　翼　丁国柜
程桂霞　林　旭　连颖辉　胡　永　段　菁
罗　勇　陈小中

(代前言) # 融合与创新

21世纪是信息化的世纪。信息化与经济全球化相互交织，重塑着全球经济竞争格局，深刻改变着全球发展方向。随着全球信息化的深入推进，准确把握世界信息化发展的形势变化，大力加强融合与创新，是世界各国和各行各业适应信息化发展潮流、抢占未来发展制高点的迫切需要和必然选择。

一、融合与创新——全球信息化发展的新特征

半个世纪以来，全球信息化走过了以信息交流和信息内容为标志的两个重要阶段，随着物联网、云计算等新一代信息技术的出现，信息化的第三次浪潮扑面而来，即通过融合与创新，为人们生产生活提供全景式的服务，融合与创新日益成为现阶段最显著的特征。

一是互联整合成为新趋势。当前，信息化特别是政府信息化正面临着阶段性转变，越来越突出跨组织的业务协同和信息共享，主要体现在：着力高度集成的顶层设计，指导和保障跨部门服务的统一、无缝链接；搭建统一的业务系统协同平台，将政府各部门业务系统进行协同和整合；建立数据资源管理平台，依据统一的数据采集、交换、发布标准，将数据集中到数据资源管理中心，实现数据的整合；整合信息服务传递渠道，按需集成各部门的功能和服务，供给用户。美国2009年3月启动Data.gov项目，作为联邦政府实施开放政府战略的旗舰性项目。英国、澳大利亚等发达国家也抓紧建设本国政府的Data.gov网站。

二是融汇创新成为新动力。近年来，信息技术日新月异，应用创新层出不穷，成

为推动经济社会各领域信息化的巨大动力，不断改变着人们的生产生活方式和思维习惯，主要体现在：融合数据、语音、视频的三网合一逐步由理念变为现实；物联网技术不断实现突破性进展，能够把各类物品与互联网相连接，实现智能化感知、识别、定位、监控和管理；云计算技术提供了安全可靠的计算资源和数据资源，使硬件、软件、数据资源共享得以实现；地理信息系统得到全面快速发展，成为全球信息产业的重要组成部分；数字证书和电子签名技术进一步发展，为统一身份管理和安全认证提供了有效保证。谷歌公司借助云计算技术，实现了短期内的高速发展，并把云服务输送到世界各地。苹果公司通过集成多种信息技术，以先进的生产、服务理念和发展模式，一跃成为全球IT业的"大哥大"，引发对融合与创新的深刻思考。

三是战略规划成为新引擎。战略规划在统一思想、指导行动等方面具有无可替代的作用，得到了世界各国的高度重视。美欧等发达国家都有明确的战略规划，同时根据形势的变化，适时做出科学调整，引领信息化不断发展。美国20世纪90年代以来，先后出台了国家信息基础设施行动计划（NII）、全球信息基础设施行动计划（GII）、国家网络安全综合计划、国家宽带计划等，特别是2011年，发布了《联邦云计算战略》，成为全球第一个出台云计算战略的国家；发布了《网络空间国际战略》，强调促进网络空间的国际合作；发布了《美国网络安全教育计划战略规划：构建数字美国》，旨在通过创新的网络行为教育培训，促进美国的经济繁荣，保障国家安全；发布了《网络可信身份国家战略》，旨在保护消费者免受欺诈和身份盗窃；发布了《普及美国农村地区宽带：对农村宽带战略报告的更新》，支持农村宽带发展。欧盟先后发布了《通往信息社会的欧洲之路》、《里斯本战略》、《电子欧洲2002行动计划》、《电子欧洲2003行动计划》、《电子欧洲2005行动计划》等。2010年5月，欧盟公布了为期5年的《数字化议程》，在27个成员国部署超高速宽带。为加强互联网治理，2011年欧盟发布了《关键信息基础设施保护——成果及下一步行动计划》。近年来，随着绿色低碳经济在全球兴起，美国、加拿大、英国、澳大利亚等纷纷推出绿色政府计划，打造"绿色电子政务"将是今后全球电子政务发展的重点方向。

二、融合与创新——我国信息化发展的主旋律

今后一个时期，是我国深化改革开放、加快转变经济发展方式的攻坚时期，也是我国信息化继往开来、深入发展的重要阶段。加强整合、深化融合、创新发展是新时期我国信息化发展的重要任务。

一是融合与创新成为国家的重要战略导向。继2007年党的十七大提出"两化融合"、"五化并举"的战略任务、2010年党的十七届五中全会提出"两化深度融合"后，

2011年3月，《国民经济和社会发展第十二个五年规划纲要》指出，"重点发展新一代移动通信、下一代互联网、三网融合、物联网、云计算、集成电路、新型显示、高端软件、高端服务器和信息服务"，"加快建设宽带、融合、安全、泛在的下一代国家信息基础设施，推动信息化和工业化深度融合，推进经济社会各领域信息化，全面提高信息化水平"，对推动互联互通、信息共享和业务协同等提出了明确要求。2012年4月，国务院批复的《"十二五"国家政务信息化工程建设规划》，强调"加强顶层设计，坚持需求主导，强化信息共享、业务协同和互联互通，突出建设效能，有效提高公共服务水平"。6月，国务院印发《关于大力推进信息化发展和切实保障信息安全的若干意见》，强调"以促进资源优化配置为着力点，加快建设下一代信息基础设施，推动信息化和工业化深度融合，构建现代信息技术产业体系，全面提高经济社会信息化发展水平"。《国家互联网"十二五"发展规划》、《国家物联网"十二五"发展规划》、《国家电子政务"十二五"发展规划》、《国家电子商务"十二五"发展规划》、《"十二五"国家战略性新兴产业发展规划》等，都共同遵循融合与创新的战略思想。

二是融合与创新成为深化应用的迫切需求。经过多年的发展，我国信息化已具备了一定的基础，进入到全方位、多层次推进的新阶段。与先进国家相比，当前我国信息化建设存在的问题主要包括：信息技术自主创新能力不足，核心技术和关键装备主要依赖进口；信息资源开发利用滞后，信息共享和业务协同程度不高；数字鸿沟有扩大趋势，成为影响持续协调健康发展的重要因素；体制机制改革相对滞后，发展环境急需改善；信息安全问题比较突出，威胁到经济社会发展。坚持从国情出发，加强资源整合，促进双向融合，提高创新发展能力是解决这些问题的首选方略。当前，受国际金融危机等多种复杂因素的影响，信息化作为保增长、扩就业、惠民生的重要战略选择，已被摆上国家重要议事日程。新形势、新任务迫切需要全国在大规模信息化基础设施建设的基础上，通过融合与创新，进一步拓展和深化信息技术应用，优化发展环境，增强信息化发展的动力、活力与后劲。

三是融合与创新成为贯穿信息化工程的主线。近年来，通过国家引导和实践磨砺，融合与创新的思想正逐渐深入人心。各级政府在审批和组织实施信息化建设项目过程中，日益强调网络互联互通、信息资源整合、运营管理模式的创新等，并将其作为项目绩效评估的重要指标。国家发改委、财政部、工信部在组织开展物联网、云计算等应用示范时，十分重视技术与业务的渗透融合、综合信息服务平台建设以及运营管理模式的创新，以求真正达到示范引领的目的。商务部通过资源整合和大胆创新，打造了引领我国政府网站建设的网站群模式，以其高效率、低成本、协同性、一站式和一体化等优势，使网站群成为信息发布的窗口，经济和社会效益显著。当前国家电子政务外网、电子政务内网、"宽带中国"等一批重大信息化工程已经启动，融合与创新成为这些工程设计与实施的基本要求和亮点所在。

三、融合与创新——林业信息化科学发展的新要求

近年来，在各方面的共同努力下，全国林业信息化建设力度不断加大，发展步伐明显加快，建设成效逐渐显现。特别是2009年以来，林业信息化发展思路日趋明确，基础设施明显改善，机构队伍不断加强，政策制度不断完善，合作交流日益活跃，全行业信息化素质明显提升，林业信息化步入规范有序、全面发展的轨道。这其中，坚持"五个统一"，深化融合与创新是最为宝贵的经验。

林业工作涉及千山万水、千家万户，具有点多、面广、基础差、条件苦等特点，这就决定了林业信息化工作的复杂性、艰巨性和长期性。各级林业主管部门不畏艰难，大胆开拓，坚持以需求为主导、以应用为核心、以整合为突破口、以创新为原动力，取得了显著成效。国家林业局通过实施防护林营造林监管体系、林业资源综合监管服务体系、国家自然资源和地理空间基础信息库等项目，建成了高标准的内网、外网、专网，形成了全国林业信息高速公路，开辟了林业无纸化办公的新时代，打造了中国林业网统一门户网站，信息资源共享实现了大跨越，通过融合与创新，每年至少取得10大突破，创造10项第一，信息化成为现代林业建设的靓丽名片，得到了社会各界的广泛赞誉。辽宁、湖南、北京、江西等大力推进信息资源集约化建设，为现代林业繁荣发展提供了重要支撑。福建、广东、河南、内蒙古、吉林森工等都在有关领域取得了明显成效，起到了示范带动作用。

实践证明，没有全面融合，就不会有林业信息化的快速发展；没有全面创新，林业信息化就会失去发展的活力。无论从全球层面、国家层面，还是从林业自身层面看，要生存发展、有为有位、做大做强，就必须重视融合与创新、自觉践行融合与创新、科学推进融合与创新，以融合与创新加快林业信息化，以融合与创新引领林业现代化。

四、融合提升，创造林业信息化发展新格局

林业信息化是林业改革发展的重要支撑和动力，林业的改革发展为林业信息化不断创造新的需求和环境，林业信息化现状强力召唤着高度集成和融合，不断成熟的新技术、新成果催生着林业信息化的创新求变。今后一个时期，林业信息化只有不断深化内涵、扩展外延、突破传统、融合创新，才能为现代林业提供更好的支撑保障，引领现代林业转型升级。推动林业信息化加速发展，需要上下融合，协同努力。

一是整合项目建设，夯实发展基础。加快推进国家林业卫星遥感平台、内外网安

全等级保护等项目的实施。加强自然资源和地理基础信息库项目管理，理顺林业基础数据管理机制。整合网站建设，加大中国林业网站群规模，整合市县级林业门户网站，加强信息员培训，提高信息发布质量。积极推进"金林工程"、云计算平台、物联网示范、北斗示范、林农服务平台、高清视频会议、灾备中心等项目的立项建设，全面加快建设步伐。

二是整合投资渠道，增强发展动力。 上下共同努力，主动协调有关部门，积极争取将林业信息化建设纳入本级信息化总体规划，并在发展改革、财政部门设立林业信息化建设专项，形成长期稳定的投资渠道。在现有林业建设项目总投资中，力争拿出一定比例，集中用于信息化建设。加大现有林业建设项目中信息化投资整合力度，实行统一管理、统筹安排、专款专用，确保资金落到实处。在市场效益明显的领域，积极吸纳社会投资，加快推进林业信息化建设步伐。

三是整合信息资源，拓展服务平台。 牢固树立一盘棋的思想，主动沟通，加快信息资源整合，已建的数据库、应用系统和网站，要尽快整合到统一平台上，今后新建的各类信息化项目，必须建在统一平台上。各地也要打破条块分割，加大整合力度，尽快完成整合。强化协作配合，要加强与有关部门的沟通协调，积极争取支持，密切协作配合。加强对外合作交流，坚持走出去、请进来的办法，学习借鉴国外以及国内其他部门先进经验和技术，加强与高等院校、科研院所、重点IT企业的战略合作，拓宽林业信息化应用领域，全面提升信息资源共建共享和应用水平。

五、开拓创新，建立林业信息化发展新机制

信息化要引领现代化，信息人必须引领信息化，必须始终具备创新精神、创新意识，特别是要通过创新机制，把信息管理部门逐步打造成集综合管理部门、专业业务部门、现代科技部门、先进文化部门于一体的现代化团队，全面加快林业信息化建设。

一是融合各方优势，创新管理机制。 要努力筹建全国林业信息化软件测评中心，为"五个统一"奠定基础；要尽快筹建中国林业信息化发展基金，评选首届中国林业信息化十大功勋人物；要加快推进典型样板建设，尽快推出首批全国林业信息化示范市、示范县；要加快机构队伍建设，尽快实现省级信息中心全覆盖。

二是融合信息特色，创新会议机制。 要坚持多年来探索形成的一套形式多样、完整的会议机制，充分发挥决策、执行、沟通、协调、监督作用：全国工作会机制，要推动全国性的工作会议每两年召开一次，努力打造规格最高、覆盖面最广、科技含量最高、内容最丰富、反响最强烈的专门会议，这将对全面促进林业信息化产生十分重要而深远的影响；座谈会机制，要根据具体业务需求不定期召开工作座谈会，如全国

林业信息化示范省座谈会，各种业务专题座谈会、考察交流座谈会，有利于建立协调机制，处理好全局与局部、内部与外部、现实与长远的关系；协作组会议机制，协作组会议是与时俱进的新形式，也是一种加强沟通交流、促进业务创新的新平台，会议形式上要充分利用信息手段有创新，会议内容上要充分结合发展形势有创新，每次要办出信息化特色，办出地方特色；培训会机制，要坚持培养信息化带头人的CIO培训和各种专题培训，努力提高信息化队伍整体素质。

三是融合信息资源，创新评测机制。要努力将《中国林业信息化发展报告》打造成精品，坚持按年度出版，从多个视野，记录年度林业信息化发展进程，探讨与信息化相关的热门话题、突出成就和前瞻技术，分析预测林业信息化发展的新形势和新任务，对林业信息化作最全面的总结、最高度的概括、最权威的评价。要努力做好全国林业信息化发展水平评测，对林业信息化整体发展进行把脉，要经过各地申报、数据审核、综合评定等环节，对林业信息化建设水平、应用水平、保障水平评测分析，形成年度《评测报告》，推动全国林业信息化快速发展。要努力做好全国林业网站绩效评估，对中国林业网各子站的建设运维情况，以及国家林业局办公网应用情况进行全面评估，评出十佳网站和十佳单位，调动各地各单位网站建设应用的积极性。要努力做好网站绩效单项评估，要评选出年度信息发布、在线服务、效能管理、网络访问、网站设计、网络影响、数据整合、互动交流领先奖等单项奖。要坚持信息采用情况定期通报制度，列出数量排名和得分排名，努力增加信息数量，提高信息质量，确保信息内容保障工作再上一个新台阶。要搞好全国林业和林业信息化十件大事、十大关键词评选活动，在每年年底集中推出。

四是融合信息技术，创新文化机制。信息文化产生并形成于信息时代，是以信息技术广泛应用而形成的新的文化形态。信息文化是信息化建设的重要内容，这几年，我们在信息文化建设方面做了很多创新性的工作，形成了良好的信息文化氛围，今后要不断发扬光大：要坚持林业信息化"责任、创新、服务、同心"的核心价值观，实现信息化对林业事业发展的最高保障，努力做一流的林业信息管理者和一流的林业信息服务者；要坚持林业信息文化理念，包括"One Center, One Team"的团队理念，"激情敏行，快乐工作"的工作理念，"有效沟通，高效激励"的管理理念，"人皆有才，人尽其才、人人成才"的人才理念，"精读慎思，享受学习"的学习理念，"心廉为本，行廉为实"的廉政理念等六大理念；要坚持林业信息文化规范，包括"守时、守信、守洁、守静"的办公室行为规范，塑造"四心"的职业修养规范，"整洁端庄，得体大方"的着装仪表规范，"宾至如归、融洽妥帖、分寸得当、友谊绵长"的公务接待礼仪规范，"责任清晰、管理有序、服务热情、注重效率"的日常工作交往规范，"联系顺畅、方式得当、话语简明、减少干扰"的通讯礼仪规范等六大规范；要坚持林业信息文化制度，要以《关于加强文化建设的实施意见》为指导，不断践行理论学习制度、专题学习制度、读书交流活动、主题实践活动等一系列制度措施，将信息业务工作与信息文化工作紧密融合，增强林业信息化队伍的战斗力和凝聚力；要创建网络生态文化，将全国生态作品大赛、信息改变林业网络故事征文大赛等打造成精品，构建积极健康的网络文化氛围，积极推进中国林业数字图书馆等公益性文化信息基础设施建设，为完善网络科普资源和公共文化信息服务体系奠定良好的基础。

李世东
2015 年 5 月

注：摘自李世东在首届全国林业信息办主任会议上的讲话。

目录 CONTENTS

融合与创新(代前言)

思路探索

第一章　建设背景
　　一、国际背景 ·· 3
　　二、国内背景 ·· 8
　　三、行业背景 ··· 13

第二章　需求分析
　　一、目标总体需求 ·· 15
　　二、业务需求分析 ·· 16
　　三、基础平台需求 ·· 40
　　四、运维服务需求 ·· 47

第三章　顶层设计
　　一、设计原则 ··· 54
　　二、总体架构 ··· 55
　　三、建设内容 ··· 58
　　四、关键技术 ··· 71

建设成果

第四章　平台建设
　　一、共享平台 ··· 83
　　二、网络平台 ··· 87
　　三、机房建设 ··· 94

第五章　数据库建设
　　一、数据资源 ··· 98

二、数据服务 ··· 102

三、数据更新 ··· 107

第六章 应用系统建设

一、林业资源基础信息管理平台 ··· 110

二、森林资源监管子系统 ·· 111

三、湿地资源监管子系统 ·· 113

四、荒漠化监管子系统 ·· 115

五、生物多样性资源监管子系统 ·· 117

六、林业资源信息三维可视化查询系统 ·· 119

第七章 运维安全建设

一、运维服务系统 ··· 125

二、安全管理系统 ··· 127

三、综合管理系统 ··· 130

第八章 标准规范建设

一、信息资源标准 ··· 134

二、应用标准 ·· 135

三、基础设施标准 ··· 136

四、管理标准 ·· 136

第九章 相关项目建设

一、国家自然资源和地理空间基础信息库 ······································· 137

二、国家卫星林业遥感数据应用平台 ·· 140

三、中国林业数据库 ··· 147

——— 示范应用 ———

第十章 在林业资源监管中的应用

一、林业资源综合查询服务 ·· 155

二、林业资源信息管理服务 ·· 158

三、林业有害生物 GIS 应用服务 ·· 159

第十一章 在三个系统一个多样性中的应用

一、基于一张图实现森林资源监管服务 ·· 161

二、基于一张图实现湿地资源监管服务 ·· 162

三、基于一张图实现荒漠化资源监管服务 ······································ 162

四、基于一张图实现生物多样性监管服务 ······································ 163

第十二章 在应急指挥调度中的应用
  一、音视频融合服务 ································· 165
  二、可视化指挥调度服务 ····························· 166
  三、可视化语音调度服务 ····························· 168

第十三章 在辽宁智慧林业中的应用
  一、辽宁省智慧林业概述 ····························· 169
  二、智慧林业云数据中心 ····························· 172
  三、智慧林业应用支撑平台 ··························· 175
  四、智慧林业应用系统 ······························· 178

第十四章 在示范建设中的应用
  一、省级示范应用 ··································· 181
  二、市级示范应用 ··································· 185
  三、县级示范应用 ··································· 188
  四、示范基地应用 ··································· 193

第十五章 推动林业信息化发展展望
  一、林业一张图支撑智慧林业建设 ····················· 198
  二、林业一张图推进数据开放共享 ····················· 199
  三、林业一张图演进路线 ····························· 201

附　录
  林业数据库设计总体规范 ····························· 202
  林业生态工程信息分类与代码 ························· 229
  森林火灾信息分类与代码 ····························· 248
  湿地信息分类与代码 ································· 260
  荒漠化信息分类与代码 ······························· 266
  野生动植物保护信息分类与代码 ······················· 272
  林业信息WEB服务应用规范 ··························· 282
  林业信息服务接口规范 ······························· 299
  林业信息化网络系统建设规范 ························· 308

参考文献 ·· 322

后　记 ·· 325

思路探索

SILU TANSUO

第一章
建设背景

一、国际背景

信息技术的迅猛发展掀起了全球信息化的浪潮，信息化引领着经济社会各个领域的深刻变革，并从根本上改变着人们的生产方式、生活方式乃至文化观念，推动人类迈向生态文明。信息技术突破传统生产力的束缚，推动业务领域实现跨越式发展，现代信息技术的广泛应用，正以势不可挡的信息化革命，促进管理创新，带动管理的科学化、规范化、精细化，推进各项工作的现代化，形成了全球范围内以空间数据为特色的信息基础设施和应用服务体系，使资源管理、调查评价和社会服务等工作提高到一个崭新的水平。

（一）国家空间数据基础设施（NSDI）

20世纪90年代中期以来，美国、加拿大和欧盟等发达国家和地区相继提出并实施了国家空间基础设施计划，从国家战略发展的高度出发，统筹规划与协调地理信息资源，制定空间数据框架，对资源生态的综合规划、管理以及提高国土资源空间信息的共享和社会化服务起到了重要作用。

美国于20世纪90年代率先提出和开展了国家空间数据基础设施（NSDI）建设，克林顿政府把建立NSDI作为政府的首要政策之一，并于1994年4月颁布第12906号总统令，即"协调统一地理空间数据的获取和存储：国家空间数据基础设施"。NSDI使得现势的和准确的地理空间数据更易于获取，极大地促进了地理空间数据的采集、共享、分发和利用，对美国国家和各州地方的经济增长、生态质量以及社会进步发挥了积极的作用。2003年，作为美国国家电子政务和NSDI的重要组成部分，实施了"地理空间一站式（Geospatial One

—Stop)"计划(图1-1),它为公众提供了发现和浏览覆盖全美的地图资源和数据以及其他地理空间服务,使得各级政府部门和社会公众能够更便利、更快速和更廉价地查询、访问和获取地理空间信息,从而有助于共享和获取信息,做出更明智的决策。"地理空间一站式"提供的各种服务在联邦政府所倡导的信息技术计划实施的信息共享方面做出了杰出贡献。

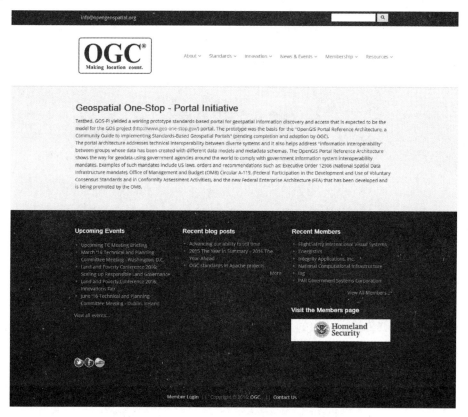

图1-1　美国地理空间一站式(Geospatial One–Stop)计划

NSDI的基本思想被许多国家接收和采纳,许多国家相继推出并实施了自己的空间数据基础设施计划。加拿大联邦政府从1999年实施GeoConnections计划,这是一个由联邦政府、各省(区)政府、市和地方政府、科研单位与大学以及私营企业等机构广泛参与的合作伙伴关系的国家级计划,由加拿大政府资助,从1999年至2010年分两期实施,联邦政府投入1.2亿加元,省(区)、市和地方政府及其他机构的投资也超过上亿加元。GeoConnections的作用主要在于建立加拿大地理空间数据基础设施(CGDI),实现加拿大地理空间数据库和服务的在线访问。CGDI是协调加拿大所有地理空间数据库并使其在Internet上可以获取得到的、所必要的政策、技术、标准、访问系统和协议的总和。10多年来,GeoConnections的实施实现了加拿大地理空间数据库和服务的在线访问,并有效协调了联邦、省、地方政府、私人企业与学术团体之间的合作伙伴关系和投资与发展(图1-2)。

图 1-2　加拿大联邦政府 GeoConnections 计划

澳大利亚、欧盟、日本、新加坡、南非等数 10 个国家和地区也提出了各自的计划，并已取得了重要进展。通过政府组织实施的国家空间数据基础设施的建设与发展，涵盖了组织框架、数据政策及相应数据集、技术方法和标准等内容，为地理空间数的管理、分发、生产、利用和交换奠定了坚实的基础。

(二)全球地质一张图

"全球地质一张图"由英国地质调查局于 2006 年 2 月发起，2007 年 3 月在英国的布赖顿拉开帷幕。该计划是地质调查界一项国际性的活动，也是"国际地球年"的一项旗舰项目。其目标是创建一个动态的全球电子地质数据，为各国提供并开放已有的不同电子格式地质数据，目标比例为 1∶100 万，为需求者提供技术支持，促进国际地学数据互联互通。

该计划由众多国家和组织合作开展，参与的主要组织有世界地质调查联络网、世界地质图委员会（CGMW）、国际地质科学联合会（IUGS）、国际地球年（IYPE）下属的国际机构、联合国教科文组织（UNESCO）和国际标准化组织全球制图指导委员会（ISCGM）等。该计划由 5 个国际组织的代表组成全球地学编图国际协调委员会（ICCGGM）组织协调，项目指导委员会由相关国家地质调查机构或组织代表组成，秘书处由英国地调局组建，法国地质调查局组建技术工作组。

"全球地质一张图"自 2006 年启动以来取得了很大的成效,得到全球地学组织的广泛响应。"全球地质一张图"门户网站(http://portal.onegeology.org)于 2009 年 6 月正式开始运行,目前已有 117 个国家、165 家机构参与了该计划,其中 57 个国家(组织)提供了数据服务(图 1-3)。

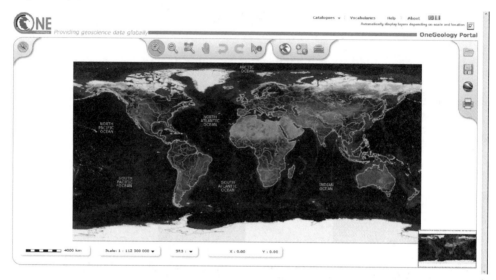

图 1-3　全球地质一张图门户

"全球地质一张图"从提出到正式启动都得到了全球地学组织和地质调查机构的关注和支持,中国将其列为地学热点领域之一。2008 年,在第 33 届国际地质大会上中国以独立成员的身份加入了该计划。2012 年 12 月,中国地质调查局成立了"全球地质一张图·中国"协调委员会,落实由中国地质调查局发展研究中心负责数据转换与共享发布工作。2013 年 12 月,中国地质调查局正式发布符合"全球地质一张图"标准的中国 1∶100 万地质图数据,标志着"全球地质一张图·中国"正式上线运行。2014 年 3 月,OneGeologyChina 正式发布运行。OneGeology 国际组织将 OneGeologyChina 服务标准评定为"三星"级,表明 OneGeologyChina 服务水平已达到国际领先(图 1-4)。

(三)谷歌地球

谷歌地球(Google Earth,GE)是一款 Google 公司开发的虚拟地球仪软件,它把卫星照片、航空照相和 GIS 布置在一个地球的三维模型上。GE 于 2005 年向全球推出,被《PC 世界杂志》评为 2005 年全球 100 种最佳新产品之一。用户们可以通过一个下载到自己电脑上的客户端软件,免费浏览全球各地的高清晰度卫星图片。GE 上的全球地貌影像的有效分辨率至少为 100m,通常为 30m(例如中国大陆),视角海拔高度(Eye alt)为 15km 左右(即宽度为 30m 的物品在影像上就有一个像素点),但针对大城市、著名风景区、建筑物区域

图1-4 全球地质一张图·中国

会提供分辨率为1m和0.5m左右的高精度影像，视角高度分别约为500m和350m。提供高精度影像的城市多集中在北美洲和欧洲，其他地区往往是首都或极重要城市才提供。中国大陆有高精度影像的地区有很多，几乎所有大城市都有。另外大坝、油田、桥梁、高速公路、港口码头与军用机场等也是GE重点关照对象(图1-5)。

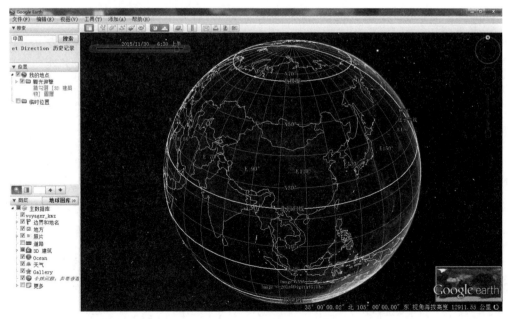

图1-5 谷歌地球

GE 的卫星影像，并非单一数据来源，而是卫星影像与航拍的数据整合。谷歌地球可让您前往世界上任何地方，查看全球各地的历史影像和海洋专家提供的海底和海平面数据，具有音频和视频录制功能的简化游览功能，GE 结合卫星图片、地图以及强大的 Google 搜索技术，可以将全球地理信息展现在眼前：从太空漫游到邻居一瞥，自己驾驶飞机飞行，可以看火星、月球和星空地图，对稀有动物进行跟踪系统，实时天气监测、街景视图、地球城市夜景，可以用 Panoramio 把自己照片钉在谷歌地球上，还可以实现核爆模拟等多项功能。新版"谷歌地球"还增加了其他多项功能。其中一项功能可让使用者查看某一地点的历史卫星照片，并通过对比老照片和最新照片了解该地随时间推移而发生的变化。

GE 一共提供了 3 个版本（不含企业服务器版）：个人免费版、Plus 版、Pro 版。2010 年 5 月 2 日，GE 发布了 5.2 版，新版本的主要目标是让用户能全面了解我们生活的地球。新增加的功能包括：提供 Google Ocean（谷歌海洋）、大气层功能、提供历史图像功能，能够让用户实现时空倒流般的地球旅行，浏览火星图片功能，对于中国用户来说，这个版本首次开始支持简体中文版本语言。我们在界面上不用再使用繁体中文了，可以选择简体中文的语言界面。此外，新版软件中的"火星三维"功能，可通过高分辨率照片和火星的三维地形图，帮助用户"漫游"火星，探索火星上的火山或者寻找人类发射的探测器在火星上的着陆点等。

二、国内背景

我国国土面积辽阔，而人均资源相对稀缺，面对"保发展保红线"的双保难题，需要加快构建现代化技术支撑的资源监管与服务信息化体系，实现资源监督管理全业务、全流程的信息化监测与监管，增强资源监管能力和参与宏观调控的主动性，提高服务能力，以加强资源监管力度，科学、合理地开发利用资源。

（一）天地图

"天地图"是国家测绘地理信息局建设的地理信息综合服务网站。它是"数字中国"的重要组成部分，是国家地理信息公共服务平台的公众版。"天地图"的目的在于促进地理信息资源共享和高效利用，提高测绘地理信息公共服务能力和水平，改进测绘地理信息成果的服务方式，更好地满足国家信息化建设的需要，为社会公众的工作和生活提供方便。

中国自主的互联网地图服务网站"天地图"正式版于 2011 年 1 月 18 日上线，向社会公众提供权威、可信、统一的在线地图服务，打造互联网地理信息服务的中国品牌。"天地图"是我国区域内基础地理信息数据资源最全的互联网地图服务网站，由国家测绘局监制、国家基础地理信息中心管理、天地图有限公司运营。其测试版于 2010 年 10 月 21 日开通试运行，在只开通中文版的情况下，获得了来自210个国家和地区近3000万人次的访问量。

2012年2月，资源三号测绘卫星为天地图提供了第一幅国外影像数据。2013年6月18日，天地图的2013版本正式上线，整体服务性能比此前版本提升4~5倍。新版天地图还开通了英文频道、综合信息服务频道和三维城市服务频道，并更新了手机地图。

"天地图"集成了海量基础地理信息资源，总数据量约30TB，处理后的电子地图总瓦片数近30亿。主要包括：全球范围的1∶100万矢量地形数据和250m分辨率卫星遥感影像，全国范围的1∶25万公众版地图数据、导航电子地图数据、15m分辨率卫星遥感影像、2.5m分辨率卫星遥感影像，全国319个地级以上城市和10个县级市建成区的0.6m分辨率遥感影像，部分城市三维街景数据。

"天地图"网站装载了覆盖全球的地理信息数据，这些数据以矢量、影像、三维3种模式全方位、多角度展现，可漫游、能缩放。其中中国的数据覆盖了从宏观的中国全境到微观的乡镇、村庄。普通公众登录"天地图"网站，即可看到覆盖全球范围的1∶100万矢量数据和500m分辨率卫星遥感影像，覆盖全国范围的1∶25万公众版地图数据、导航电子地图数据、15m和2.5m分辨率卫星遥感影像，覆盖全国300多个地级以上城市的0.6m分辨率卫星遥感影像等地理信息数据，是目前中国区域内数据资源最全的地理信息服务网站（图1-6）。

图1-6　"天地图"地理信息数据

通过"天地图"门户网站，用户接入互联网可以方便地实现各级、各类地理信息数据的二维、三维浏览，可以进行地名搜索定位、距离和面积量算、兴趣点标注、屏幕截图打印等常用操作。公众还可以以超链接的方式。

接入已建成的省市地理信息服务门户，获得各地更具个性化的服务，畅享省市直通。此外，在"天地图"上，用户也可以访问国家测绘成果目录服务系统，了解掌握国家和各省（自治区、直辖市）的测绘成果情况，并能够链接国家测绘局相关地理信息服务网站，获取包括"动态地图"、"地图见证辉煌"等专题地理信息。

（二）国土资源一张图

近年来，国土资源信息化体系基本建立，开展全国国土资源一张图建设，以全国土地调查数据成果为基础，汇集其他已有的土地、矿产资源、基础地质和地质环境等信息，建立全国国土资源一张图及核心数据库，解决了目前存在的数据支撑能力比较薄弱，数据准确性、现势性、完整性亟待提高，数据获取、更新渠道还不顺畅等这些阻碍国土资源信息化发展的瓶颈问题。

在宏观层面上，国土资源一张图为满足国土资源参与宏观调控、资源监管、形势分析、辅助决策支持和社会化信息服务提供数据支撑所必要的政策、机制、数据及其管理、技术、标准、应用和服务的总和。在微观层面上，国土资源一张图是实现各类国土资源数据汇交、存储、处理、应用、分析、挖掘和安全备份等管理和服务的数据集成环境。从业务管理来看，国土资源一张图是面向国土资源监管与服务目标，基于统一基础地理空间参考，对土地、矿产、基础地质和地质环境等各类国土资源专业信息的综合集成与展示，是全面展示国土资源状况的"电子沙盘"。从数据内容来看，国土资源一张图是基础地理、土地、矿产、基础地质和地质环境等多专业数据，按照统一空间定位基准、统一分类编码、统一命名规则、统一数据格式、统一统计口径等要求，按照管理与服务需求，从各类专业数据库中经过抽取、转换和加载（ETL）过程形成的国土资源综合数据库及其相应的数据库管理系统，及其利用数据调用接口方式或WebService方式提供的数据服务。这个综合数据库及相关的数据服务实际上就是国土资源核心数据库，它在内容上涵盖了土地、矿产、基础地质和地质环境等国土资源管理各专业领域和管理全过程的数据。

开展全国国土资源一张图建设，形成国土资源核心数据库，是要解决当前国土资源数据汇交、采集、更新、积累、整合、开发、利用尚不能满足国土资源监测监管和社会化服务需求的信息化瓶颈问题。通过对汇交、采集、更新、积累的各类土地、矿产和地质等数据资源进行整合、分析和挖掘，建立一个集中管理、安全规范、充分共享、全面服务的核心数据库，充分发挥其在国土资源形势分析、资源监测监管、地质灾害防治、参与宏观调控、辅助决策支持及社会化服务的重要作用。这是国土资源信息化建设的核心任务之一，对国土资源管理工作和社会服务具有重大和全局的意义（图1-7）。

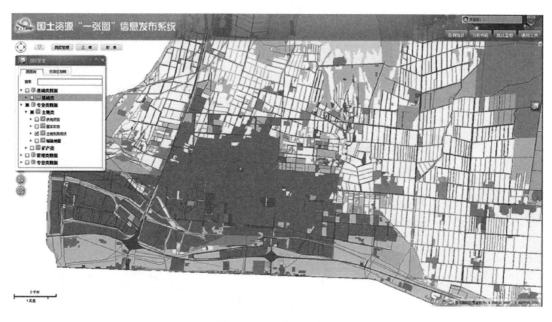

图1-7　国土资源一张图

(三)蓝色天网和全国海岛一张图

1. 蓝色天网

国家海域动态监视监测管理系统是一张中国海域管理的"蓝色天网"。国家海洋局为了不断提高海域使用管理能力与水平,花大力气提升技术水平,编织国家海域动态监视监测管理系统,初步形成了全国海岸线、滩涂、海湾等海域资源和海域使用状况"一张图"(图1-8)。准确的用海信息,为海域使用行政管理提供技术支撑,为海域使用执法监察提供技术服务。该系统利用卫星遥感、航空遥感和地面监视监测等多种手段,实施对我国近岸及其海域开发活动的立体、动态监视监测,及时为各级政府、海洋部门和社会公众提供决策支持和信息服务。2012年9月,国家海洋局透露,黄岩岛、钓鱼岛及西沙群岛全部岛屿附近海域的卫星遥感影像,被纳入国家海域动态监视监测管理系统,这是国家海域动态监视监测管理系统对我国近岸海域实现业务化定期监测后的又一重大进步。

国家海域动态监视监测管理系统自2006年起开始建设,到2009年实现业务化运行。2011年以来,"资源一号"02C、"资源三号"等多颗国产测绘、资源卫星发射升空,填补了中国国内高分辨率遥感数据的空白,海域动态监测范围更广、精度更高,监测范围覆盖到远海地区,将进一步推动海洋生态环境保护工作,比如,可及时发现海上溢油等现象对海洋生态的影响,为防止生态系统退化、保护海洋生态环境提供对策。此外,通过这双"远望眼",人们可敏锐地捕捉台风、海啸、厄尔尼诺现象等在远海区域生成的"苗头"和发展趋势,通过实时监测,为近海地区防御和应对自然灾害提供更及时和有效的预警。

图 1-8 蓝色天网系统

2. 全国海岛一张图

为实现对全国海岛的动态监管，满足海岛开发、建设、保护与管理的需要，自2011年开始，国家海洋局和中国海监总队组织北海、东海、南海3个航空支队以及国家海洋信息中心，对民用载人航空器可以抵达的海岛开展了航空遥感监视监测数据的获取、处理、汇交、整理、入库、共享和服务工作。3个航空支队通力合作，与国家海洋信息中心一起完成了海岛航空历史数据的梳理，据此有计划、分步骤地制定了航空数据获取计划，尤其是针对开发利用名录海岛、整治修复项目所在海岛、领海基点所在海岛以及海岛保护专项资金支持海岛等重点海岛实施监视监测，使海岛航空监视监测工作逐步向业务化推进。

"全国海岛一张图"集成了大量高精度的海岛航空数据影像、照片和录像等第一手资料，其中50%的海岛有高精度的三维地形数据，可直观体现海岛地形的起伏变化，进行三维立体分析。作为海岛数据平台的重要组成部分，海岛监视监测航空遥感数据是全国海岛一张图的核心内容。这些数据资料极大地丰富了海岛航空影像本底数据库，进一步完善了全国海岛一张图工作，在海岛管理和海岛执法工作中发挥了积极的作用。在海岛监视监测系统的本底数据日益丰富和国家海岛监视监测系统数据平台建设工作完善的基础上，将充分利用各类海岛信息数据，制作各类海岛信息产品，稳步推进海岛监视监测系统的部署和运行工作，切实服务于各地海岛管理、海岛执法以及海洋经济发展。

三、行业背景

我国正处在全面建设小康社会的关键时期和深化改革开放、加快转变经济发展方式的攻坚时期。习近平总书记强调，林业建设是事关经济社会可持续发展的根本性问题。全面深化林业改革，创新林业治理体系，才能充分发挥林业在经济社会发展中的巨大作用。21世纪是信息化的世纪，21世纪现代化的核心标志是信息化。习近平总书记指出："没有信息化，就没有现代化"，信息化的战略地位提到了一个前所未有的高度，成为推进国家现代化的必然选择和关键环节。利用现代信息技术加强国家治理，能提高治理效率，降低治理成本，实现制度执行从粗放到精细、从监管到服务的转变。随着信息化的迅速发展，特别是云计算、物联网、大数据等新一代信息技术的出现，推动了国家治理理念的更新，支撑了国家治理现代化的实践，为提高行政决策、管理能力和服务能力创新了方法、打通了渠道，成为实现国家治理现代化的关键手段。通过现代信息技术的促进，加快转变林业产业增长方式，实现林业高效、可持续发展，实现环境信息采集、传输和管理的信息化，才能从大量繁杂的信息中发现趋势、把握重点，使保护管理决策体现时代性、把握规律性、富于创造性，提高管理决策的水平和能力。

进入21世纪，尤其是"十二五"以来，林业信息化成效显著，实现了林业业务与信息技术的相互促进、协调发展，改变了管理方式，扩大了服务范围，创新了服务形式，作用日益凸显，地位显著提升，影响迅速扩大，成为加快林业发展、实现转型升级的创新平台，成为关系林业工作全局的战略举措，成为实现林业治理现代化的必然选择。

2010年，国家林业局开展了林业资源监管综合服务体系试点建设项目，建设了集"三个系统一个多样性"为一体的中国林业一张图，同时建立了一个面向服务架构的全国林业资源基础数据服务平台。"中国林业一张图"的主要功能是对"三个系统一个多样性"数据进行监测管理和业务整合，将林业资源监管落实到省、县及山头地块，为国家提供从宏观到微观的多级林业资源分布和信息，准确掌握林业资源的历史、现状和动态信息，实现国家对林业资源保护和利用的有效监管，为国家制定林业建设和发展规划提供科学依据，为建设生态文明、维护生态安全提供保障。

"中国林业一张图"建设以辽宁省为试点，初步实现了林业资源综合监管：一是建设了林业资源综合监管服务系统，开发了包括森林资源监管子系统、湿地资源监管子系统、荒漠化资源监管子系统、生物多样性资源监管子系统在内的4个子系统；二是开发了资源监管数据库，为林业资源综合监管服务系统提供基础数据服务，通过国家和省级交换平台，利用分布式数据库技术，提取业务数据；三是扩建了林业信息化基础平台，包括多级数据交换中心建设、林业应用服务架构平台建设和多元数据转化与集成系统建设，通过扩建实现国家林业局和省级两级资源数据的交换和共享，面向林业应用提供可快速搭建应用的服务组件，以及通过统一的格式转化技术，实现不同格式数据的转化，将林业业务资源与林业政务办公有机结合，提高了工作效率。

"中国林业一张图"建设充分利用信息技术搭建了林业资源综合监管平台，提高了国家对林业资源利用的监管能力和宏观决策能力，形成对"三个系统一个多样性"资源的有效管理，进一步扩展了林业信息化基础平台支撑能力，实现国家和省级平台的多级交换，以及公共基础信息、林业基础信息、林业专题信息和政务办公信息等多种数据格式的整合与综合利用；建立国家林业局运维服务平台，提供了"统一监控、上下联动"的运维服务支撑，项目的建设为林业信息化发展奠定了坚实基础，使信息化对林业核心业务的决策支持能力不断增强，为在全国范围内推广建设成果积累了宝贵的经验。

第二章
需求分析

一、目标总体需求

根据《森林法》、《野生动物保护法》、《防沙治沙法》、《森林防火条例》等法律法规以及"三定方案"赋予国家林业局和各级林业管理部门的职责,中国林业一张图是实现各政务目标的基础。

(一)政务目标

通过建设中国林业一张图,促进国家与省级林业部门资源协同监管,提高林业资源管理水平和生态建设保障能力:加强对森林资源实行限额采伐,严格占用征用林地的审核,提高森林覆盖率;加强对湿地资源的管理和保护,对湿地恢复等措施有效监管;根据中国林业一张图的建设成果可以为编制防沙治沙规划提供依据,对全国土地沙化情况进行监测、统计和分析;为制定国家重点保护的野生动物名录,划定自然保护区,加强对国家和地方重点保护野生动物及其生存环境的保护管理提供参考等。通过中国林业一张图的建设,加强对"三个系统一个多样性"的有效监管,进一步提高林业资源的监测和管理水平,利用信息技术的支撑,通过国家和地方各级林业管理部门的努力,力争实现2020年森林覆盖率提高到23.04%,森林蓄积量增加14亿m^3,湿地保有量稳定在8亿亩[①],自然保护地占国土面积稳定在17%以上,新增沙化土地治理面积1000万hm^2;到2050年,全国森林覆盖率达到26%以上,中国林地保有量不少于46.8亿亩,湿地得到全面保护,可治理

---

① 1亩=1/15hm^2,下同。

的沙化土地基本得到治理，全国森林、野生动物等类型自然保护区总数达到 2600 个左右，使全国 85% 的国家重点保护野生动植物种群数量得到恢复和增加。

（二）业务目标

对森林资源、湿地资源、荒漠化土地资源和野生动植物资源进行管理，将中国林业一张图落实到省、县及山头地块，为国家提供从宏观到微观的多级林业资源分布和动态信息。一方面通过国家和省级林业资源数据的整合，提高国家和省级监管部门的纵向资源协同监管能力；另一方面通过森林资源、湿地资源、荒漠化土地资源、生物多样性资源和业务的整合，提高"三个系统一个多样性"的横向监管能力，最终通过对纵向、横向监管能力的整合，形成立体化的监管体系。

二、业务需求分析

林业资源监管主要分为森林资源监管、湿地资源监管、荒漠化土地资源监管和生物多样性资源监管等四个方面。林业资源监管主要开展森林资源调查监测、采伐利用管理、林地林权管理、生态公益林管理、资源监督等工作；湿地资源监管主要包括全国湿地资源调查监测、湿地履约、湿地保护和恢复工程管理等工作；荒漠化土地资源监管主要包括荒漠化资源监测和荒漠化治理工程管理工作；生物多样性资源监管主要包括野生动植物资源调查、监测、利用和极度濒危物种拯救工程、动物驯养繁殖、珍稀植物繁育、自然保护区管理等工作。

经过多年努力，林业信息化在各类基础和专题数据库的建设上初具规模，全国森林资源数据库试点建设、自然资源和地理空间基础信息库建设、全国林业产品基础数据库建设、沙尘暴灾害应急体系建设以及各省（自治区、直辖市）数据库系统的建设已相继完成，这些专有业务系统和数据库因建设、维护单位不同，形成了相互独立的各类数据库。需要建设一套林业资源综合监管系统，一方面实现各级林业资源的信息共享，并在此基础上进行数据集成和转化，形成统一视图，使已有及在建数据资源得到应用；另一方面，从国家到省级林业主管部门都能够通过林业资源监管系统实现林业资源在线监管，及时获知林业资源动态变化情况，分析趋势，形成各类报表和图形，为各级林业主管部门科学决策提供有力支撑。

（一）森林资源监管业务分析

我国森林资源监管主要包括森林资源清查、森林资源规划设计调查、森林作业设计调查和相关的业务监管，如林权登记发证、生态公益林管理、森林资源监督、森林资源管理行政审批等工作。

1. 业务分析。我国森林资源监测工作从20世纪50年代初在国有林区开展森林经理调查开始起步,60年代着手引进以数理统计为基础的抽样技术,70年代后期开始建立国家森林资源连续清查体系。经过几十年的发展,我国森林资源监测体系日臻完善。特别是21世纪以来,为适应以生态建设为主的林业发展要求,我国森林资源监测通过调整目标、扩充内容、优化方法,监测水平和服务能力进一步提升,积累了大量的森林资源监测成果数据,基本满足了林业发展和生态建设越来越广泛的信息需求。同时,森林资源监测体系建设还存在一些亟待解决的问题,主要表现在:综合分析评价能力不足;监测成果时效性不强;各省森林资源监测差异性大,且发展不平衡;缺乏统一的全国森林资源监管系统。

(1)国家森林资源连续清查。国家森林资源连续清查(简称一类清查)是以掌握宏观森林资源现状与动态为目的,以省(自治区、直辖市)为单位,利用固定样地为主进行定期复查的森林资源调查方法,是全国森林资源与生态状况综合监测体系的重要组成部分。森林资源连续清查成果是反映全国和各省森林资源与生态状况,制定和调整林业方针政策、规划、计划,监督检查各地森林资源消长任期目标责任制的重要依据。国家森林资源连续清查是由国家林业局根据《森林法》统一组织实施,清查成果为监管全国和各省森林资源的数量、分布和质量提供基础数据,是我国重要的森林资源监管手段和方法。全国清查面积为956.7万 km^2(除香港、澳门和台湾),共布设调查地面样地41.5万个,遥感判读样地284万个,国家森林资源连续清查业务流程如图2-1所示。

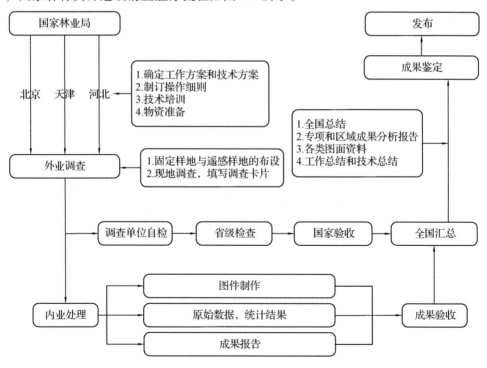

图 2-1 国家森林资源连续清查业务流程图

（2）森林资源规划设计调查。森林资源规划设计调查（简称二类调查）是以国有林业局（场）、自然保护区、森林公园等森林经营单位或县级行政范围为单位，以满足森林经营、编制森林经营方案、总体设计和县级林业区划、规划等需要进行的森林资源清查。其主要任务是查清森林、林地和林木资源的种类、数量、质量与分布，客观反映调查区域自然、社会经济条件和经营管理状况，综合分析与评价森林资源与经营现状，提出对森林资源培育、保护、利用意见。调查成果是建立或更新森林资源档案，编制森林经营方案，制定森林采伐限额，进行森林资源和林业工程规划、设计与森林资源管理的基础，也是制定区域国民经济发展规划和林业发展规划，实行森林生态效益补偿和森林资源资产化管理，指导和规范森林科学经营的重要依据。森林资源规划设计调查由各省组织实施。一般每10年进行一次。调查方法以专业调查队伍进行地面调查为主，遥感数据分析为辅。目前采用的遥感数据类型有SPOT5和TM。调查包括林分、林下植被、森林健康状况、森林土壤、地形地貌等100多项因子，其成果可生成县、市和省级"林业分布图"、"森林蓄积量分布图"、"森林地类分布图"及其他各种类型的林业专题图等多种类型的信息产品。目前国家林业局直属林管局辖区的林相图全部数字化，存入地理空间数据库，部分数据库可以实现网络化应用，森林资源规划设计业务调查流程如图2-2所示。

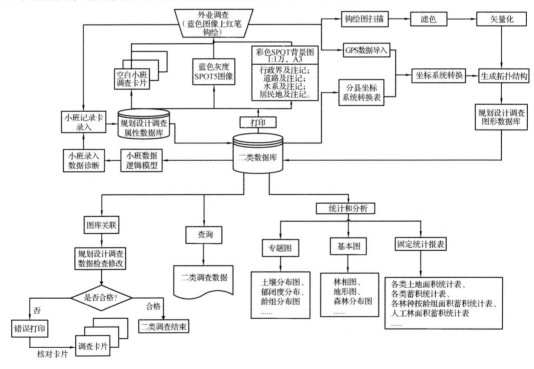

图2-2 森林资源规划设计业务调查流程图

（3）森林作业设计调查。森林作业设计调查（简称三类调查）是以某一特定范围或作业地段为单位进行的作业性调查，一般采用实测或抽样调查方法，对每个作业地段的森林资源、立地条件及更新状况等进行详细调查，目的是满足林业基层生产单位安排具体生产作业（如造林更新、森林采伐、森林抚育等）的需要，其调查设计成果是分期逐步实施森林经营方案，合理组织生产、科学培育和经营利用森林的作业依据，一般在生产作业开展的前一年进行。其调查方法视调查目的而异，但一般要求调查精度较高。如伐区调查常采用每木检尺法，以求使调查的林木蓄积和可采伐木蓄积量、出材量等数据保证一定精度，为伐区工艺设计提供可靠依据。该调查通常采用1∶1万比例尺地形图为基本图，由专业调查队伍实地测量地面调查为主，其调查因子精度高于"规划设计调查"，森林作业设计调查业务流程如图2-3所示。

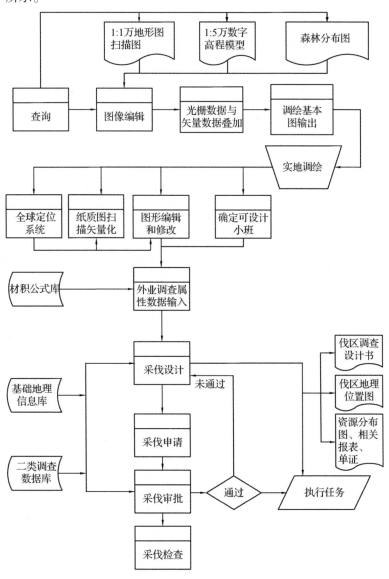

图 2-3　森林作业设计调查业务流程图

（4）全国生态公益林界定调查与核查。全国生态公益林界定调查与核查是生态公益林管理的重要基础。目的在于为生态公益林区划界定提供基础资料，确保区划界定符合标准要求,从而为进一步采取相应的措施、调整界定结果提供依据。调查的主要内容包括环境重要性、生态脆弱性、相关的社会经济条件等调查因子。重点公益林认定核查工作主要分初审、复审、现地核查、汇总分析等阶段。主要任务是审查各省(自治区、直辖市)申报材料是否齐全、区划界定程序方法和生态区位确定是否符合规定、申报数据是否可靠。依据《重点公益林认定核查办法》(林资发〔2004〕138号)的规定,重点公益林认定核查采用抽样调查的方法,运用 RS 数据、GPS 定位测量等方法,对抽查的面积逐一复测。

(5) 森林资源管理行政审批。森林资源管理行政审批主要包括建设工程征占用林地审核、重点国有林区、其他地区防护林或特种用途林 5 hm² 以上及其他林地 20 hm² 以上的林地临时占用审批、重点国有林区森林经营单位修筑直接为林业生产服务工程设施占用林地审批、重点国有林区林木采伐许可证核发、重点国有林区木材运输证核发、重点国有林区设立木材经营(加工)单位审批等国家林业局行政审批和地方林业管理部门林地征占用、林木采伐许可、木材运输证、木材经营(加工)许可等。

(6) 林地林权管理。林地林权管理是森林资源林政管理的一项重要基础工作,是林业建设发展的保障,是维护广大人民群众利益的具体体现。以 1985 年 1 月 1 日起试行的《森林法》为标志,我国林地林权管理作为一种法律制度,进入了法制化发展的阶段。为了使林地林权管理更加规范、科学、高效,实现林权登记申请管理、林权审批、发证管理、数据管理、查询统计分析等,林地林权管理业务流程如图 2-4 所示。

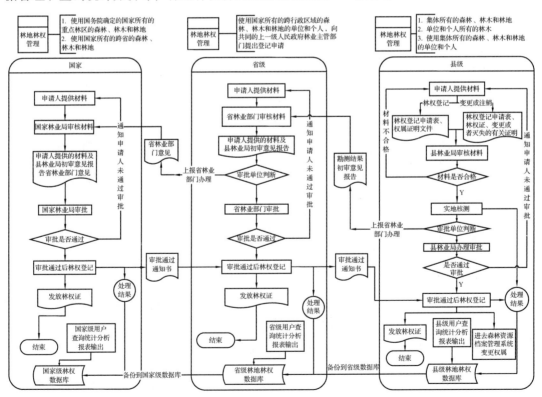

图 2-4 林地林权管理业务流程图

(7)林木采伐许可管理。林木采伐许可管理是以森林资源数据为基础,以林权证为凭据、以编限单位林木采伐限额、林木年度生产计划等为条件约束登记、核实、输出打印办理林木采伐许可证。实现采伐限额管理,编制年度森林总采伐量计划和木材生产计划,负责木竹采伐管理,负责和指导木竹采伐许可证的管理和发放,监督凭证采伐的执行,为运输证办理提供可靠数据依据。此外,数据按需上报给相关主管部门,主管部门对上报数据汇总、查询,林木采伐许可管理业务流程如图2-5所示。

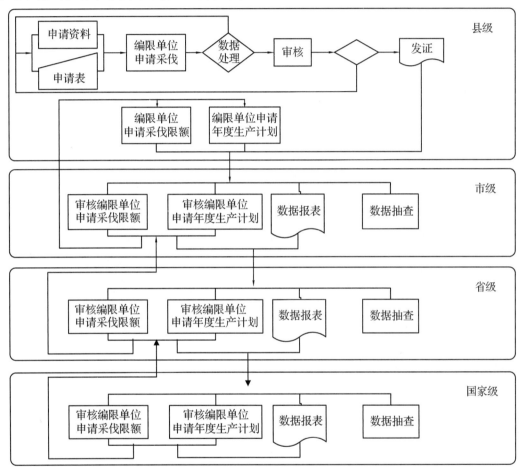

图 2-5　林木采伐许可管理业务流程图

(8)木材运输管理。木材运输管理在森林资源管理中占有举足轻重的地位,是森林资源保护和管理的重要内容之一,是控制森林资源消耗的一项重要措施。木材运输管理是为进一步加强木材运输管理和木材检查站建设,加强全国各省、市、县的木材运输管理工作,贯穿整个木材流通环节,从办证点木材流入、办理《木材运输证》到木材检查站的检查登记、违法运输处理、木材流出,为不同级别的用户提供不同层次的信息,有效地突破以往传统决策和检查监督的局限性、盲目性,为主管部门在重大决策上提供及时、准确、科学、可靠的管理依据,同时也为其他部门、生产单位制定发展规划提供信息与技术支持,木材运输管理业务流程如图2-6所示。

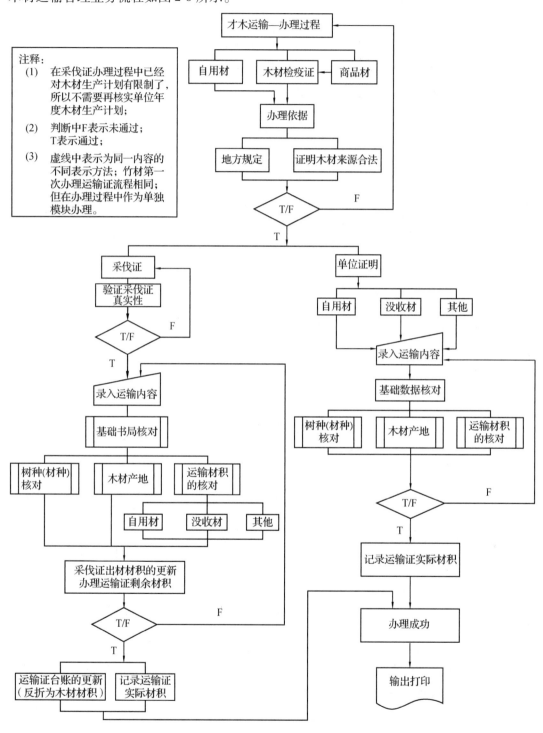

图 2-6　木材运输管理业务流程图

2. 用户分析。目前我国森林资源管理模式是分层管理、逐级汇总、各负其责。这种管理模式体现在各自管理内涵、管理职责、管理制度和管理效率等诸多方面，需要一个高效、多级的森林资源监管系统与此对应。由于国家林业局—省级林业厅（局）—地市级林业局—县级林业局四级森林资源管理职责不同，对森林资源监管系统的业务和管理需求从宏观到微观都各有侧重和不同。

国家需要从宏观上监测、掌握全国和各省森林资源状态，从微观上了解全国各基层单位森林资源情况，掌握各省年度采伐和造林结果情况，掌握各地资源采伐管理、运输管理、林地管理、林权管理的信息，从而提高森林资源管理水平和信息综合评价能力。需要对上述信息进行有目的、有针对性的查询和分析，为国家森林资源监测、资源利用和林地林权管理、林业规划、工程建设、灾害评估提供决策手段和依据。此外，国家还需要为下级林业部门、其他相关行业以及各级政府提供宏观森林资源信息，为社会公众、企事业单位提供森林资源信息服务。

省和地市需要了解国家宏观信息、实现对本地基础森林资源信息的整体把握和监测；需要掌握本地森林资源基本状况，年度采伐和造林结果情况，各地采伐管理、运输管理、林地管理、林权管理的信息，实现本地资源数据的更新；需要对本地森林资源信息进行不定期的统计汇总和查询分析，为本地森林资源动态管理和监测、资源利用和林地林权管理、林业工程建设等提供监测手段和依据。同时，需要为国家提供最新的森林资源监测和管理数据、统计报表上报等服务，为下级林业单位提供本地森林资源信息服务。

县级需要一整套森林资源管理工具，实现本县日常业务的高效处理，需要一个方便的工具完成伐区调查和设计、采伐、造林结果数据的采集，实现档案管理和数据更新，通过一个便捷的应用系统直接办理采伐、运输、林权、林地等业务。同时，需要为省和地市级系统提供最新的资源数据、统计汇总、报表上报等服务。为满足县级应用的需求，需要建立县级数据库，该库是全国整个森林资源信息管理的基础，是数据来源的主体。县级数据库必须具备独立的最基础的数据粒度，包括最基础的森林资源数据。县级系统要解决数据采集、数据获取、处理、存储、更新维护、管理等问题，向省和地市提交森林资源基础数据和更新数据。

3. 数据分析。森林资源监管业务的数据主要包括国家森林资源连续清查数据、森林资源规划设计调查数据、森林作业设计调查和相关的业务数据，见表2-1。

表2-1　森林资源监管业务数据表

序号	类别	主要内容
1	森林资源连续清查数据库	成果数据库
2	森林资源规划设计调查数据库	样地调查数据
		森林资源小班调查数据
		小班区划基本图

(续)

序号	类别	主要内容
3	森林资源年度变化数据库	森林资源小班年度变化调查数据
		年度森林资源小班调查数据
		年度更新林业基本图
4	伐区调查设计数据库	伐区调查因子数据
5	森林采伐管理数据库	采伐限额数据
		采伐许可证数据
6	征占用林地数据库	征占用林地数据
7	木材运输证数据库	木材运输证数据
8	木材加工许可证数据库	木材加工许可证数
9	林地林权管理数据库	林地林木权属登记因子数据
		林地权属宗地图
10	生态公益林管理数据库	生态公益林管理数据

全国森林资源监管静态数据总量为 738.2G，更新数据总量 363.2G，各业务静态数据总量、更新数据总量、更新周期见表 2-2。

表 2-2 森林资源监管数据量现值估算表

序号	业务类别	范围	数据类型	静态数据总量(G)	更新数据总量(G)	更新周期(年)
1	森林资源清查	全国	矢量	0.5	0.5	5
2	森林资源规划设计调查	全国	矢量	351.0	58.5	1
3	伐区调查设计	全国	矢量	4.8	24.1	1
4	年度变化调查	全国	矢量	25.4	126.8	1
5	生态公益林管理	全国	矢量	77.1		
6	林地林权登记发证	全国	属性	248.8		
7	林地征占用审核审批	全国	属性	0.0	0.2	1
8	林木采伐管理	全国	属性	10.1	50.5	1
9	木材运输管理	全国	属性	20.5	102.6	1
10	总计			738.2	363.2	

4. 信息量分析。全国森林资源规划设计调查每期作业量为 1 亿条记录，农户确权林地宗地约为 2 亿条记录，每年更新数据的劳动量为 1.9 万人月，单期静态数据总量为 1T，加工处理存储数据总量为 5T，按 1:2 的存储能力要求，设备存储能力应达到 10T。试点省辽宁二类小班近 200 万条数据需要整合入库，工作量为 600 人月。每年更新数据 10 万条左右。单期静态数据总量为 40G，加工处理存储数据总量为 200G，按 1:2 的存储能力要求，设备存储能力应达到 1T。

5. 功能分析

森林资源监管系统。满足森林资源管理部门对森林资源连续清查、森林资源规划设计调查、采伐作业设计调查、森林资源管理行政审批等业务办理、数据查询统计分析等，主要功能包括系统管理、数据查询、统计分析、区域分析、文档管理、林权证办理、采伐证办理、运输证办理等。

森林资源连续清查。为全国和各省森林资源管理部门提供宏观的森林资源预测和管理服务。系统功能主要是分析处理样地调查数据，功能模块包括：调查数据输入；通用数据逻辑检查；通用样木单株材积计算；统计分析；信息查询；报表打印；模型建立；计算林木生长率、枯损率；一类清查专题图制作。

森林资源规划设计调查。包括森林资源档案管理和数据更新，森林资源档案和数据更新系统是为森林资源二类调查小班数据提供数据采集、录入、管理和数据更新服务，实现基于最新的二类小班数据进行分析，为林业经营、管理、决策提供支持。主要功能包括代码管理、技术规程管理、更新规则管理、变化数据输入、资源档案更新、小班自然增长更新、更新成果输出、专题图制作和外业调查图生成等功能。

采伐作业设计调查。为了准确掌握申请采伐林地面积、位置范围、树种种类、株数、活立木蓄积量、林龄、郁闭度、林木生长情况等，并根据林地情况和有关森林采伐要求，设计采伐类型、采伐方式、采伐强度，计算木材出材量。为确定采伐数量，申请采伐林木、核发采伐许可证提供依据，同时也是为检验采伐限额执行情况提供基础数据。主要功能包括以下内容。伐区调查：绘制伐区位置图，调查林地地类、林种、权属、林木的树种组成、优势树种、郁闭度、起源、平均胸径、平均树高、平均年龄等林木因子和土壤、海拔高度、坡度坡向等生态环境因子；伐区设计：根据林地情况和有关森林采伐要求，设计采伐类型、采伐方式、采伐强度；数据处理：进行数据的采集、逻辑检查、蓄积计算，出材量计算，建立伐区数据库；生成设计书：生成伐区调查设计书作为申请采伐许可证的依据。

森林资源管理行政审批。包括采伐许可、运输许可、加工企业许可、林权证、林地征占用许可等，主要功能是利用计算机网络技术、数据交换技术、智能客户端技术、条形码技术等，实现森林采伐限额管理、采伐管理、木材运输管理、木材、工企业管理、林地林权等业务流程化、一体化综合管理，为国家、省、地、县、办证点、检查站等各级林业管理部门加强森林经营管理提供科学手段，为森林资源可持续经营管理提供保障。

6. 性能需求。森林资源监管系统主要是为国家和省级有关决策者提供从宏观的区域或流域森林资源信息到微观的山头地块森林资源信息，数据量大，因此对响应的时间要求严格。

系统响应时间视查询的数据量的不同而略有不同，对于一般页面查询响应小于1秒，查询结果显示如大于1秒则必须要有进程提示，大于20秒必须要有出错提示和处理。对于较复杂的组合查询和空间数据操作不多于 5 秒,超过则必须要有进程提示,超过 1 分钟必须要有出错提示和处理。一般地图显示时间 5 秒以内,特大地图显示时间 30 秒以内。系统以丰富统计图、统计表、多媒体等表现形式提供以省为单位的森林覆盖率、林业用地面积、活立木蓄积、森林面积、森林蓄积等指标,同时提供分起源、分林种、分树种、分龄组的资源现状和各次清查的资源动态。查询指标能进行灵活设置。另一方面,地理空间数据库的设计考虑到应用时的时间要求,尽量减少系统调用时的系统检索、过滤时间。

7. 部署需求。 森林资源监管系统主要包括森林资源监管系统和森林资源连续清查管理系统、森林资源档案和数据更新系统、森林资源利用管理系统、林地林权管理系统等四大应用系统。森林资源监管系统部署在国家和省级,森林资源连续清查管理系统部署在国家,森林资源档案和数据更新系统部署在省级和市县级,森林资源利用管理系统部署在省级,林地林权管理系统部署在省和市县级。

(二)湿地资源监管业务分析

湿地是指天然的或人工的,永久的或间歇性的沼泽地、泥炭地、水域地带,带有静止或流动、淡水或半咸水及咸水水体,包括低潮时水深不超过 6m 的海域。湿地是重要的国土资源和自然资源,如同森林、耕地、海洋一样,具有多种功能。湿地与人类的生存、繁衍、发展息息相关,是自然界最富生物多样性的生态景观和人类最重要的生存环境之一,它不仅为人类的生产、生活提供多种资源,而且具有巨大的环境功能和效益,在抵御洪水、调节径流、蓄洪防旱、控制污染、调节气候、控制土壤侵蚀、促淤造陆、美化环境等方面有其他系统不可替代的作用,因此,湿地被誉为"地球之肾"。

1. 业务分析

(1)全国湿地普查。全国湿地普查的目的和任务是查清我国湿地资源的现状,掌握湿地资源的动态消长规律,并逐步实现对全国湿地资源进行全面、客观的分析评价,为湿地资源的保护、管理和合理利用提供统一完整、及时准确的基础资料和决策依据,逐步建立和完善我国湿地调查监测体系,为加强湿地保护与湿地资源管理、履行《湿地公约》及其他有关国际公约或协定、合理利用湿地资源服务。国家林业局 20 世纪 70 年代中期开展了全国湖泊调查,基本摸清了全国湖泊的贮水量与水质状况;70 年代末至 80 年代初期开展了全国海岸带和海涂资源调查;国家林业局从 1995 至 2002 年,参照《湿地公约》的湿地定义和分类系统,根据《中国湿地调查纲要》和《全国湿地资源调查与监测技术规程(试行本)》,开展了新中国成立以来首次大规模全国湿地资源调查工作,对全国(除台湾、香港、澳门)面积超过 100 hm^2 的湖泊、沼泽、河流、近海与海岸湿地、库塘进行全面、系统调查。信息包括全国面积 100hm^2 以上湿地类型、面积与分布,全国湿地高等植物区系组成、珍稀湿地植物及分布,全国湿地两栖类、爬行类、鸟类和兽类等区系组成、珍稀种类、地理分布和栖息地状况,部分重点湿地地理位置、面积、湿地类型、自然环境特点、动植物资源状况与特点、受干扰与威胁状况、保护状况及周边社会环境状况等。全面调查湿地资源种类分布，1995—2000 年全国完成第一次湿地普查，2007—2013 年开展了全国湿地第二次调查。

（2）国家重点湿地监测。国家重要湿地保护是我国湿地保护事业中的重中之重。国家重点湿地监测将全面、及时、准确地掌握国家重要湿地的动态变化，对湿地类型、面积、主要野生动植物资源、保护和利用现状进行监测，定期进行更加全面和深入的专项调查，定期提供动态监测数据与监测报告，为了全面、及时、准确地掌握国家重要湿地的动态变化，定期提供动态监测数据与监测报告，分析变化的原因，根据调查结果、提出保护与合理利用的对策与建议。定期对全国重点湿地进行调查内容更全面和深入的专项调查。

（3）国际重要湿地监测。国际重要湿地是指按照《湿地公约》的要求，各缔约国领土范围内被列入《国际重要湿地名录》的湿地。截至 2014 年 1 月，我国指定国际重要湿地 46 块。国际重要湿地监测的目的是查清我国国际重要湿地的现状，把握中国境内的国际重要湿地的动态变化，从而为有效保护我国的国际重要湿地、科学管理和合理利用国际重要湿地提供科学依据。湿地资源监管业务流程图如图 2-7 所示。

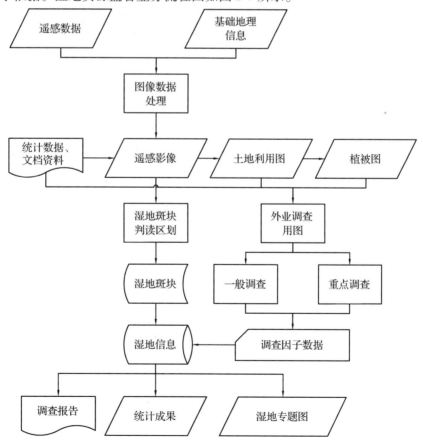

图 2-7　湿地资源监管业务流程图

(4)湿地资源保护管理。湿地资源监管主要包括湿地调查监测、湿地资源保护管理等工作。湿地调查监测内容有全国湿地调查、国家重点湿地和国际重要湿地；湿地资源保护管理主要是通过建立湿地公园和湿地自然保护区，确保重要湿地得到有力保护。按照工程类别全面统计各项工程项目实施进展情况，初步实现工程动态管理，为及时调整工程实施内容和积累工程实施经验做好技术支撑。湿地资源保护区申报流程：申请、受理、申核申批、批准。

2. 用户分析。目前我国湿地资源管理主要分为国家、省级两个层次用户。国家林业局在湿地资源管理方面主要职责是组织起草湿地保护的法律法规，研究拟订湿地保护的有关技术标准和规范，拟订全国性、区域性湿地保护规划，并组织实施；组织实施全国湿地资源调查、动态监测和统计；组织实施建立湿地保护小区、湿地公园等保护管理工作；对外代表中华人民共和国开展国际湿地公约的履约工作；开展有关湿地保护的国际合作工作。省级林业管理部门在湿地资源管理方面主要起草本省湿地保护管理的政策，研究本省湿地保护有关的技术标准和规范、区域性湿地保护规划；组织开展全省湿地资源调查统计、动态监测；指导全省湿地保护培训和科技成果推广；按照国家规定依法进行湿地保护国内外合作等具体工作。

3. 数据分析。湿地资源数据包括湿地保护区物种信息、湿地物种信息、湿地保护区信息、湿地斑块信息、湿地鸟类信息、湿地鸟类分布信息、湿地湖泊库塘信息、湿地植物信息、湿地植物分布信息、重要湿地信息、湿地社会经济信息、湿地植被信息等内容；湿地资源数据库包括湿地调查、监测、专项调查、重点工程、保护区数据，湿地标准、湿地履约的进程等数据，全国湿地保护区分布数据库，其他标准、文档、技术规程等综合数据，湿地资源基础数据主要为湿地调查、监测及湿地自然保护区分布数据。湿地资源数据见表2-3。

表2-3 湿地资源数据

序号	类别	主要内容
1	湿地调查数据	一般和重点湿地调查因子数据
		湿地分布数据
		湿地类型数据
		湿地动物分布数据
		湿地威胁因子数据
2	湿地监测数据	重点湿地、国际重要湿地分布数据
		重点湿地、国际重要湿地变化数据
		重点湿地、国际重要湿地动物分布
		重点湿地、国际重要湿地威胁因子

(续)

序号	类别	主要内容
3	湿地专项调查数据	重点湿地专项调查数据
		重点湿地专项调查变化数据
4	湿地保护与恢复重点工程数据	工程规划数据
		工程计划数据
		工程建设情况数据
		工程验收数据
5	湿地自然保护区数据	湿地自然保护区分布数据
		湿地自然保护区建设数据
		湿地自然保护区申报数据

全国湿地资源监管总静态数据总量为6.0G，更新数据总量5.7G，各业务静态数据总量、更新数据总量、更新周期见表2-4。

表2-4 湿地资源监管数据量现值估算

序号	业务类别	范围	数据类型	静态数据(G)	更新数据(G)	更新周期(年)
1	湿地调查	全国	矢量	5.7	5.7	5
2	湿地监测	全国	矢量			
3	湿地工程	全国	矢量	0.2		
4	湿地自然保护区	全国	矢量	0.0		
5	湿地管理	全国	属性	0.1		
6	总计			6.0	5.7	

4. 信息量分析。全国每期总作业量为70万条记录，单期静态数据总量为0.1T，加工处理存储数据总量为0.5T，按1:2的存储能力要求，设备存储能力应达到2T。试点省辽宁湿地斑块2万条需要数据整合，劳动量为350人月。单期静态数据总量为2G，加工处理存储数据总量为10G，按1:2的存储能力要求，设备存储能力应达到20G。

5. 功能分析。湿地资源监管系统是满足国家、省级湿地资源管理部门对湿地监测管理需要，主要包括湿地资源调查和监测信息管理、湿地资源保护恢复工程评估、湿地资源预测预警和湿地资源综合分析评价等功能。

湿地资源调查和监测信息管理。以历次全国湿地调查的数据为基础，以国际重要湿地监测、重点湿地监测、湿地专项调查、湿地工程管理、湿地自然保护区为重点，对全国一般和重点湿地信息进行现状和动态信息管理，提供试点省资源分布和特征信息，为资源管理、工程评估、保护和可持续利用工作提供基础信息服务。提供湿地资源综合数据的更新、维护、编辑、修改、查询、空间分析、统计报表、成图制图等功能。

湿地资源保护恢复工程评估。以各种国家湿地保护恢复工程为对象，实现工程资金管理、项目建设进度管理、档案管理、设备管理、成果管理的信息化作业，同时应用 GIS、遥感技术实现工程湿地数据的信息查询、空间分析、历史和现状数据的对比、辅助工程效益和生态质量评估。

湿地资源管理预测、预警。应用 3S 技术开发湿地资源预测、预警模拟子系统，对国际和国家重要湿地进行湿地动态变化预测。系统利用空间统计学和空间统计预测模型，结合湿地资源类型、数量、空间分布等动态变化数据和历史统计资料，建立湿地信息快速提取、湿地变化预测、湿地演变趋势动态模拟等功能模块，实现湿地资源预测和预警管理，为湿地保护提供及时的技术支撑。

湿地资源综合分析评价。对国际和国家重要湿地资源信息进行提炼和加工、综合分析，对湿地演化过程进行动态模拟，实现湿地资源动态变化分析，湿地退化分析、湿地恢复评价以及相关生物多样性保护评价，为湿地资源保护、湿地资源管理和国务院有关部门的宏观决策提供有价值的和及时的信息服务。湿地资源综合分析评价主要包括市场价值法、费用支出法、碳税法、替代费用法和影子工程法等模型方法。

6. 性能需求。基础操作响应时间小于 3 秒，大数据量查询响应时间小于 20 秒；数据浏览页面提交合数据浏览时间在 5 秒之内；支持 50 个并发用户访问；系统操作过程中出现异常，需提示出现原因和解决步骤。

7. 部署需求。湿地资源监管系统主要包括湿地资源调查和监测信息管理系统、湿地资源保护恢复工程评估系统、湿地资源管理预测预警系统和湿地资源综合分析评价系统等 4 个系统组成。湿地资源调查和监测信息管理系统部署在国家和省级，湿地资源保护恢复工程评估系统部署在省级，湿地资源管理预测预警系统部署在国家，湿地资源综合分析评价系统部署在国家和省级。

(三) 荒漠化土地资源监管业务分析

荒漠化和沙化监测体系的建立可以及时掌握我国荒漠化和沙化种类、面积、程度、分布及其动态变化等状况，为制订政策提供科学依据。主要包括荒漠化和沙化土地宏观监测、荒漠化和沙化土地敏感地区监测、荒漠化和沙化的定位监测等。

1. 业务分析。荒漠化监测包括荒漠化土地和沙化土地监测，通过此监测可以及时、准确地掌握全国和各省(自治区、直辖市)荒漠化、沙化土地的现状、动态及其防治所需要的信息，为国家、省(自治区、直辖市)防治荒漠化及防沙治沙制定和调整政策、计划和规划，保护、改良和合理利用国土资源，实现可持续发展提供基础数据(图 2-8)。

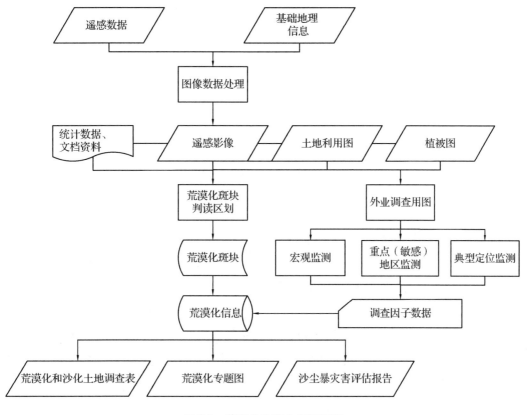

图 2-8　荒漠化监管业务流程图

(1) 荒漠化和沙化土地宏观监测。荒漠化监测业务流程：每隔 5 年，对干旱区、半干旱区和亚湿润干旱区进行复查，调查风蚀荒漠化、水蚀荒漠化、盐渍化和冻融荒漠化等各类型荒漠化的面积、程度、分布及其动态变化等状况。沙化监测业务流程：间隔 5 年，对沙化地区进行复查，调查沙化面积、沙化土地类型、沙化程度、土地利用类型、土壤、植被、治理状况及其动态变化等状况。

(2) 荒漠化和沙化敏感地区监测。对全国荒漠化和沙化的重点和敏感地区进行适时监测，采取地面调查为主，遥感手段为辅，调查荒漠化和沙化敏感地区荒漠化地的面积、类型和沙化变化的趋势，进行原因分析。

(3) 荒漠化和沙化的定位监测。按照荒漠化和沙化的类型和不同区域，设置定位监测站，长期监测和研究荒漠化和沙化发生的原因、机理、趋势和治理措施等方面。定位监测涉及地质、土壤、植被、气象等多方面因素，并建立数据库系统。

2. 用户分析。荒漠化监管系统的用户主要有访问用户、业务用户和管理用户。访问用户指利用网络浏览器访问荒漠化系统门户的用户，通过门户网站可以查看各种荒漠化调查、评估报告，也包括用公开接口访问荒漠化监管系统接口服务的应用系统用户，可以利用系统提供的各种荒漠化数据服务，构建其特定应用；业务用户指使用荒漠化监管系统进行业务处理的用户。用户使用系统生成统计报表，定制专题图；管理用户负责用户管理和系统运行监控服务，用户组成如图2-9所示。

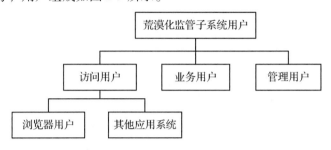

图2-9 荒漠化监管系统用户分类图

3. 数据分析。荒漠化和沙化资源数据包括4类，分别是荒漠化和沙化现状数据、荒漠化和沙化动态数据、荒漠化和沙化影响数据、荒漠化和沙化防治数据。荒漠化和沙化现状数据包括荒漠化和沙化连续清查数据；荒漠化和沙化动态数据包括荒漠化和沙化敏感地区监测数据、荒漠化和沙化定位监测数据；荒漠化和沙化影响数据包括受荒漠化影响的人口、交通、城市、工矿企业、水利等数据，荒漠化造成的经济损失、沙尘天气发生、发展、影响等数据；荒漠化和沙化防治数据包括营造林、管护等专项治理工程数据、荒漠化和沙化调查成果报告数据(表2-5)。

表2-5 荒漠化监管业务主要数据

序号	类别	主要内容	说明
1	荒漠化和沙化现状数据	荒漠化和沙化连续清查数据	基础数据，历次全国荒漠化和沙化土地调查基础数据和相关调查因子统计分析数据，掌握荒漠化土地数据，为业务系统的应用提供支撑
2	荒漠化和沙化动态数据	荒漠化和沙化敏感地区监测数据	监测数据，及时获取荒漠化和沙化地区的数据，掌握动态变化
		荒漠化和沙化定位监测数据	
3	荒漠化和沙化影响数据	防治荒漠化和沙化的气象、水文及社会情况数据	
4	荒漠化和沙化防治数据	专项工程数据	管理数据，为荒漠化和沙化治理工程信息化管理提供基础数据，管理沙尘暴灾害评估等调查评估成果数据
		调查成果报告数据	

全国荒漠化与沙化土地监管总静态数据总量为35.6G，更新数据总量46.9G，各业务静态数据总量、更新数据总量、更新周期见表2-6。

表 2-6 荒漠化与沙化土地监管数据量现值估算表

序号	业务类别	范围	数据类型	静态数据总量（G）	更新数据总量（G）	更新周期（年）
1	沙化和荒漠化连续清查		矢量	32.9	32.9	5
2	沙化和荒漠化敏感地区监测		矢量	0.1	0.5	1
3	沙化和荒漠化定位监测		矢量	0.1	0.5	1
4	荒漠化影响数据			0.5	2	1
5	专项工程数据			1	5	0.5
6	调查成果报告数据			1	6	0.5
7	总计			35.6	46.9	

4. 信息量分析。 每期作业量为700万条记录，到目前为止已达约2000多万条记录。静态数据总量为0.3T，加工处理存储数据总量为1.5T，按1∶2的存储能力要求，设备存储能力应达到5T。试点省辽宁荒漠化斑块50万条数据需要整合，劳动量为350人月。静态数据总量为100G，加工处理存储数据总量为500G，按1∶2的存储能力要求，设备存储能力应达到1T。

5. 功能分析。 荒漠化资源监管子系统建设主要包括荒漠化资源数据分析、调查成果管理和治理工程管理三部分，功能组成如图2-10所示。

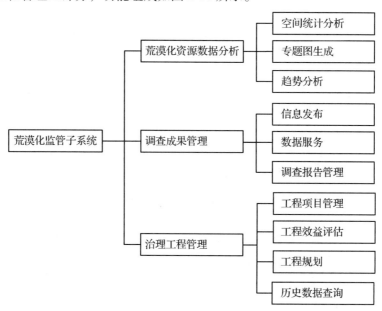

图2-10 荒漠化监管系统功能组成图

荒漠化资源数据分析模块。利用空间聚合、空间挖掘等各种空间统计技术生成各种数据分析报表，生成各种比例尺的成果专题图件，运用现有成熟的荒漠化土地类型划分体系、遥感影像荒漠化信息提取技术、基于DEM和NDVI的坡耕地荒漠化评价方法和相应的空间分析模型确定荒漠化潜在发生范围和演变趋势，并及时向社会和决策部门提供相关信息。

调查成果管理模块。利用荒漠化土地资源监测中的荒漠化和退化土地的分布和相关数据，综合分析，形成完整的监测数据库和中国荒漠化报告，并在国家林业局信息门户上定期发布。以 WEBService 方式提供标准的数据访问接口，支持相关应用系统间的数据交换。管理监测成果中的各项文本报告，包括调查地区基本情况、调查工作概况、技术方法、荒漠化土地类型、面积及分布特点分析、动态变化情况分析、荒漠化原因分析、危害情况、治理状况、典型地区荒漠化状况分析、防治荒漠化的对策和建议。

治理工程管理模块。管理重点工程项目数据，包括已建工程数据，已批复工程数据和工程验收数据等。提供历史数据查询，工程效益评估和工程规划等功能。

6. 性能需求。荒漠化监管系统主要是为国家级和省级的有关领导和决策者提供从宏观到微观的荒漠化和沙化资源信息，数据量大，因此对响应的时间要求严格；系统响应时间视查询的数据量的不同而略有不同，用户平均请求响应时间小于等于 6 秒；系统需运行稳定、反应快速，具有良好的扩展性和兼容性。

7. 部署需求。荒漠化监管子系统部署在国家和省级中心，系统部署如图 2-11 所示。

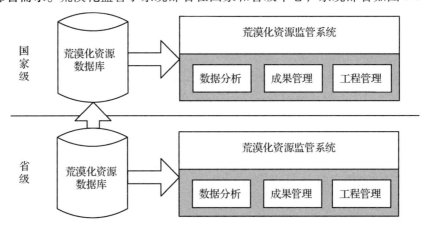

图 2-11　荒漠化监管子系统部署图

国家级汇集各省级荒漠化和沙化数据，利用国家级的荒漠化资源监管系统进行数据分析、成果管理和工程管理；省级采集本省的荒漠化和沙化数据，利用省级的荒漠化资源监管系统进行业务处理，并向国家级系统提供数据。

（四）野生动植物资源监管业务分析

1. 业务分析。生物多样性资源监管主要是针对野生动植物资源进行监测管理，包括陆生野生动物资源监测、野生植物资源监测和生物多样性资源管理业务。

（1）陆生野生动物资源监测。主要掌握我国陆生野生动物资源情况，建立陆生野生动物监测体系，主要包括全国陆生野生动物普查和物种专项调查，以摸清我国陆生野生动物资源种类、数量、分布及其栖息环境情况，为加强野生动物的保护与野生动物资源管理、履行有关国际公约或协定、合理利用野生动物资源提供基础资料和决策依据。

陆生野生动物资源普查主要调查掌握陆生野生动物资源种类、分布及其栖息环境情况。国家林业局1995年首次开展了全国陆生野生动物资源调查，基本查清了我国野生动物的资源现状。该调查选择确定国家重点保护野生动物、《濒危野生动植物种国际贸易公约》附录物种、有重要经济和科学研究价值的野生动物、环境指示种及生态关键种等252种野生动物作为调查种，包括两栖类3目4科13种、爬行类4目9科26种、鸟类12目22科135种、兽类7目20科78种；各省（自治区、直辖市）根据需要对本地区的重点保护物种进行补充调查。国家林业局另外对鹤类、黑嘴鸥、大鸨、盘羊、麝类、虎、扬子鳄等进行专项调查。全国陆生野生动物调查数据包括各物种的数量、分布、栖息地状况、社会经济状况、驯养、利用与贸易状况、保护管理状况、研究状况以及影响资源变动等主要因子。

陆生野生动物专项调查针对部分珍稀濒危动物种类，传统的调查方法无法确切了解资源状况，为了准确了解珍稀濒危动物的资源种群数量状况、栖息分布地的现状、繁育状况等专门组织进行专项调查，如大熊猫、金丝猴等调查。同时，为了某一部分珍稀或敏感物种种群数量、栖息环境等动态变化，进行动态监测，定期不定期进行复查。

国家林业局1974—1977年和1985—1988年组织开展两次全国大熊猫调查，基本掌握了大熊猫分布、数量等资源情况，为制定保护管理措施和履行有关国际公约提供了重要科学依据。国家林业局1996—2002年组织开展了第三次全国大熊猫调查。信息包括野生大熊猫分布范围和种群数量，大熊猫栖息地及潜在栖息地植被状况，大熊猫栖息地及潜在栖息地的干扰状况，大熊猫及栖息地保护管理状况，大熊猫分布区社会经济状况，圈养大熊猫状况等，为保护好国宝制定切实的方案提供准确的科学依据。

（2）野生植物资源普查。为了掌握我国野生植物资源情况，建立野生植物监测体系，主要包括全国野生植物普查和物种专项调查，以摸清我国陆生野生植物资源种类、数量、分布及其生长环境情况，为加强野生植物的保护与野生植物资源管理、履行有关国际公约或协定、合理开发利用野生植物资源提供基础资料和决策依据。

全国野生植物普查。主要调查掌握陆生野生植物资源种类、分布及其生长环境情况。我国约有高等植物30000多种，居世界第三位。国家林业局1996—2001年在全国范围内组织开展了全国重点保护野生植物资源调查。调查对象是国家或地方重点保护，具有重大经济价值、科研价值或文化价值，《濒危野生动植物国际贸易公约》所列物种等受威胁程度较大，濒危程度较高的物种为调查物种，共189种（含变种），其中国家一级重点保护野生植物57种，国家二级重点保护野生植物132种。其中乔木153种、灌木17种、草本植物18种和竹类一种。信息包括野生植物的分布、种群数量、生境状况、开发利用状况及其受威胁因子等。

野生植物物种专项调查。针对部分珍稀濒危植物种类,为了准确了解珍稀濒危植物的资源种群数量状况、生长分布地的现状、繁育状况等专门组织进行专项调查,为保护好珍稀濒危植物提供准确的科学依据。国家林业局2001年开展了第一次全国范围(除港、澳、台)红树林资源调查,调查包括我国红树林资源数量、质量、结构、分布、生长和环境状况及动态变化情况。

(3)生物多样性资源管理。制订有关加强野生动植物资源保护和管理政策措施,严格控制野生动植物的采猎和野生动植物进出口,建立自然保护区,为珍稀濒危野生动植物提供安全的栖息生长环境。截至2012年,全国林业系统自然保护区数量已达2150个,面积1.25亿 hm^2,占国土面积的13.01%。其中国家级自然保护区286个,省级713个,市级311个,县级840个;包括1336个森林类型、369个湿地类型、33个荒漠类型、116个野生植物类型和287个野生动物类型,有效保护了我国85%的陆地生态系统、85%的野生动物种群和65%的高等植物群落、14.6%的原始林和50%的天然湿地,同时还使国家重点保护的300多种珍稀濒危野生动物主要栖息地、130多种珍贵树木主要分布地得到保护。自然保护区与世界组织进行了大量的调查、科研、保护、管理等合作,第一期自然保护区GEF项目参加保护区有10个。为了有效组织自然保护区信息,引入了BIMS软件。BIMS是在MASS系统上改进、升级而成,BIMS主要用于生物多样性保护优先领域的评估。针对中国保护区的具体情况,在BIMS基础上重新设计的CBIMS首先在第一期GEF项目保护区试点,2002—2003年在国家级自然保护区全面推广,包括自然保护区基本情况、管理现状、巡护信息、监测信息、空间信息等。

2. 用户分析。目前我国野生动植物资源管理主要分为国家、省级两层次用户。国家林业局在野生动植物资源管理方面主要职责是指导陆生野生动植物的救护繁育、栖息地恢复发展;监督管理全国陆生野生动植物猎捕或采集、驯养繁殖或培植、经营利用及其专用标识、疫源疫病监测;研究提出国家重点保护的陆生野生动物、植物名录的调整意见;承担森林和陆生野生动物类型自然保护区、森林公园的有关管理工作;承办生物多样性保护及其履约的有关工作;监督管理陆生野生动植物进出口;承担濒危野生动植物种国际贸易公约履约的有关工作。省级林业管理部门在野生动植物资源管理方面主要职责是组织、协调、指导和监督本省陆生野生动植物资源的保护和开发利用。拟订及调整本省重点保护陆生野生动植物名录;承担濒危陆生野生动植物及其产品进出口和国家重点保护的陆生野生动植物及其产品出口的审核工作;监督管理林业生物种质资源、植物新品种保护,按分工负责生物多样性保护的有关工作。负责林业系统自然保护区的监督管理。在国家自然保护区区划、规划以及各省自然保护区规划的指导下,承担森林、陆生野生动植物和湿地自然保护区以及森林公园的建设和管理工作。

3. 数据分析。生物多样性数据包括全国野生动植物调查、监测、专项调查、拯救、驯养数据，以及自然保护区分布、建设、保护数据等。生物多样性数据库中的数据主要来源于国家野生动植物管理部门，国家级数据中心和省级数据分中心分别管理不同类型、不同区域范围的数据。

野生动物资源数据。包括大熊猫调查分布信息、大熊猫潜在栖息地信息、大熊猫保护区信息、大熊猫干扰信息、大熊猫食物信息、大熊猫饲养信息、物种分布信息、物种省级分布信息、大熊猫调查队员信息等内容。

野生植物资源数据。包括植物分布信息、植物基本情况信息、植物分布区域信息、植物利用信息、植物生境信息、植物生长信息等内容。

自然保护区数据。包括保护区基本建设批复情况、保护区基建投资完成情况、保护区野生动植物资源情况、国内和国际联系情况、保护区基本情况、保护区管理情况、保护区经费来源、新建保护区、保护区机构和负责人、保护区人员情况、保护区总体规划情况、保护区森林资源情况、保护区科研宣教情况、保护小区情况、保护区基本建设年度计划安排等内容。

生物多样性数据。旨在为我国重点野生动植物监测服务，为及时、动态地提供决策信息，全方位为国家野生动植物以及自然保护区管理业务工作和全国保护建设工程服务，同时为相关的林业其他业务部门提供野生动植物基础信息服务（表2-7）。

表2-7 生物多样性数据表

序号	类别	主要内容
1	陆地野生动物数据	野生动物调查数据
		野生动物监测数据
		野生动物专项调查数据
		大熊猫调查数据
		野生动物拯救数据
		野生动物驯养数据
2	野生植物数据	野生植物调查数据
		野生植物监测数据
		野生植物专项调查数据
		野生植物拯救数据
3	自然保护区数据	自然保护区分布数据
		自然保护区建设数据
		自然保护区申报数据

全国野生动植物资源管理总静态数据总量为0.79G，更新数据总量0.84G，各业务静态数据总量、更新数据总量、更新周期见表2-8。

表 2-8 野生动植物资源管理数据量现值估算表

序号	业务类别	范围	数据类型	静态数据总量（G）	更新数据总量（G）	更新周期
1	野生动物调查数据	全国	属性	0.23	0.23	5
2	野生动物监测数据	全国	属性	0.00		
3	野生动物专项调查数据		属性	0.00		
4	大熊猫调查数据	四川 陕西 甘肃	属性	0.00		
5	野生动物拯救数据	全国	属性	0.00		
6	野生动物驯养数据	全国	属性	0.01		
7	野生植物调查数据	全国	属性	0.52	0.52	5
8	野生植物监测数据	全国	属性	0.00		
9	野生植物专项调查数据	全国	属性	0.01		
10	野生植物拯救数据	全国	属性	0.00		
11	自然保护区分布数据	全国	属性	0.00		
12	野生动植物资源审核审批数据	全国	属性	0.02	0.09	
13	总计			0.79	0.84	

4. 信息量分析。每期作业量为 150 万条记录，静态数据总量为 0.2T，加工处理存储数据总量为 1.0T，按 1∶2 的存储能力要求，设备存储能力应达到 3T。试点省辽宁调查记录 4 万条需要数据整合，劳动量为 350 人月。静态数据总量为 5G，加工处理存储数据总量为 25G，按 1∶2 的存储能力要求，设备存储能力应达到 50G。

5. 功能分析。生物多样性资源监管系统以历次野生动植物调查、监测以及专项监测数据为基础，需要实现全国野生动植物调查、大熊猫调查、野生动植物监测、野生动植物专项调查、自然保护区、濒危野生动物等信息的现状和动态信息管理，提供相应的全国野生动植物、自然保护区分布和特征信息，为野生动植物资源的保护、管理和开发利用工作提供重要基础信息服务和信息技术手段支撑，为濒危野生动植物拯救和保护提供信息服务。野生动植物资源监管子系统主要包括野生动物调查监测管理、野生植物调查监测管理、自然保护区监测管理、濒危野生动植物监测管理四部分，功能如图 2-12 所示。

野生动物调查监测管理。数据管理包括野生动物调查、野生动物监测、野生动物专项调查的数据管理，提供相应的全国野生动物分布和特征信息；统计分析功能包括空间分析、统计报表。实现试点省以 GIS 空间信息为基础的野生动物数据空间分析、统计报表等功能；专题图功能主要包括各种野生动物专题图的定制、展示和相关属性数据的管理。

野生植物调查监测管理。数据管理包括野生植物调查、野生植物监测、野生植物专项调查的数据管理，提供相应的全国野生植物分布和特征信息；统计分析功能包括空间分

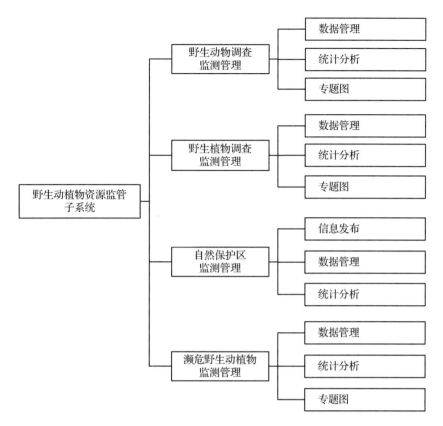

图 2-12 野生动植物资源监管子系统功能图

析、统计报表。实现试点省以 GIS 空间信息为基础的野生植物数据空间分析、统计报表等功能，为野生植物资源的保护、管理和开发利用工作提供重要基础信息服务和信息技术手段支撑；专题图功能主要包括各种野生植物专题图的定制、展示和相关属性数据的管理。

自然保护区监测管理。信息发布发布各个保护区的咨询和相关的专题报道；数据管理包括自然保护区相关的数据管理，提供相应的自然保护区分布和特征信息，实现自然保护区数据的集成统一管理；统计分析功能包括空间分析、统计报表。实现试点省以 GIS 空间信息为基础的自然保护区数据空间分析、统计报表等功能，为自然保护区的管理和开发利用工作提供重要基础信息服务和信息技术手段支撑。

濒危野生动植物监测管理。数据管理包括濒危野生动植物调查、濒危野生动植物监测，提供相应的全国濒危野生动植物分布和特征信息，为濒危野生动植物拯救和保护提供信息服务；统计分析功能包括空间分析、统计报表。实现试点省以 GIS 空间信息为基础的濒危野生动植物数据空间分析、统计报表等功能；专题图功能主要包括各种濒危野生动植物专题图的定制、展示和相关属性数据的管理。

6. 性能需求。基础操作响应时间小于 3 秒，大数据量查询响应时间小于 20 秒；数据浏览页面提交合数据浏览时间在 5 秒之内；支持 100 个并发用户访问；系统操作过程中出现异常，需提示出现原因和解决步骤。

7. 部署需求。生物多样性资源监管系统部署国家和省两级数据中心，国家和试点省通过数据中心的交换系统来实现数据交换和汇集，如图 2-13 所示。

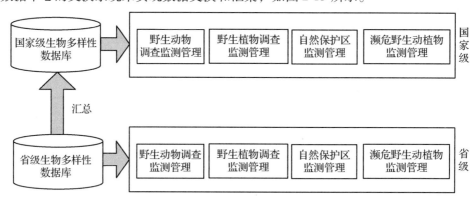

图 2-13 生物多样性资源监管系统部署图

三、基础平台需求

国家林业局信息化基础平台（以下简称基础平台）初步建设完成，已经在内外网基础设施、数据库、应用支撑、安全与综合管理体系等方面取得了阶段性成果。2009 年国家林业局已经初步完成双网改造和林业主干网扩建工程，进行了数据的标准化和一致性整合；初步建立了交换与目录体系和数字认证体系，综合管理体系方面建设了综合监控系统等，为下一步深化林业业务应用打下了基础。

随着林业业务发展的需要，以及林业重点业务系统的相继启动建设，对基础平台的要求也在不断增加，基础平台不仅是林业信息的交换枢纽，还要能够将各类与林业业务息息相关的资源进行转化，为各业务系统提供支撑。因此，需要对基础平台的支撑能力进一步扩展，重点提升其多级数据交换的能力，与省级基础平台共同形成国家与省两级数据交换体系，实现省级数据通过交换平台系统实时同步，提升其多种信息资源的整合能力，将地理信息、林业基础信息、专题信息、政务办公信息等不同类型而又有联系的信息进行转化、集成和管理，为林业资源综合监管系统的建设提供支撑。

（一）多级数据交换需求

基础平台已建设的信息共享与数据交换系统（以下简称数据交换系统），实现了国家林业局内各司局之间以及司局内部业务系统信息的互联互通，司局的业务系统只要开发对应的应用适配器，并部署在适配器运行环境，就可以接入至数据交换系统，通过适配器之间的连接就可以建立司局业务系统之间的数据发送和接收关系，司局业务系统要交换的数据经过其应用适配器发送到数据交换中心，数据交换中心根据适配器连接生成的路由信息把数据转发到目标适配器，目标适配器再把数据发送到目标业务系统。国家林业局内部的信息共享与数据交换通过数据交换系统得到了实现，数据交换系统拓扑如图 2-14 所示。

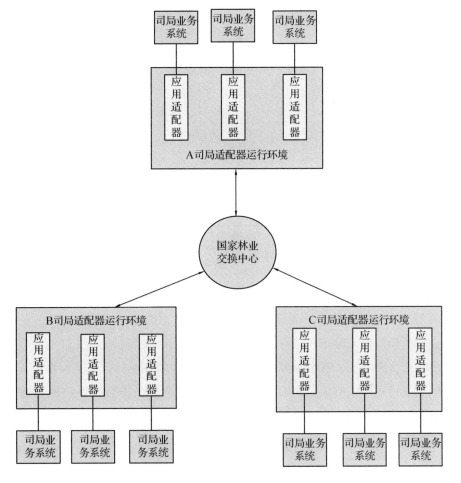

图 2-14 国家林业局数据交换系统拓扑图

在林业业务处理中，大量的基础数据和业务数据除存储在国家林业局数据中心，还有很多数据分布在省级、地市或区县等系统的数据库中。尤其是林业资源基础数据，采集、加工和集中存储在了地方数据库，而且地方林业系统和国家林业系统缺乏统一有效的数据交换和同步渠道，形成了国家和各省林业信息数据应用的"信息孤岛"。

已建设的国家林业局信息共享与数据交换系统提供了省级到国家的数据交换的解决方案，即通过在省级部门部署适配器运行环境，接入国家数据交换中心来实现国家和地方的信息共享与数据交换，此种部署方式即单交换中心信息共享与数据交换系统。但是这种部署方式会导致如下问题的产生：一是接入过多的适配器运行环境难以被管理和监控。在数据交换方面，由于单个数据交换中心的数据处理能力是有限的，过多的适配器运行环境会导致每个适配器运行环境得到数据交换中心的服务资源减少。二是严重降低系统整体数据交换的性能和吞吐量。由于数据交换中心的最大连接并发量有限，过多的适配器运行环境导致大量交换服务的请求排队，数据交换中心还要把数据转发给目标适配器运行环境，导致转发数据时的排队等待，严重降低数据交换中心性能和吞吐量。三是系统体系缺乏对大范围数据交换需求增加的可扩展性，单交换中心数据交换系统拓扑如图2-15所示。

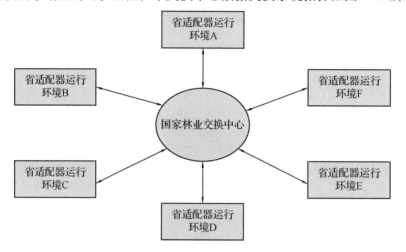

图2-15 国家林业局单交换中心数据交换系统拓扑图

如图2-15可见，单交换中心系统不能满足全国范围的数据交换，因此，要改变单数据交换中心的星形数据交换拓扑结构，以多交换中心的网状数据交换拓扑结构取代之。省级独立建设数据交换系统，省级业务系统不直接接入国家林业局数据交换系统，而是直接接入省级数据交换系统，省级数据交换系统与国家林业局数据交换系统通过通道实现连接，实现数据的多级交换，多级数据交换系统拓扑如图2-16所示。

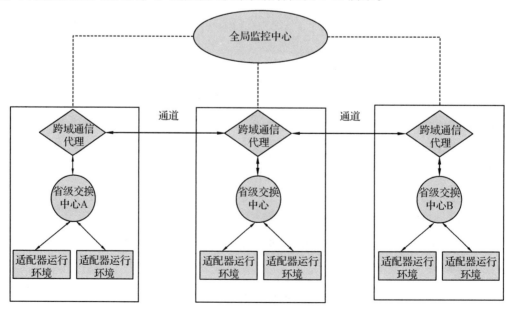

图2-16 国家林业局多级数据交换系统拓扑图

实现多级数据交换，要对已建的数据交换系统进行扩建，主要包括以下方面。

1. 全局监控管理中心的扩建。 多个数据交换系统要进行统一的配置管理，就需要全局性的监管软件系统，这个要扩建的软件子系统就是全局监控管理中心，数据交换系统只要注册于全局监控管理中心，就可以受其管理，各个数据交换系统还可以通过全局监控管理中心提供的服务进行资源共享。

2. 域间通道的扩建。 要想实现多个数据交换系统之间的连通和数据传输，需要在数据交换系统之间建立通道，通道是数据交换系统之间传递消息和数据的途径，通道由全局监控管理中心统一管理和部署。只要在两个数据交换系统之间建立通道，就可以实现它们之间的连通和数据传输。

3. 跨域通信代理的扩建。 依托跨域通信代理子系统，在数据交换系统之间建立通道。全局监控管理中心在跨域通信代理子系统上部署级联通道连接器，两个数据交换系统的跨域通信代理分别部署面向对方的级联通道连接器，实现两级之间的连通。跨域通信代理是数据交换系统之间传输数据的工作实体。

（二）应用服务架构平台需求

随着 3S 技术、Web Service 技术、计算机网络技术在林业的广泛应用，我国已经建成了林业 GIS 数据库，形成了一些林业业务应用系统，在一定程度上满足了各业务部门的业务应用和管理需要。随着信息化建设工作的深入，"信息孤岛"、"系统孤岛"、信息实时性差、系统可扩展缺乏灵活性等逐渐暴露出来。

针对这些情况，林业应用服务架构平台面向业务进行信息系统搭建开发，用户能够从业务建模、系统搭建直到系统运行和业务流程编排都得到全方位的支持和保障。在林业应用服务架构平台的支持下，信息系统的开发速度更快，搭建效率更高，利用软件构件复用机制，在搭建新的信息系统时，可以方便地复用已有成熟模块，保证信息系统的软件质量和开发效率，有效地降低了系统运营维护和整合升级的成本。在林业应用服务架构平台之上构建的信息系统，能够方便地复用已有的林业软件资源，也能够方便地同已有的林业信息系统做整合和集成。

（三）多元数据转化需求

3S 技术在协调经济发展和生态保护上，在保持区域可持续发展等重要问题上已成为不可缺少的支撑技术，在林业上的应用主要体现在以下几个方面：一是资源监测，包括各类资源专项调查和监测，如森林资源调查和监测、野生动植物资源普查等；二是灾害预警，用于森林灾害的预测和分析，如森林火灾分析、森林病虫害的监测等；三是规划设计，造林、速生丰产林培育及低产林改造规划、抚育采伐更新及封山育林设计等；四是辅助决策，利用 3S 系统，通过系列决策模型构建和比较，为林业宏观决策提供科学依据。

3S技术的深入应用和实施使得在国家和地方都存储了大量的空间数据，而在已建设的林业资源数据库中也存放了大量的空间数据信息，在这些数据的使用过程中，由于数据的来源、结构和格式不同，需要采用一定的技术方法，才能将它们合并在一起使用，这就产生了数据转化与集成问题。

通过3S技术的应用获得了海量的空间数据，但是由于各个部门的需求等各不相同，使用的软件、数据库等均不相同，导致了各个部门的数据格式差别很大，各个部门都无法使用其他部门的数据，使得各个部门之间无法有效地合作，形成了一个个的信息孤岛。如果对相同的数据进行重复采集，又会浪费大量的人力、物力、财力。如何使各部门都能无缝、有效地利用已有的海量异构数据，就是多元数据转化系统的核心所在。

多元数据转化系统主要是设计一个开放的数据转化框架，使得空间数据在各应用系统之间能实现无缝数据转换。要保证系统的开放性，就需要在各类数据之外按照某种统一的标准规范格式建立元数据库，以支撑空间数据处理的关系数据库进行存储和管理。通过多元数据转化系统不但可以实现空间数据在各种不同格式间地无缝转化，让各个部门实现数据共享和有效利用，还可以将电子政务领域多时空信息、多比例尺地图以及各专业领域的政务信息资源整合起来，以"一张图"的方式呈现在公众面前，提供关于林业基础资源的个性化信息。

（四）基础设施及安全系统需求

在前述对政务目标等分析的基础上，结合对系统功能需求的分析，以及"中国林业一张图"业务应用对网络、数据库、应用支撑、内外网门户、安全与综合管理的建设需要，同时为了避免重复建设和新一轮"信息孤岛"的产生，本项目需要将面向"中国林业一张图"系统服务的，基础性、公共性和对全局影响起关键作用的内容进行统一建设，进一步扩充林业信息化基础平台的支撑能力。

1. 主机设备。根据对"中国林业一张图"的业务逻辑分析，项目建设相关各项系统均需要多部门多级别之间的协同操作才能完成，需要管理的各类信息数据量巨大，业务应用复杂。因此，系统的运行需要包括数据库服务器、应用服务器在内的主机设备支撑。服务器系统提供计算处理服务、网络应用服务、业务应用服务和其他服务。根据国家和省级网络的逻辑构成，项目的主机设备包括数据库服务器、应用服务器、WEB服务器、WEBGIS服务器等。服务器的配置应根据各级各类应用的不同规模和特点，并结合处理速度、存储容量、可靠性、系统开放性、性能价格比等因素来进行选择。

数据库服务器。数据服务器能力主要体现为数据服务器支撑森林资源监管数据、荒漠化土地监管数据、湿地资源监管数据、野生动植物资源监管数据库及"中国林业一张图"共享支撑数据库的能力。数据层服务器作为业务系统的核心，具有业务量大、存储量大等特点。它承担着业务数据的存储和处理任务，因此关键数据库服务器的选择就显得尤为重要。服务器的可靠性和可用性是首要的需求，其次是数据处理能力和安全性，然后是可扩展性和可管理性。为保证本项目各系统持续、稳定、高效地运行，须保证服务器数据存储系统较高的可靠性、扩展性和灾难恢复能力。基于 RISC 系统的高中端服务器系统是适用于数据库服务器的选择。

应用服务器。应用服务器承担着业务系统的各类应用服务，能力主要体现在应用服务器对各应用系统的数据进行统计、分析、查询等运算能力，能够处理大量的并发连接处理，并能在用户数增加的情况下保持良好的性能平衡。除此之外，能够提供连续可用的可靠性，能够适应各种网络环境的扩展能力也是需要考虑的因素。基于 RISC 系统的中低端服务器系统或高中端 PC 服务器系统是适合于应用层服务器的选择，可根据具体业务需求和投资情况选择机架式工作站。

2. 存储设备。分为集中存储、整合存储、分层的数据存储。

集中存储。建设内外网系统的集中式存储系统，实现各类数据库系统和文件服务器数据的集中存储，同时还可以提供高性能的存储空间的共享，消除信息孤岛，提高数据库和应用服务器的 I/O 响应性能，实现存储的高可用问题。

整合存储。将林业分散独立的各个平台的业务系统主机组成一个高速的存储网络，提高存储系统的多方面能力，降低存储资源管理的复杂性，提供基于网络的数据存储和访问。

分层的数据存储。建立分层数据存储体系，针对不同的数据应用需求对数据进行分层存储。选择不同的存储体系应对日志存储和数据库服务不同体系结构的数据存储层次。

3. 数据备份恢复体系。建立数据备份系统，根据现有的体系结构和应用的要求，对不同的数据类型构建采用不同的备份层次和方式。

存储系统集中管理。对整个存储系统进行集中规划和管理，利用存储区域网络管理软件，对整个存储区域网络的系统设备、应用状况进行评估和管理。使得用户能够更快地对整个存储系统的拓扑发现、系统监测、性能分析、发展预测、配置信息等进行统一的、直观的、方便的维护管理。

对核心数据容灾保护。在新数据中心建好之后，应对系统核心应用数据进行容灾保护，通过基于存储控制器的远程数据复制技术或存储虚拟网关等实现核心应用数据的异地实时同步的保护。通过这种数据保护措施，可以实现数据的零丢失，任何一个中心机房出现如停电、火灾、水灾等灾难，均可实现数据的零丢失。

4. 网络设备。政务内网是与互联网物理隔离的国家林业局电子政务骨干传输网络，以统一的内网门户为平台，实现内部办公、业务系统的信息资源共享、政务协同和辅助决策。政务外网是与国际互联网逻辑隔离的以国家电子政务外网通道为基础的网络。主要的网络设备包括路由器、交换机。

路由器。作为 IP 网的核心设备之一，核心路由器首先保证安全可靠和方便维护；其次应具有较高的性能价格比和高性能、大容量、高可靠性的特点，以及可管理、智能化程度高和易于维护的特点。

交换机。交换容量≥1.28Tbps，各端口转发可达到线速；交换机的管理模块、电源模块支持冗余备份和负载均衡，板卡、电源、风扇均支持热插拔；能同时支持两种万兆接口标准 XFP 和 XENPAK，支持 VALN 数量 4K 以上，支持 MAC 数量 64K 以上，支持 VRRP/HSRP 协议；支持 MPLSVPN，支持 QOS；支持组播；完整的攻击和病毒防范功能（安全 ARP、ICMP）等，可扩展安全性 ACL – X。

5. 系统软件。系统软件主要包括操作系统、数据库管理系统、网络及系统管理软件、应用中间件。

操作系统。本项目各类服务器主要是应用系统使用的 PC 服务器，对于业务量和数据量大、访问频繁数据结构复杂的数据库服务器需要使用小型机，为了保证这些机器能够投入应用及使用，必须配备操作系统软件，主要为运行于服务器上的主流、通用的操作系统，如 Windows/Linux/Unix。

数据库管理系统。根据前面章节对存储量及处理量的详细分析，本项目需要存储和处理大量的基础数据和业务数据。为科学组织数据，提高数据存储的效率，确保数据完整性，本项目采用数据库管理系统来管理这些数据。备选的数据库管理系统应具备运行稳定、方便易用、具有海量数据管理能力和良好的数据备份和恢复能力，如 Oracle。

应用中间件。各种不同数量级的公用基础数据、林业基础数据和林业专题数据，数据类型大多数为图形、图像数据以及多媒体数据，其数据结构较为复杂，需要相应地具备地理空间数据管理能力的空间数据管理中间件和多媒体软件，还需要使用支持应用系统正常运行、为应用系统运行服务的企业版应用中间件。

6. 安全系统。安全系统能力需要从技术层面和管理层面两个方面来阐述，从技术层面上分析，实现信息系统安全的目标就是确保信息在采集、存储、传输、处理、使用、销毁整个生命周期内的保密性、完整性、可用性。从这个角度上看，安全系统需要满足的能力就是配合全网行之有效的安全策略、措施，来实现信息的保密性、完整性、可用性；从管理层面上分析，实现信息系统安全的目标就是确保信息系统内部不发生安全事件、少发生安全事件、即使发生安全事件也要将影响降到最低。从这个角度上来看，安全系统需要满足的能力就是配合全网实行有效的信息安全事件的处理机制与流程，实现信息安全事件的明确定义、快速发现、及时报告、迅速响应、客观评价、准确预警。

认证系统软件实现身份认证、授权管理及责任认证平台，为全网所有的应用系统及业务系统提供统一的身份认证和分级授权管理服务，并可对事故责任进行追查。

防火墙软件系统通过制定安全策略实现内外网络及内部网络不同信任域之间的隔离与访问控制，可以实现单向或双向控制，对一些高层协议实现较细粒的访问控制。

四、运维服务需求

(一)运维服务的必要性

为保障整个林业信息化应用系统安全稳定的运行,以及在发生故障后能够快速解决,把系统故障带来的损失降到最低,这就需要依托基础平台,建设运行维护服务平台,建立即时响应的呼叫中心,完善的监控机制,规范的运维流程,培养高水平的运维人才等。

随着省级基础平台和林业资源综合监管系统的建设,省级运维系统建设需同步加强。要按照"统一规范、统一流程、统一监控、分级处理"的原则建立完善的国家和省两级运维体系。国家林业局运维服务中心负责国家林业局各应用系统的日常监控、维护工作,以及国家到省级网络链路和各省级重点系统的监控工作;同时,通过国家林业局呼叫中心集中受理国家和省级的故障报警、突发事件等,并派发工单至相应的运维人员。省级运维人员主要根据统一运维服务规范,负责上联国家林业局的链路畅通、省级内部系统及业务应用的正常开展,并负责下联地区、县局的链路畅通和业务应用的维护工作,及时处理国家运维服务中心派发的本省运维工单。

(二)运维管理现状

林业信息化经过多年的改扩建,建立了网络汇接、数据存储、应用支撑、统一门户、安全支撑和综合管理"四横两纵"的架构,形成林业信息化基础平台,为已经建设的内外网门户网站、应用系统集成、信息资源整合、数据交换和共享提供基础支撑服务,同时也为国家林业局其他业务系统建设项目提供安全、稳定、高效的基础支撑服务。

从基础平台到应用系统,国家林业局信息系统庞大而又繁杂,系统与系统之间的接口关系复杂,在项目建设初期,国家林业局已有约80个应用系统,服务器106台,网络设备43套,存储设备6套,磁带库1套,还有其他机房及动力设备等,涉及国家林业局各司局及直属单位和各省(自治区、直辖市)林业厅(局)等。

运维服务要考虑运维的主体、系统功能层面的需求及非功能层面的需求,比如说可用性指标、内控指标等,对运维的特殊要求都必须在需求分析阶段考虑清楚。在上线阶段加强管控,从测试到上线的过程需要规范的步骤和文档,系统稳定上线后,运维服务工作必须由专业的运维服务团队负责。运维服务团队调度各设备厂商、软件提供商、软件开发团队统一提供服务。

(三)运维服务管理模型

信息化运维服务管理体系模型涵盖管理目标、组织模式、制度规范、技术支撑四个层面。

1. 管理目标层。IT 服务管理体系的目标是建立面向业务，以业务需求和目标为出发点，制定 IT 运维管理的愿景、目标和策略。

2. 组织模式层。基于 IT 运维的管理目标，建立科学的 IT 运维管理机制，将 IT 服务的相关活动进行统一决策与规划，确定和规范运维管理体系运行的管理方式和与之相配套的组织机构设置，形成集中统一的 IT 运维管理机制，合理配置 IT 运维管理资源，实现对客户的端到端服务。

3. 制度规范层。依据管理模式，制定用来规范 IT 运维和服务的工作准则，建立 IT 运维管理过程中各个参入要素（人、流程、工具）的管理制定和工作流程，建立考核评价体系，规范运维费用，实现精细化管理。

4. 技术支撑层。技术支撑体系是 IT 运维管理实现的手段，制定规范体系的具体落实依赖于技术支撑体系的技术支持。需要建立针对面向业务客户的 IT 服务请求响应窗口和面向技术支持人员的体系运行管理窗口；建立负责 IT 运维管理流程运行的流程管理平台和负责 IT 基础设施和业务应用系统运行监控的集中运行监控平台，根据不同类型 IT 基础设施和业务应用系统的管理职能，建立技术管理子系统，建立知识库、配置库、报表及日常操作等共享支持子系统和为业务管理提供服务的业务运维管理子系统。

（四）运维服务组织架构及职责

林业信息技术运行维护和服务工作，需要将各项信息技术运行和服务的职能逐渐整合，进行集中统一管理、统一调度信息技术运行维护和服务的技术力量，并结合全局工作建立相应的组织机构。运维服务组织架构包括以下内容。

1. 运行维护和服务领导组。负责信息技术运行维护和服务管理的统一组织和协调，组长由国家林业局信息办领导担任，成员由信息办各业务部门领导及人员构成，运维服务集成商的领导也可包含在领导组的成员中。

其职责如下：确定国家林业局运维目标和要求；监督落实运维规划，审批运维项目方案；审批单位年度运维预算；审核系统运行状况报告、重大故障应急预案；负责重大和紧急变更的授权；对运维服务工作进行绩效评价。

2. 运行维护和服务执行组。按照规范的流程和制度，协调各方服务提供商，具体完成国家林业局信息系统的运行维护和服务工作。组长由运维服务集成商的领导担任，成员包括运维服务合作方的领导和成员，提供第三方运维服务的服务提供商的领导和成员。

其职责如下：负责做好国家林业局信息系统运维项目日常管理工作；配合运维领导组做好运维监督检查工作，并按照监管意见进行整改；组织信息技术运行维护和服务的执行组人员进行有关业务、技术和安全培训；及时上报运维服务项目中重大问题和重大故障；制定、演练和（在重大故障发生时）实施重大故障应急预案。

（五）运维服务管理流程

运维服务提供商参照国际运维服务标准，结合实际情况，建立一系列符合国家林业局运维服务特色的规范化服务流程和规范，监督运维服务工作执行情况，协调处理运维服务工作中的重大问题。

1. 服务台

服务提供商建立面向用户的统一接口——服务台（CALL CENTER），统一受理用户的信息技术方面的服务请求，记录事件并进行一线解决，对于解决不了的较为专业的事件按事件类别的不同派发给不同协作单位及内部、外部服务提供商的二线技术人员，各协作单位及内、外部服务提供商提供二线技术支持。

2. 事件处理流程

事件的接受与记录：发现并报告、记录、建立一个事件单。它的职能是在运维服务机构与客户之间建立良好的沟通机制，同时还能督促、监控流程的进展。

分类和初级支持：根据事件的类型、状态、对业务的影响程度和对时效要求的紧急程度进行分类，在分配处理时会体现出优先级别来，初级支持是充分利用知识库，对常见的、已经有成熟解决方法的问题进行立即支持，过滤掉这些问题。

服务请求判断：对不是事件的申报，如新的服务需求等，将这些请求转给相关服务部门处理。例如，如果一个网络系统在正常运转时，客户提出了扩容或搬迁的服务需求，这不应在故障处理的流程里解决。

调查和诊断：如果事件在常见事件解决方案中没有，则要对事件进行调查和诊断。

解决与恢复：一旦找到了解决事件的方案就可以解决问题，如涉及变更，还要进入变更管理的流程。

解决与关闭：当事件解决，业务恢复后，服务人员要与客户进行沟通，确认业务恢复后方可关闭事件单。

进度跟踪与监控：服务台负责对事件的发展情况进行监控以及通知用户事件的状态。用户在某一状态发生改变后可能会做出适当的反馈，如在预期的事件周期内发生的进一步的事件转交或变更等。在对事件进展进行跟踪和监控时，可能会出现将事件进行职能性升级，转交给其他支持小组来处理，或进行结构性升级，以加强处理事件的力度的情况。

3. 问题管理流程

错误确认和记录：找到问题的根源和与此问题相关联的配置项，以及处理它的应急措施，就可将其状态转变为"已知错误"或者与某个现有的已知错误相关联，然后就可以开始进行错误控制。

错误评估：评估解决问题和已知错误时所需资源和解决方案。解决问题或已知错误的所有活动都应该加以记录以便对其进行监控和确定它们不同时期的状态。

记录解决方案：根据服务级别协议（SLA）、处理事件和已知错误所需成本和所可能获得的收益、变更请求（RFC）的影响度和紧急度等因素来比较不同的解决方案。解决问题（或已知错误）的所有活动都应该加以记录以便对其进行监控和确定它们不同时期的状态。

终止错误和相关问题：用于解决问题、已知错误及相关事件的变更一旦实施后，在终止有关记录工作之前必须对变更进行实施后评审，如果变更成功实施，那么对所有问题和已知错误及相关事件的记录工作都可以终止了。

跟踪与监控：在问题和已知错误的整个生命周期内对它们的发展情况进行监控，这些工作在问题控制和错误控制中都要实施。

4. 变更管理流程

记录：所有的变更请求（RFC）必须被完整地记录下来，变更请求涉及运维服务中的每个流程，变更请求应包含：变更请求（RFC）标识码，相关联的问题/已知错误码，相关配置项的描述和验证，调整和商业利益的变更的原因，要被变更的配置项当前的和新的版本，提交该变更请求（RFC）的人的姓名、地点和电话号码，提交建议的时间，估计的资源和时间计划等信息。

审查：应该对变更请求（RFC）作出初步评估以检查是否有变更请求（RFC）不清楚、不合理、不可行或者不必要。如果拒绝这项请求，需要说明原因，并给予提交请求的人解释的机会。

归类：应该按类别和优先级对变更请求（RFC）进行分类，优先级显示一项变更请求相对于其他变更请求的重要程度，来源于时间紧急度和变更的业务需求。

规划和批准：变更必须被规划和批准，规划变更是应考虑变更窗口、人员、资源的可用性、成本和对服务的影响；确保要求的资源可用；并确保用户的参入，必要时提交CAB。变更的批准应考虑财务批准、技术批准和业务批准。变更应该有相应的变更策略。

协调：被批准的变更应告知与此变更相关的人员，包括客户人员。回滚计划、变更实施和变更的预期结果都必须被测试。

评价：变更实施后，必须做变更实施后的评审，评审应该考虑变更是否达到预期的目的，用户对结果是否满意，是否有副作用，成本是否在预期的范围内。

5. 发布管理流程

发布政策制定和发布规划：针对每一个系统，发布经理都应当制定一项发布政策来定义发布怎样以及在何时得以配置；重大发布应该提前对其发布识别或版本号进行规划，以便在恰当的时候可以考虑添加某项变更；在对一项发布进行规划之前，需要收集有关产品生命周期、将要移交的产品、相关IT服务及其服务级别的描述以及相关变更请求的批准情况等方面的信息。

设计、构建和配置：应该为发布设计、构建和配置标准化的程序，自行开发或从第三方购买的组件、安装说明文档和配置发布的说明文档应作为发布的一部分。在发布前必须构建和测试需发布的软硬件环境。

撤销计划：撤销计划定义了在发布出现问题的情况下恢复服务需要采取的措施，发布管理需确保撤销计划符合实际的要求。

测试和发布验收：发布应该在一个受控的环境内进行验收，应该由用户代表对其进行功能测试和 IT 技术人员对其操作进行测试。测试涉及发布前的软件、硬件、程序、操作指南和试运行（Rollout）指南的测试和验收。

试运行规划：包括制定一份日程安排以及有关任务和所需的人力资源的清单，一份关于将要安装的配置项，将要停止使用的配置项以及退出使用的具体方式的清单，分发发布备忘录，与有关方面进行沟通，以及与高层管理人员、管理部门、变更管理以及用户代表安排更新/评审会议。

沟通、准备和培训：负责与客户沟通的人员、运维人员以及客户组织的代表都应该清楚发布计划的内容以及该计划将如何影响日常活动。相关的职责应该得到充分的传达，并应该核实是否每个人都清楚他们的职责。

分发和安装：分发和安装可以通过自动化的工具或者手动执行，安装完毕后需验证安装是否成功，安装后 CMDB 中的信息需要立即更新。

6. 配置管理流程

配置管理流程依赖于变更管理和发布管理流程并与这两个流程紧密集成。它也为多个其他流程提供支持。配置管理流程主要的活动有下列几点。

规划：确定该流程的战略、政策和目标，分析现有的信息，确定所需的工具和资源，创建与其他流程、项目和供应商的接口，等等。

识别：建立流程来维护对数据库的更新。该流程的活动包括开发数据模型来记录所有的 IT 基础设施组件及其相互关系、所有人或负责人、状态以及可用的文档等方面的信息；该流程还要开发一套用于增加新的配置项（CI）和对现有配置项进行变更的程序。由于对信息的需求是在不断变化的，对配置数据的识别也应随之进行不断的调整。

控制：通过只认可、记录和监控那些经过授权和确认的配置项来确保配置管理数据库（CMDB）的及时更新。控制流程还需要确保对配置项的增加、变更、替换或移除只有在获得必要的文档的前提下才能进行。这里的文档包括如被批准的、附有最新规程的变更请求（RFC）。

状态记录：存储有关配置项在其生命周期内所处状态的当前和历史信息。状态监控可用来识别变更所处的状态，如"开发中"、"测试中"、"库存中"、"使用中"以及"停止使用"。

核实：通过对 IT 基础设施进行审计来检验配置管理数据库，以确认已记录配置项的存在性和验证记录的准确性。

报告：为其他流程提供信息，并就配置项的使用情况报告其趋势和发展。

7. 服务级别管理流程

识别：识别客户的需求(关系管理)以及在 IT 部门内进行宣传，了解业务流程和客户的需求。

定义：提供给客户以满足其需求的服务，这些服务在服务级别需求和服务说明书中进行定义。该项活动的结果是完成一份服务质量计划。

签约：签订协议和合同，即与客户就需要的服务级别、相关的服务成本进行谈判协商，并将协议结果定义在服务级别协议(SLA)中；签订运营级别协议(OLA)和支持合同(UC)；撰写或修订向客户提供的服务项目的服务目录。

监控：监控服务级别。

报告：撰写服务级别报告。对照服务级别协议，定期地向客户和 IT 部门报告实际的服务级别。

评审：与客户一起审查服务以找出改进服务的机会。

8. 能力与可用性管理流程

能力可用性分析：根据年度运维规划(含 SLA 情况、年底的运维目标)还有历史的能力可用性情况，预测未来一个周期内的 IT 资源需求，以确保一直保持有效的能力去满足当前和未来客户的业务需求。

制订能力和可用性计划：根据当前和未来的业务需求，结合年度运维规划，制订能力和可用性计划，计划主要描述了当前和未来对 IT 基础设施的能力的需求，计划需提交 IT 服务管理委员会审批。

确定监测指标及范围：根据 SLA 的要求、法律新技术和业务流程及其他外部变更的要求、影响系统可用性和系统能力的变更的要求制定或更新监测指标及范围定义表(系统/网络和环境/应用)，定义具体的可用性监控指标、能力监控指标、可用性监控范围、能力监控范围等。配合客户选择并部署监测工具，将相关指标的监控工具、方法和记录要求补充到监测指标及范围定义中；新项目或新服务协议生效或变更时，需通过变更管理程序控制实施，以便重新定义监测指标及范围。

能力和可用性监视：实施监测周期和性能阈值的设置与监视执行。

数据分析：分析能力和可用性监视的结果，制作相关的分析报告。

分析的信息需要纳入下一个周期能力和可用性改进中。

9. 持续性管理流程

IT 服务持续性影响分析：持续性管理员依据客户需求、内部管理重要度、期望值与恢复策略等要素，组织进行业务影响分析并制定《影响及应变方式分析表》，《影响及应变方式分析表》填写可能导致运维业务中断的重大影响项目、灾难属性、发生几率、严重等级、中断最大可忍受时限。

IT 服务持续性规划：持续性管理员根据"影响及应变方式分析表"组织制定 IT 服务持

续性计划、灾难恢复计划(DRP)并提交持续性经理组织评审后作为灾难时的执行依据，灾难恢复计划(DRP)在执行过程中若遇有资源冲突时，应由持续性经理决定其优先级次序，并在 IT 服务持续性计划书中说明。灾难恢复计划包含安装配置指南和备份计划。

IT 服务持续性计划的实施与测试：IT 服务持续性计划应对所有业务相关人员进行培训且每年实施一次演练，所有演练均应留下记录。灾难恢复计划中的安装配置指南和备份计划应同时进行测试及演练；经过测试后依照测试结果修正相关系统的灾难恢复计划、安装配置指南，并提交"BCP 测试演练报告"。测试结果与修正后的文件送交 IT 服务管理委员会审查；测试失败或部分失效，应立即检查并输入"服务改进汇总表"，再进行测试予以确认。

IT 服务持续性计划的维护：IT 服务持续性计划应由持续性经理每年组织审查与评估，以维持 IT 服务持续性计划的有效性与适应性。所有测试及审查均应留下记录，并列入秘密级文档加以管控。关键业务变更时，需要对 IT 服务持续性计划进行更新。

第三章
顶层设计

一、设计原则

林业信息化是一项复杂的系统工程，必须通盘考虑，统筹规划。项目建设必须遵循"五个统一"的基本原则，保证在从基础建设向应用推进、从简单应用向主体业务应用推进过程中的整体性和系统性。"中国林业一张图"的建设覆盖"三个系统一个多样性"的资源分布状况，有利于共享和整合全国林业资源、提升决策支持能力，为保证项目建设成效，需要在"五个统一"指导下，坚持三项建设原则。

（一）统一规划

林业信息化是一项复杂的系统工程，其内部关系相互交织，建设程序环环相扣，实际应用互联互通，整体性、系统性都很强。必须立足全局，通盘考虑，统一规划，分步实施，建设一个成功一个，切实发挥应有作用。

（二）统一标准

统一标准是林业信息化实现互联互通、资源共享的根本前提。标准不统一，必然形成"信息孤岛"，造成林业信息的破碎化。必须统一建设标准，统一数据采集规范，统一交换模式，为实现基础平台、应用系统的互联互通奠定基础。

（三）统一制式

制式不统一，各层级、各系统之间就会存在壁垒，林业系统就无法形成完整统一的平台。林业应用软件系统，必须最大限度地统一研究开发，统一升级完善，做到上下统一、有效对接，避免同一业务用多种制式、互不兼容的软件来支撑。

（四）统一平台

建立统一平台是实现业务融合、资源共享、协调同步的重要基础。基础平台不统一，权限管理不统一，必然造成严重浪费，安全隐患增多。必须统一设计模式，统一权限管理，统一建设平台。只有在统一平台上，才能形成一个完善、规范、可控、高效的信息管理系统。

（五）统一管理

统一管理是提高效率、规范操作的要求。必须树立长远的观点、全局的观点、统一的观点，坚决打破司局、部门、条块的界限和封锁。林业信息化建设要做到统一项目管理，统一数据管理，最终实现数据的快速交换、高效传递，真正实现互联互通、信息资源共享，减少管理和运维成本，提高信息化建设成效。

（六）需求主导

项目建设要紧密结合政府职能转变和管理体制改革，以林业业务需求为主导，以应用和服务为重点，以林业信息化建设基础平台为基础，引入或自主开发适用面广、经济实用的信息产品，推动信息技术与林业工作的结合，满足林业管理和生产需要。

（七）促进共享

根据当前林业信息化的实际情况，基于林业信息化建设基础平台，充分利用和整合已有的信息资源，加速基础性林业专题数据的标准化改造，预防再次出现重复建设，促进互联互通，优化信息资源配置，实现信息共享，提高信息资源效益。

（八）适度超前

项目建设中要注重实用性、可操作性和先进性相结合，采用成熟、可靠的信息技术来支撑整个工作环境，确保系统安全、可靠、高效运行；同时，充分考虑长远发展需要，基础设施建设适度超前，为今后工作拓展空间。

二、总体架构

（一）总体设计

在林业信息化基础平台的基础上，"中国林业一张图"总体框架包括两部分：构建全国林业资源数据库("一张地图")和对应的林业资源信息服务平台("一个服务平台"),是林业信息化总体架构"四横两纵"的有机组成部分,同时和其他建设内容相互协同和支撑,"中国林业一张图"架构采用 FRI – C2SA 设计思路,分为 4 个主要层次,与 FRI – C2SA 的横向上的 4 个层次一致。"中国林业一张图"体系架构如图 3-1 所示。

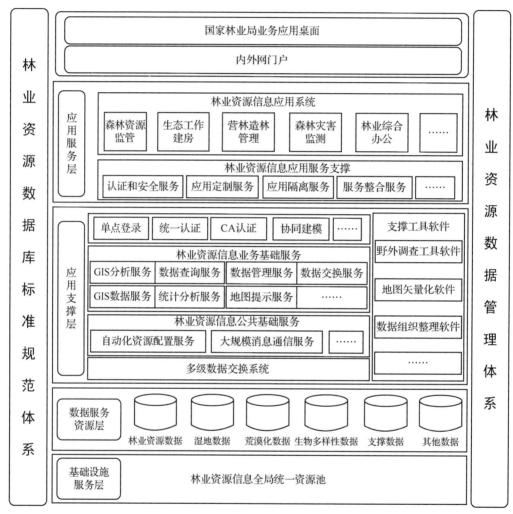

图 3-1 "中国林业一张图"总体架构

(二)数据库设计

根据我国林业资源监管现状,林业资源数据库分国家、省两级,各级都设有林业共享数据库,通过制定数据交换规范并通过数据交换平台将专题数据库、基础数据库和综合数据库进行采集、汇总、交换;国家级的林业资源(监管)数据库的共享数据库来源于国家林业局已建成的共享数据库和省级共享数据库,各级之间通过多级交换系统进行交换,林业一张图的数据库规划如图 3-2 所示。

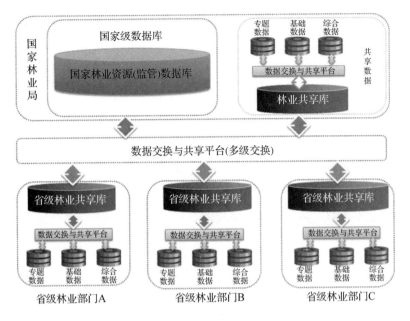

图 3-2 "中国林业一张图"数据库规划示意图

(三)林业云服务平台设计

云计算是新一代信息技术的代表,云平台、云应用、云服务是信息化发展的重要趋势。中国林业云平台以先进的技术、先进的理念支撑林业发展。"中国林业一张图"建成后,提供的各类林业信息服务将统一布设在云计算平台。

中国林业云由国家级云中心和省级云分中心两部分组成。国家级云中心由 1 个国家中

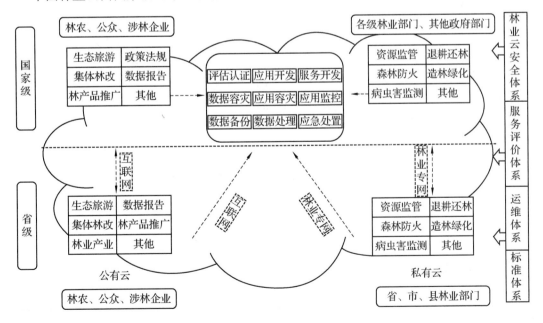

图 3-3 中国林业云布局示意图

心、2个灾备中心(同城灾备、异地灾备中心)组成。省级云分中心由31个省(自治区、直辖市)林业厅(局)，内蒙古、吉林、龙江、大兴安岭森工(林业)集团，新疆生产建设兵团等36个分中心组成(图3-3)。

林业云由国家级林业资源信息服务云、区域级林业资源信息服务云、国家基础地理信息服务云、遥感信息服务云和其他第三方服务云几个私有云构成，这些云提供的各类服务通过林业资源信息服务平台进行服务集成、整合、封装、注册和管理，形成林业资源信息云服务池，实现林业信息资源的有效整合、统一管理和资源共享，为各类林业资源信息服务系统提供服务资源，进而为国家林业局各司局、直属单位、各省林业厅提供统一、高效、便捷的管理服务平台，为各级林业部门业务系统的建设与开发提供云服务环境，中国林业云服务组成如图3-4所示。

图3-4 "中国林业一张图"云服务组成

三、建设内容

(一)网络体系

"中国林业一张图"网络体系主要包括基础硬件、安全基础设施、网络设备、机房及配套四方面，网络体系如图3-5所示。

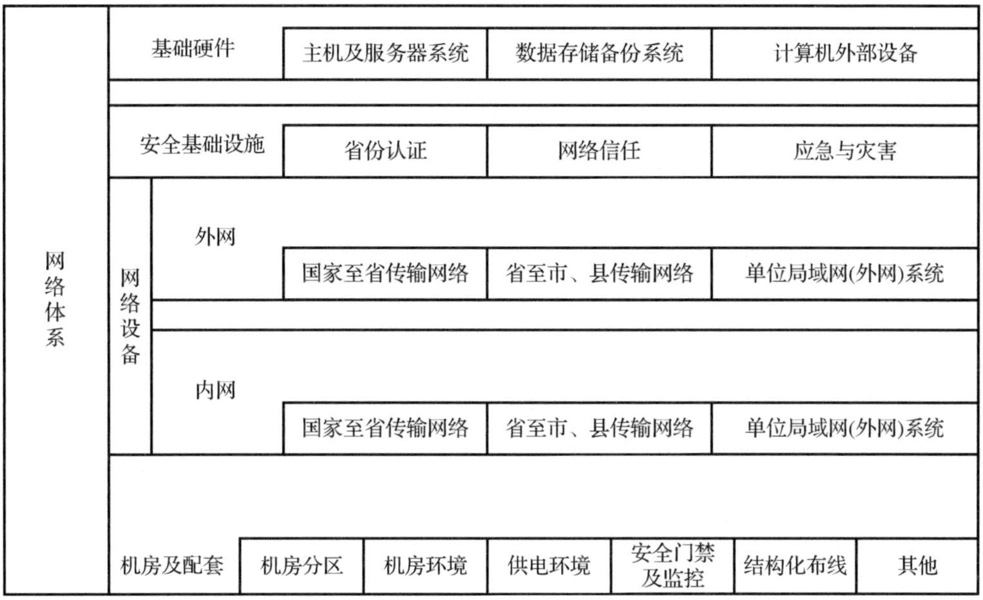

网络体系	基础硬件	主机及服务器系统		数据存储备份系统		计算机外部设备	
	安全基础设施	省份认证		网络信任		应急与灾害	
	网络设备	外网	国家至省传输网络		省至市、县传输网络		单位局域网(外网)系统
		内网	国家至省传输网络		省至市、县传输网络		单位局域网(外网)系统
	机房及配套	机房分区	机房环境	供电环境	安全门禁及监控	结构化布线	其他

图 3-5 "中国林业一张图"网络体系结构图

1. 基础硬件

基础硬件系统包含主机及服务器系统、数据存储备份系统、网络安全设备以及硬件外部设备。主机及服务器系统由计算机服务器、操作系统、数据库基础软件、地理信息基础软件、中间件等组成。数据存储备份系统由磁盘阵列、数据备份磁带库及相关的控制软件等组成。外部系统由打印机、绘图仪、扫描仪、大屏幕显示系统等组成。

2. 安全基础设施

安全设备包括路由器、防火墙、核心交换机、安全审计服务器、行为管理器以及 VPN 服务器。

3. 网络设备

一是外网。林业外网贯通国家林业局及其直属单位、各级林业主管部门。包括国家林业局至各直属单位、各省(自治区、直辖市)的网络，各省(自治区、直辖市)至其市、县的网络等组成。二是内网。林业内网是与互联网和林业外网物理隔离的政府内部办公网，可以用来处理业务信息。三是林业专网，国家林业专网联通全国各省级林业行政主管部门、各森工集团、新疆生产建设兵团林业局、各计划单列市林业局和国家林业局各直属单位共计 70 多个节点。以此为基础，通过国家林业局综合办公电子传输系统，实现了国家林业局至上述节点单位间的电子公文传输。

4. 机房及配套

机房主要为数据存储、业务应用、网络交换等提供良好的运行管理环境和配套设施，机房建设确保机房内所有系统稳定、安全、可靠地运行，做到技术先进、经济合理、安全适用、确保质量，能够满足林业信息化发展的需要。

5. 关键技术

MPLS-VPN 技术。多协议标签交换（MPLS）是一种用于快速数据包交换和路由的体系，它为网络数据流量提供了目标、路由、转发和交换等功能。更特殊的是，它具有管理各种不同形式通信流的机制。MPLS 独立于第二和第三层协议，诸如 ATM 和 IP。它提供了一种方式，将 IP 地址映射为简单的具有固定长度的标签，用于不同的包转发和包交换技术。

路由器标准。作为 IP 网的核心设备之一，核心路由器要首先保证安全可靠和方便维护，其次应具有高性能、大容量、高可靠性以及可管理、高智能化和易维护的特点。支持具有跨域解决方案、MPLSVPN/网管、MPLS QoS 等 MPLS-VPN 的功能，支持先进的 IPv4/IPv6 双栈，采用 FPGA 封装结构实现整机线速转发。

网络访问加速技术。该技术提供数据压缩、数据流缓存、协议优化技术等功能，能够解决分节点和中心节点之间数据量大的问题，大幅提高数据传输效率。

(二) 数据库

按照中国林业一张图数据库规划，数据库建设包括国家和省级两级数据库。国家级林业资源数据库由省级林业部门和国家林业局的林业资源共享数据组成，其中各级林业部门共享数据库是由专题数据、基础数据和综合数据组成，各级林业共享数据组成如图 3-6 所示。

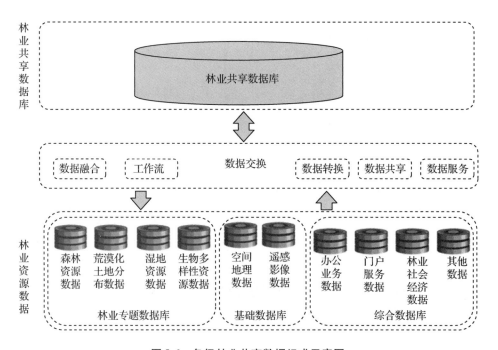

图 3-6　各级林业共享数据组成示意图

各级林业共享数据分为 3 个主要组成部分。一是专题数据库，包括森林资源数据、荒漠化土地分布数据、湿地资源数据和生物多样性资源数据；二是基础数据库，包括通过收集林业全国基础空间地理数据、遥感影像数据，形成共享数据库，能够形象直观反映出林业管理、生产经营状况；三是综合数据库，包括综合办公业务数据、门户服务数据、林业社会经济数据等林业部门办公应用服务相关数据。

林业数据资源包括森林资源数据、荒漠化土地分布数据、湿地资源数据和生物多样性等各类数据，每类数据又分为基础类数据和管理类数据两大部分。基础类数据主要反映林业资源的现状和变化状况，管理类数据是为了管理的需要反映林业资源的经营情况。针对林业基础类数据，建立全国林业资源基础数据库和基础数据服务平台。

(三) 应用系统

1. 森林资源信息服务子系统

森林资源信息服务子系统以国家级、省级森林资源调查数据为支撑，以 WebGIS 为支撑，通过对调查、统计、空间数据的可视化与服务化，针对监管业务中对数据的专题需求进行专题化处理与服务化封装，为森林资源监管业务的开展和业务系统开发提供支撑，森林资源信息服务子系统功能结构如图 3-7 所示。

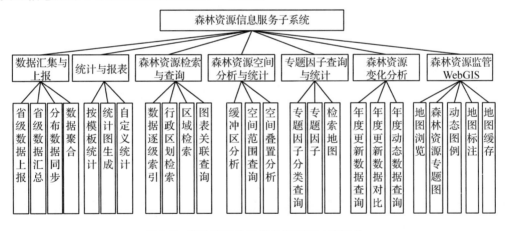

图 3-7　森林资源信息服务子系统功能结构

系统包括森林资源检索与查询、森林资源空间分析与统计、专题因子查询与统计、森林资源变化分析和森林资源监管 WebGIS 等模块，为用户提供一个可复用、可通用的用户管理授权服务、日志服务、安全管理服务为一体的模块，实现森林资源分布图浏览、森林资源分布数据查询（条件数据查询、专题因子数据查询）、森林资源供给分析及森林资源的动态变化分析等功能。

2. 湿地资源信息服务子系统

系统包括湿地资源分布数据查询、湿地资源空间分析、专题因子查询、湿地资源监管 WebGIS 等模块，实现湿地资源分布图浏览、湿地资源数据查询（条件数据查询、因子数据查询)、湿地资源分布数据空间分析、湿地资源数据统计等功能，对湿地资源进行综合监管，湿地资源信息服务子系统功能结构如图 3-8 所示。

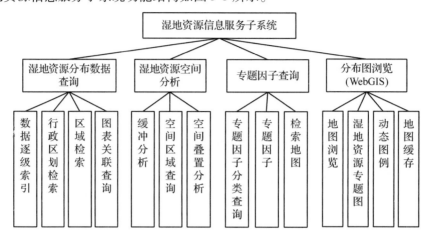

图 3-8　湿地资源信息服务子系统功能结构

3. 荒漠化沙化资源信息服务子系统

系统包括荒漠化沙化资源数据查询、荒漠化沙化资源数据空间分析、专题因子查询与统计、荒漠化沙化资源变化分析和荒漠化沙化资源监管 WebGIS 等模块，实现荒漠化沙化土地资源分布图浏览、荒漠化沙化数据查询(市、县、乡、村、地图条件数据查询)、荒漠化沙化土地资源动态变化分析、荒漠化沙化资源统计分析等功能。系统用户可以清楚地了解荒漠化沙化土地分布情况，荒漠化沙化程度以及荒漠化沙化土地植被盖度等信息，荒漠化沙化资源信息服务子系统功能结构如图 3-9 所示。

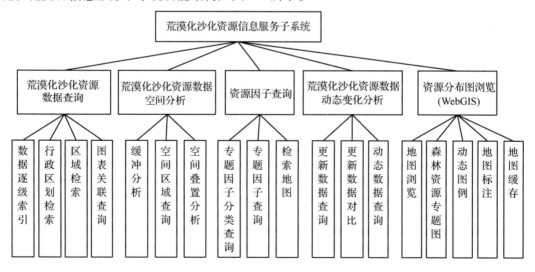

图 3-9　荒漠化沙化资源信息服务子系统功能结构

4. 生物多样性资源信息服务子系统

系统包括分布数据查询、空间分析与统计、专题因子查询与统计、动植物资源利用监管和生物多样性资源监管 WebGIS 等模块，对生物多样性资源进行综合管理，实现生物多样性分布图浏览、生物多样性数据查询(市、县、乡、村、地图条件数据查询)、生物多样性数据统计分析等功能。系统用户可以浏览保护区分布、爬行动物分布、珍稀植物分布等生物多样性资源分布信息，并对生物多样性数据进行统计分析，生物多样性资源信息服务子系统功能结构如图 3-10 所示。

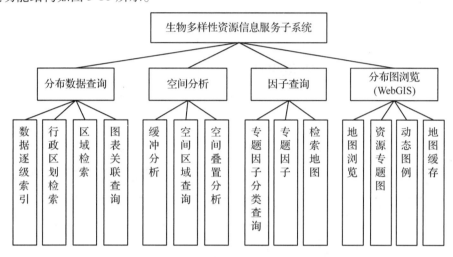

图 3-10　生物多样性资源信息服务子系统功能结构

(四)服务支撑

1. 外业调查工具软件系统

系统包括 GPS(全球卫星定位系统)，RS(遥感系统)，GIS(地理信息系统)，温度、海拔、湿度测量系统。利用 GPS 定位卫星，在全球范围内实时进行定位、导航的系统，称为全球卫星定位系统(简称 GPS)。遥感 RS 是指非接触的、远距离的探测技术。GIS 是在计算机硬、软件系统支持下，对整个或部分地球表层(包括大气层)空间中的有关地理分布数据进行采集、储存、管理、运算、分析、显示和描述的技术系统。该系统高度集成地对空间信息进行采集、处理、管理、分析、表达、传播和应用。

2. 地图矢量化软件

地图矢量化软件是重要的地理数据获取系统之一。所谓地图矢量化，就是把栅格数据转换成矢量数据的处理过程。当纸质地图经过计算机图形、图像系统光—电转换量化为点阵数字图像，经图像处理和曲线矢量化，或者直接进行手扶跟踪数字化后，生成可以为地理信息系统显示、修改、标注、漫游、计算、管理和打印的矢量地图数据文件，这种与纸质地图相对应的计算机数据文件称为矢量化电子地图。在做完矢量化地图的工作之后，我们就可以在其基础上完成一系列的界面设计、算法设计、查询窗口设计等功能。

3. 数据组织整理软件

数据组织整理软件是利用计算机硬件和软件技术对数据进行有效的收集、存储、处理和应用的软件系统。其目的在于充分有效地发挥数据的作用。在数据库系统中所建立的数据结构，更充分地描述了数据间的内在联系，便于数据修改、更新与扩充，同时保证了数据的独立性、可靠性、安全性与完整性，减少了数据冗余，故提高了数据共享程度及数据管理效率。

（五）运维安全

运行维护服务平台总体功能需求如图 3-11 所示。

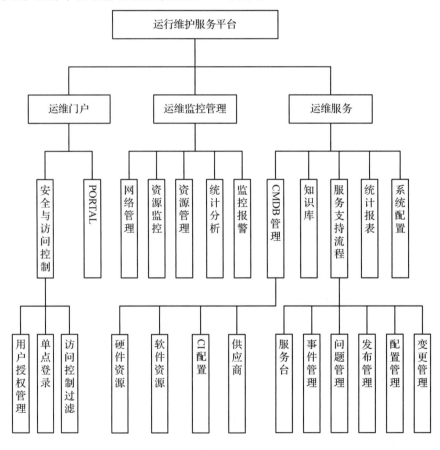

图 3-11　运行维护服务平台总体功能需求

1. 运维门户

门户要求采用 J2EE 技术路线，在具体构建中，采用成熟框架；系统架构需要充分考虑运维网站系统的柔性和开放性，以软件集成的理念为门户网站提供支持；良好的后台维护；要求与运维综合管理系统平滑衔接，实现运维数据的互联互通和共享。

在运维门户首页设置单点登录窗口与 PORTAL 连接(登录认证由运维系统软件完成),保证 PORTAL 内部信息的安全和系统稳定性。采用多用户管理机制,实现分层次管理功能,能够实现多级系统的协同工作,实现集中式和分级管理的有机结合。平台对安全进行仔细考虑,详细设计,保证系统安全性。

2. 运维监控管理

运维监控管理需采用 JAVA 语言开发,使用模块化设计思想,使得软件能灵活地运行在各种平台(Windows、AIX、Unix、Linux 等)。

运维监控管理提供灵活的权限管理功能,需按照分域和分级用户方便的管理,实现采用集中式按权限分级的管理方式,可以实现责任到人、责权分明的管理方式。

运维监控管理要求支持全 B/S 的管理方式,通过 HTTPS 的方式对数据传输的安全性给予了充分的保障,采用全中文界面,能够对网络系统通过统一运维平台、统一界面的方式进行集中有效的管理,给系统管理者带来极大的方便。

运维监控管理要支持大型数据库作为后台数据库,以提高系统的稳定性和高效性。

运维监控管理要具有良好的体系架构,通过运维监控管理的对外接口,外部系统能够通过开放 API 接口获取详细的监控性能数据进行分析处理。

运维监控管理要求是功能强大的网络运维管理系统,定位于对网络系统和应用系统的统一有效的管理和运行维护,注重分析网络整体运维的特点,它不仅能方便系统管理人员随时了解整个网络系统的运行状况,而且能从应用层面对企业网络系统的关键应用进行实时监测。一旦系统出现异常,警报系统将通过声音、E-mail、手机短信息、脚本等方式及时通知相关人员(或自动进行故障处理),通过服务管理系统进行流程的管理;通过完善的性能分析报告,更能帮助系统管理人员及时预测、发现性能瓶颈,提高网络系统的整体性能,同时为运维服务的战略规划提供依据。能帮助用户有效降低由于系统故障带来的损失、运维成本和管理的复杂度,从而保证网络系统 7×24 小时正常、持续、稳定的运行。

3. 运维服务

运维服务支持(service support)是一个服务管理流程集,它主要是有关如何确保客户获得满意的 IT 服务以支持组织的业务运营。IT 服务管理最主要的特点是以流程为基础,以客户为导向。服务支持流程作为服务管理的核心流程之一,除了具有这个所有服务管理流程所共有的特点之外还具有其自身的特点,这表现在以下两点。

(1)面向用户。服务支持流程是面向用户的,用户是组织中有权使用某个系统或某项 IT 服务的个人,他是 IT 服务的直接体验者,因而也是服务绩效的最终评判者。服务支持流程着眼于确保 IT 服务运营实现预定的目标,所以也就应该关注用户对 IT 服务的实际体验。服务支持人员通常需要根据用户的反馈信息对 IT 服务的运营进行维护和调整,服务支持的各子流程都是直接面向用户进行的。

(2)运营性流程。服务支持流程中各核心子流程都属于运营层次的管理流程。服务支持流程的主要职能在于确保 IT 服务提供方所提供服务的质量符合服务级别协议(SLA)的要求,这些流程本身并不涉及按照组织业务需求设计有关服务级别目标的问题。服务支持流程主要是一种事中管理,它关注的是服务运营的质量是否符合业务的需求。

服务支持作为面向用户的运营性管理流程,可以实现如下功能:保持与用户的紧密沟通,了解用户对 IT 服务的真实体验;减少事故和故障对业务的影响;实现有效的问题控制和错误控制;有效地管理 IT 组件和准确地计划开支;促进 IT 服务和业务更好地整合;减少变更对业务的影响,保证服务运营的持续性;有效地发布管理可以确保所有的软件和硬件变更方案及时到达业务方。

(六)标准规范

以现有标准规范为基础,制定统一的技术标准和管理规范,形成国家林业局林业资源基础综合监管系统标准体系。为各类林业资源监管林业资源综合监管信息服务体系的建设、应用及运行维护提供标准规范。本项目建设需要编制的标准规范可以归为四类:林业信息资源应用标准、林业信息目录体系、林业信息分类技术规范和运维服务标准规范(图3-12)。

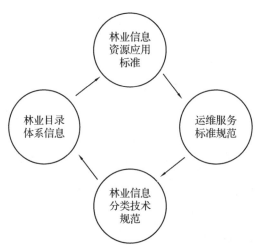

图 3-12　国家林业局林业资源综合监管系统标准体系示意

标准编制工作四个部分:林业信息资源应用标准、林业信息目录体系、林业信息分类技术规范、运维服务标准规范。

1. 林业信息资源应用标准

本次建设需要编制的林业信息资源应用类标准主要有:林业信息化网络系统建设规范、林业数据库设计总体规范、林业信息 Web 服务应用规范、林业工程管理信息分类与代码、林业数据图示表达规则和方法、林业信息服务接口规范(图3-13)。

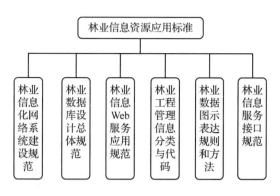

图 3-13 林业信息资源应用标准分类

(1)林业信息化网络系统建设规范。该标准主要规定林业资源信息主干网网际互联，国家林业资源管理部门和直属单位内部局域网建设以及网络测试方面的基本要求和技术指标；对林业信息化网络系统建设中各阶段工作的基础设施、网络服务、网络管理以及网络安全等进行规范。

(2)林业数据库设计总体规范。该标准主要用于指导林业信息化数据库设计的全过程。主要内容包括：对概念模型、逻辑模型(数据模型)、物理模型的建模的指导原则、方法、建模语言、文档等制定相应的规范，以便参与林业信息化建设的技术人员理解。

(3)林业信息 Web 服务应用规范。该标准主要对林业信息 Web 服务应用的安全、内容、形式等方面进行技术规定。用于指导林业信息资源开发利用中进行林业信息服务发布时的访问与信息集成。

(4)林业工程管理信息分类与代码。该标准主要用于林业工程及林业工程管理业务数据的编制、存储、检索等各个环节。主要对林业工程及林业工程管理信息进行分类，并规范工程管理信息的代码结构，并进行编码。

(5)林业数据图示表达规则和方法。该标准规定林业信息的统一表达语义，适用于林业信息开发人员；以数据为中心，定义图示表达的规则。通过该规则，使用图示表达将数据描画出来。该规范描述了如何利用图示表达语言来描述数据的图示表达信息，包括图示表达信息的结构、内容、表现形式等。

(6)林业信息服务接口规范。本标准将规定在林业信息服务体系中对不同结构的信息服务进行访问的接口规范，包括：统一用户接口、单点登录接口等。指导林业信息资源开发利用中进行林业信息服务访问与信息集成。为林业信息化建设提供林业信息服务模型，针对服务开发、描述、发布、注册、查找、绑定等提供具体的编程模型，为林业信息服务的开发人员、管理人员、使用人员提供具体技术要求。

2. 林业信息目录体系及林业信息分类技术规范

该项目建设需要编制的林业信息目录体系及林业信息分类技术规范主要包括：林业信息目录体系技术规范、野生动植物保护信息分类标准、森林火灾信息分类与代码、湿地资源管理信息分类与代码和荒漠化信息分类与代码(图3-14)。

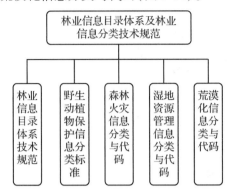

图 3-14 林业信息目录体系及林业信息分类技术规范示意

(1)林业信息资源目录体系。林业资源信息目录是按照信息资源分类体系或其他方式对林业信息资源核心元数据的有序排列。在林业信息资源目录体系中，包含国家林业局各部门、中心、研究院所及省市级林业管理机构等各级林业数据节点，这些数据节点通过林业专网、广域网连接在一起，构成林业信息共享的网络体系。

林业信息资源目录体系是目录信息与服务、保障与支撑组成的一个总体。林业信息资源目录体系总体框架包括概念模型、组织结构、技术模型、业务流程模型等。本规范适用于林业信息资源的管理者、规划者、建设者和其他与目录体系建设相关人员在规划和设计林业信息资源目录体系的系统架构时使用。

(2)森林火灾信息分类与代码。森林防火是保护森林资源的重要工作，森林火灾信息是林火监测、扑救以及损失评估依据。制订森林火灾信息分类与代码标准是建立实现森林防火信息化的基础性工作，是实现森林防火决策的信息化、科学化，减少森林火灾发生和损失的重要保障。

森林火灾信息分类与代码标准对森林火灾相关的信息进行分类并编写代码，制定森林火灾信息分类的基本框架和代码规范。主要内容包括了森林火灾信息分类原则、分类方法、信息编码、信息分类代码等。本标准适用于全国各级森林防火部门的森林火灾信息采集、加工、应用等信息管理工作。

(3)湿地资源管理信息分类与代码。湿地研究是近年来国内外各学科科学研究者们关注的热点。制订湿地资源管理信息分类与代码标准，是建立湿地资源管理的基础工作，为宏观掌握全国或区域性各类湿地资源情况、综合管理湿地数据、湿地保护和管理提供数据支持的保障。

湿地资源管理信息分类与代码标准对湿地科学、湿地资源监测、湿地保护、湿地利用等与湿地资源管理相关的信息进行分类并编写代码，制定湿地资源管理信息分类的基本框架和代码规范。主要内容包括了湿地信息分类原则、分类方法、信息编码、信息分类代码等。本标准适用于全国各级湿地资源管理部门的湿地信息采集、加工、应用等信息管理工作。

(4) 荒漠化信息分类与代码。土地荒漠化是全球性的重大环境问题，也是关系人类生存发展和影响全球稳定的重大问题。制定荒漠化信息分类与代码标准是为荒漠化监测与评价服务，为建立符合我国国情的荒漠化和沙化监测体系服务，为国家和地方制定防沙治沙与防治荒漠化的政策和长远发展规划服务。

荒漠化信息分类与代码标准对荒漠化和沙化监测与管理相关的信息进行分类并编写代码，制定荒漠化信息分类的基本框架和代码规范。主要内容包括荒漠化信息分类的基本原则和基本方法，荒漠化信息编码的基本原则、基本方法和代码设计。本标准适用于全国各级荒漠化和沙化监测部门的荒漠化和沙化信息采集、处理、规范和整合应用等信息管理工作。

(5) 野生动植物保护信息分类与代码。野生动植物保护信息是生物多样性数据的主要组成部分，野生动植物保护管理信息分类与代码标准是野生动植物保护信息管理的基础，为宏观掌握全国或区域性各类野生动植物资源情况、综合管理野生动植物资源数据、为野生动植物保护和管理提供数据支持的保障；为我国重点野生动植物监测服务。

野生动植物保护管理信息分类与代码标准对野生动植物保护管理相关的信息进行分类并编写代码，制定野生动植物保护管理信息分类的基本框架和代码规范。主要内容包括了野生动植物保护信息分类原则、分类方法、信息编码、信息分类代码等。本标准适用于全国各级野生动植物保护管理部门的野生动植物保护信息采集、加工、应用等信息管理工作。

3. 运维服务标准规范

该项目建设需编制的运维服务标准主要包括：运维服务及制度规范和运维服务体系标准建设（图3-15）。

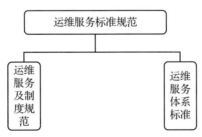

图3-15 林业运维服务标准建设

(1) 运维服务及制度规范。主要包含服务台管理、事件管理流程规范、问题管理流程规范、发布管理流程规范、变更管理流程规范、配置管理流程规范、服务级别管理流程规范、财务管理流程规范、能力和可用性管理流程规范、运维安全管理规范、持续性管理规范、服务报告管理规范等。

运维服务支持和交付流程规范参考 ITIL 最佳实践，基于电子政务运维服务特点，遵照 ISO/IEC 20000-1：2005、ISO/IEC27001：2005 以及国内相关的信息安全技术标准，实现 IT 服务管理流程的标准化管理。通过流程的有效应用改善服务，监控和提高服务质量，采用严格的运维服务管理体系保护用户的各项权益。

流程是指按照一个既定的目标组织起来的一组逻辑上相关的活动。一个流程是将输入转化为输出的一组活动。首先要定义流程的目标，即通过流程活动所达成的结果。要指定一个流程的负责人，他对流程的结果负责。衡量结果或衡量阶段性结果的是一系列关键绩效指标，用以衡量结果与目标的吻合。同时，在设计流程时也要考虑到对流程的支持，如相应的资源、参与的其他角色(图 3-16)。

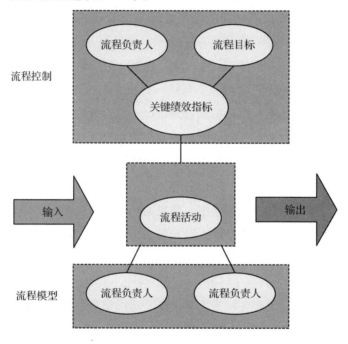

图 3-16　运维服务流程模型

（2）运维服务体系标准建设。主要包含安全技术体系框架、安全管理方针、信息安全目标、安全职责、人员安全控制程序、机房环境安全管理、网络管理安全、系统安全管理规范、应用安全管理规范等。

安全技术体系框架的创建是用来应对国家林业局基础平台的安全挑战，适用于国家林业局基础平台以及依托其运行的全部系统。安全技术体系框架关注涉及物理基础设施、系统和应用的管理、控制和使用的安全。为了预测、发现、纠正安全脆弱性，体系框架提供全面的、自顶向下的、端到端的安全视图，并且能应用于终端、系统、网络，以预测、检测和改正安全脆弱性。

该体系框架将一组复杂的端到端网络安全相关的特性逻辑上分解成各个组件。这种分解使得端到端安全能使用系统化方法来规划新的安全解决方案以及评估现有网络的安全（图 3-17）。

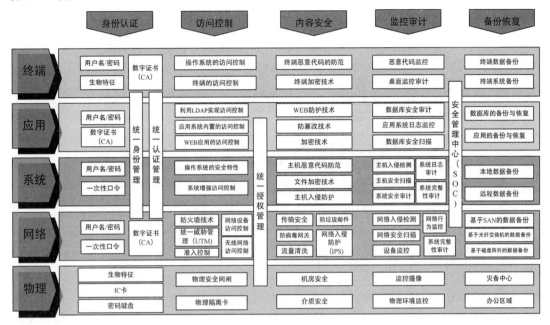

图 3-17 运维服务安全保障体系框架

四、关键技术

（一）面向服务架构技术

面向服务架构(SOA)是目前领先的、最具整合能力的应用体系架构，它将应用程序的不同功能单元(称为服务)通过定义良好的接口和契约联系起来。接口采用中立的方式进行定义，独立于实现服务的硬件平台、操作系统和编程语言。这使得构建在系统中的各种服务以统一和通用的方式进行交互(图 3-18)。

SOA 架构根据业务的需要变得更加灵活，以适应不断变化的环境。通过建立 SOA 架构，实现各级部门、各个业务系统的信息服务，不论是旧的或新的，都能够通过服务的包装，成为"随取即用"的 IT 资产，以服务的形式对外发布，以松耦合原则实现共享，构建新的业务流程，对组织中的业务流程进行灵活的重构和优化，增强业务的敏捷性，达到"整合即开发"的目的，实现对业务需求的快速响应。

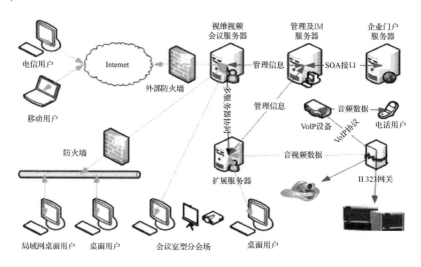

图 3-18　面向服务架构（SOA）

（二）基于服务 GIS 异构空间数据共享

服务 GIS（Service GIS）是一种面向服务软件工程方法的 GIS 技术体系，它支持按照一定规范把 GIS 的全部功能以服务的方式发布出来，可以跨平台、跨网络、跨语言地被多种客户端调用，并具备服务聚合能力以集成来自其他服务器发布的 GIS 服务。

GIS 功能服务是通过网络向外提供 GIS 处理功能的 Web 服务，与传统的 GIS 服务相比，它的数据可以来源于网络，经过功能服务的处理后，将结果数据通过网络发送给用户。因此 GIS 功能服务的特点是服务处理的数据既可以来自本地数据，也可以来自网络或者其他 GIS 数据服务。GIS 功能服务的处理结果可以通过网络返回给用户或应用服务。分布式 GIS 功能服务的特点要求其接口定义与现有 GIS 系统和 GIS 服务中的功能操作接口定义不同。

GIS 服务可以定义为：网络环境下的一组与地理信息相关的软件功能实体，通过接口暴露封装的功能。GIS 服务包括 GIS 数据服务和 GIS 功能服务，GIS 数据服务通过接口向外提供空间数据，GIS 功能服务通过接口向外提供空间数据处理功能。

GIS 功能服务和 GIS 数据服务一起构成了 GIS 服务链集成的服务基础。OGG 的 OWS 启动项目中定义的一系列 GIS 数据服务的接口定义，如 WMS、WFS、WCS，得到 GIS 业界的广泛认可和采纳，为 GIS 功能服务接口的定义提供了经验和参考。目前对 GIS 功能服务接口的研究刚刚起步，尚不成熟，OGG 的 Web 处理服务提供了空间数据操作和计算的总体模型，但是没有定义具体的功能服务接口和参数（图 3-19）。

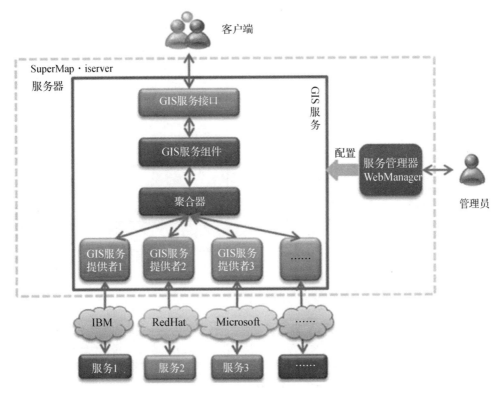

图 3-19　GIS 服务示意

(三) 瓦片地图与地图服务联动更新技术

现在越来越多的地图服务用到瓦片技术，例如现在我国发布的天地图服务就运用了地图瓦片技术。其实切片之后的地图瓦片是栅格图像，并不具备定位信息，不过切片运用了相关切片算法之后，可以计算出具体定位的位置。例如采用 WGS84 大地坐标系为空间参考，对地图进行切片，采用一定的切片算法，例如用经纬度步长等比例分割形成地图瓦片，当需要对一个具体地方进行定位时，可以根据经纬度步长来计算具体位置，以此来达到定位的功能。

为提高林业数据中心的空间数据发布效率，在整个 GIS 平台发布海量空间数据时，GIS 服务器端，采用瓦片地图(tile map)技术对海量基础地理、遥感影像和林业资源空间数据进行瓦片分割和瓦片组织，而在 WebGIS 服务器端建立 Web 地图的缓存，采用地图服务联动更新的技术，实现数据源到地图服务、瓦片地图的联动更新，保障发布的地图服务的更新和现势性(图 3-20)。

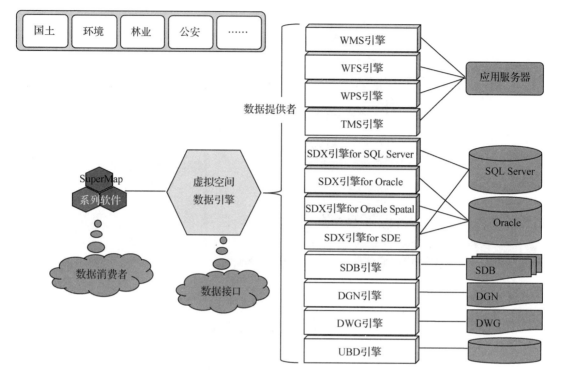

图3-20 瓦片地图技术

（四）数据中心技术

本质上，数据中心建设不仅仅是硬件、机房建设，还包括数据资源、数据模型、应用系统、管理、制度等方面的建设。林业数据中心是以数据仓库为基本框架，基于SOA思想，面向林业综合应用、林业资源监管及应用、综合营造林、林业灾害监控与应急管理、林业产业管理和门户网站群及公共事务服务平台的应用，实现各类林业资源数据的采集、整合、汇交、更新、管理、交换、共享、利用等集成化数据管理平台。

基于企业总体架构（EA）思想和信息资源规划（IRP）方法，实现林业数据资源的采集、处理、传输、管理、共享、应用的全过程的信息化规划，建立林业资源信息框架模型和数据标准体系，构建"一张图"核心数据库，实现林业资源的数量、质量、分布、潜力等资源状况的"一览无余"，强化"以图管地"、资源家底"心中有数"，为林业资源各项审批业务、资源监管和宏观决策等各项应用和数据交换提供统一的数据和技术保障，为林业资源信息共享和社会化服务提供数据支撑环境（图3-21）。

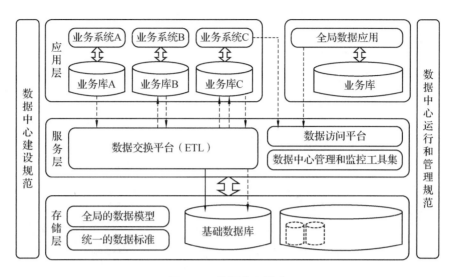

图 3-21　数据中心技术

(五) 数据仓库技术

数据仓库之父 William H. Inmon 在 1991 年出版的《Building the Data Warehouse》一书中提出的定义被广泛接受：数据仓库（data warehouse）是一个面向主题的（subject oriented）、集成的（integrated）、相对稳定的（non-volatile）、反映历史变化（time variant）的数据集合，用于支持管理决策（decision making support）。

在林业数据中心建设中，大量采用数据仓库的技术，实现林业资源数据全生命周期的综合分析与监管。构建面向分析的集成化数据环境，是领导决策支持、综合分析、综合监管等应用数据集成环境（图 3-22）。

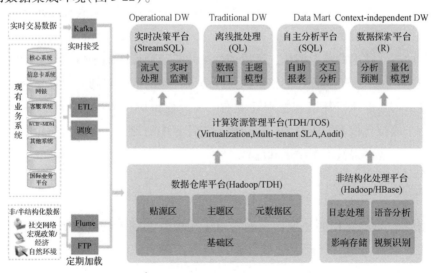

图 3-22　数据仓库技术

(六)云计算技术

典型的云计算分为 3 个基本层次：基础设施层、平台层、应用层。每一层都可以单独为用户提供服务，进而出现了 3 种不同的云服务类型：基础设施即服务(IaaS)、平台即服务(PaaS)和软件即服务(SaaS)，根据所提供服务的类型划分层次的云计算，其层次是可以完全分开的。也就意味着层次中的某一层可以不依赖于其他层单独完成相应的用户请求(图 3-23)。

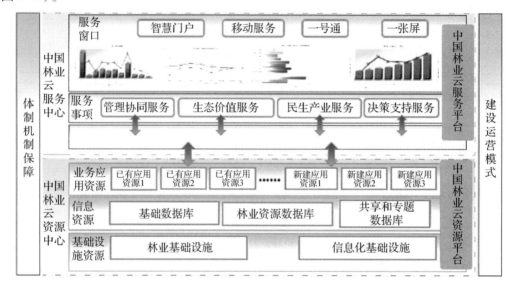

图 3-23　云计算技术

云计算可分为：物理资源、虚拟化资源、系统管理和服务接口四个部分。所以云计算的关键技术主要包括：虚拟化技术、并行编程模型、海量数据分布存储技术、海量数据管理技术和云平台管理技术等。

云计算的核心技术就是虚拟化，可以说虚拟化是云计算区别于传统计算模式的重要特点。采用虚拟化可以将应用程序的整个执行环境以打包的形式转到云计算平台中的其他节点处，实现了程序的执行环境与物理环境的隔离，使得应用程序的环境改变变得易于实现。正是由于虚拟化技术的成熟和广泛应用，云计算中的计算、存储、应用和服务都变成了资源，这些资源可以被动态扩展和配置。

(七)大数据技术

大数据(big data)，指的是所涉及的资料量规模巨大到无法通过目前主流软件工具，在合理时间内达到撷取、管理、处理并整理成为决策资讯。大数据的 4V 特点(volume、velocity、variety、veracity)：第一，数据体量巨大，从 TB 级别，跃升到 PB 级别；第二，数据类型繁多，包括日志、视频、图片、地理位置信息等等；第三，价值密度低，商业价值高,以视频为例,连续不间断监控过程中,可能有用的数据仅仅有一两秒;第四,处理速度快,1秒定律。最后这一点与传统的数据挖掘技术有着本质的不同。

大数据需要特殊的技术,以有效地处理大量的数据。适用于大数据的技术,包括大规模并行处理(MPP)数据库、数据挖掘电网、分布式文件系统、分布式数据库、云计算平台、互联网和可扩展的存储系统(图3-24)。

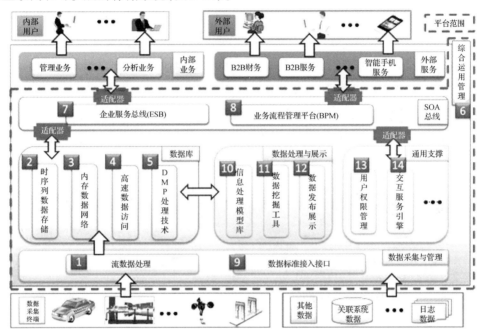

图3-24 大数据技术

(八)物联网技术

物联网是现代信息技术发展到一定阶段后出现的一种聚合性应用与技术提升,将各种感知技术、现代网络技术和人工智能与自动化技术进行聚合与集成应用,使人与物智慧对话,创造一个智慧的世界。物联网是通过各种信息传感设备,实时采集任何需要监控、连接、互动的物体或过程等各种需要的信息,与互联网结合形成的一个巨大网络。其目的是实现物与物、物与人,所有的物品与网络的连接,方便识别、管理和控制。物联网的本质概括起来主要体现在3个方面:一是互联网特征,即对需要联网的物一定要能够在互联网上实现互联互通;二是识别与通信特征,即纳入物联网的"物"一定要具备自动识别与物与物通信(M2M)的功能;三是智能化特征,即网络系统应具有自动化、自我反馈与智能控制的特点。

在物联网应用中有以下三项关键技术。

传感器技术:这也是计算机应用中的关键技术。大家都知道,到目前为止绝大部分计算机处理的都是数字信号。自从有计算机以来就需要传感器把模拟信号转换成数字信号计算机才能处理。

RFID 标签：也是一种传感器技术，RFID 技术是融合了无线射频技术和嵌入式技术为一体的综合技术，RFID 在自动识别、物品物流管理方面有着广阔的应用前景。

嵌入式系统技术：是综合了计算机软硬件、传感器技术、集成电路技术、电子应用技术为一体的复杂技术。经过几十年的演变，以嵌入式系统为特征的智能终端产品随处可见，小到人们身边的 MP3，大到航天航空的卫星系统。嵌入式系统正在改变着人们的生活，推动着工业生产以及国防工业的发展。如果把物联网用人体做一个简单比喻，传感器相当于人的眼睛、鼻子、皮肤等感官，网络就是神经系统用来传递信息，嵌入式系统则是人的大脑，在接收到信息后要进行分类处理（图 3-25）。

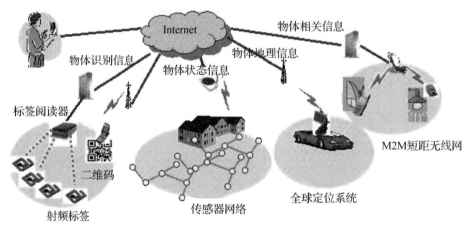

图 3-25　物联网技术

（九）无人机遥感测绘技术

无人机遥感（unmanned aerial vehicle remote sensing），是利用先进的无人驾驶飞行器技术、遥感传感器技术、遥测遥控技术、通讯技术、GPS 差分定位技术和遥感应用技术，具有自动化、智能化、专用化快速获取国土、资源、环境等空间遥感信息，完成遥感数据处理、建模和应用分析的应用技术。无人机遥感系统由于具有机动、快速、经济等优势，已经成为世界各国争相研究的热点课题，现已逐步从研究开发发展到实际应用阶段，成为未来的主要航空遥感技术之一。

无人机是通过无线电遥控设备或机载计算机程控系统进行操控的不载人飞行器。无人机结构简单、使用成本低，不但能完成有人驾驶飞机执行的任务，更适用于有人飞机不宜执行的任务，如危险区域的地质灾害调查、空中救援指挥和环境遥感监测。无人机为空中遥感平台的微型遥感技术，其特点是：以无人机为空中平台，遥感传感器获取信息，用计算机对图像信息进行处理，并按照一定精度要求制作成图像。

按照系统组成和飞行特点，无人机可分为固定翼型无人机、无人驾驶直升机两大种类。固定翼型无人机通过动力系统和机翼的滑行实现起降和飞行，遥控飞行和程控飞行均容易实现，抗风能力也比较强，类型较多，能同时搭载多种遥感传感器。起飞方式有滑行、弹射、车载、火箭助推和飞机投放等；降落方式有滑行、伞降和撞网等。固定翼型无人机的起降需要比较空旷的场地，比较适合矿山资源监测、林业和草场监测、海洋环境监测、污染源及扩散态势监测、土地利用监测，以及水利、电力等领域的应用（图3-26）。

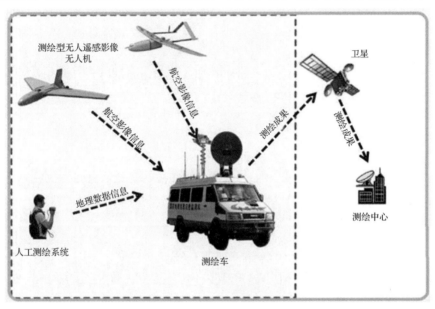

图3-26　无人机遥感测绘技术

建设成果

JIANSHE CHENGGUO

第四章
平台建设

一、共享平台

林业资源融合与共享平台建设通过对数据的有效转化和高效集成，将电子政务领域多时空信息、多比例尺地图以及各专业领域的政务信息资源整合起来，用"一张图"呈现在信息获取人员的面前，达到"一图胜千图"的目的。林业资源融合与共享平台建设包括多元数据转化、共享平台功能开发、接口设计。

（一）多元数据转化

由于地理数据的多语意性、多时空性、多尺度性、获取手段的多样性、储存格式的不同以及数据模型和数据结构的差异，导致多元数据的产生，给数据集成和数据共享带来困难。

1. 多元数据。多元数据是由多维数据模型构成的信息资源，由多源空间数据、平面属性信息、结构化信息以及文档信息等构成。

2. 多元数据转化。通过建立无缝的空间数据转化系统，各部门可以使用其他部门的异构空间数据；通过集成系统，还可以叠加来自于其他部门的空间数据、结构化数据以及文档数据，使用专题地图的方式将成果融入办公流程中，有效突破办公文件中文字和数字表达的局限性，大大节省时间、人力、物力资源，从而达到提高监管水平的目标，如图4-1所示。

图4-1中所示是多元数据转化与集成系统的总体架构，其主要包括数据采集层、数据融合与发布层和基于GML的WebGIS应用展示层等3个方面。将来自于不同格式的数据信

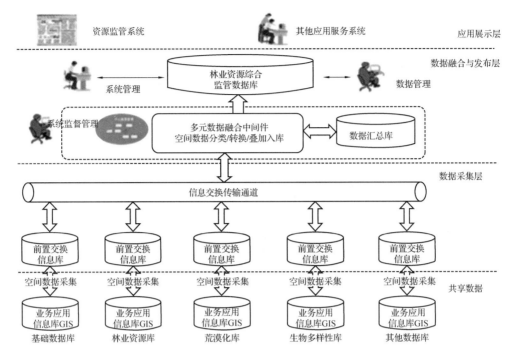

图 4-1 多元数据转化与集成系统总体架构

息,通过采集、转化、叠加形成多元信息共享库,响应来自查询统计系统的服务请求。

因涉及大量的不同格式的数据信息,各数据源提供商均有对应接口提供,所以,多元数据转化与集成系统,不对数据采集层进行建设估算,仅实现在数据采集进入系统之后的空间数据管理、图层整合、WebGIS 展示等功能。

(二)功能开发

林业资源融合与共享平台功能包括数据采集、数据管理及图层整合、应用服务 3 个主要功能(图 4-2)。

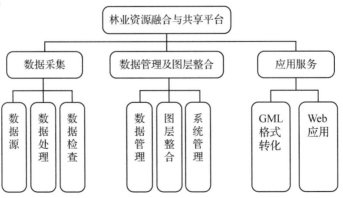

图 4-2 林业资源融合与共享平台功能

1. 数据采集。数据采集是将数据源中所需要的数据提取到数据仓库中,为指标提供数据基础,主要包括数据源、数据处理、数据检查三部分。

数据源。即包括各个部门的数据,如森林资源数据、荒漠化数据、基础地理信息数据、GPS 数据、电子政务资源信息等。

数据处理。这些数据很可能保存在不同的操作系统、不同的数据库软件、应用中间件、GIS 平台软件开发,由于数据源复杂多样,数据类型、数据结构、空间数据的投影方式、比例尺等均存在较大差异,因此要对数据进行数据处理。

数据检查。由于数据质量不但影响到数据抽取转换,还会直接影响到数据结果的展示,因此必须进行数据检查、质量评估、数据清理等。

2. 数据管理及图层整合。数据管理及图层整合分为数据管理、图层整合、系统管理三部分。

数据管理。根据初步测算,影像数据总量约 3TB,年更新及增加约 620GB;林业专业信息产品库的非影像数据总量约 113GB,年更新及增加约 2GB;林业综合信息产品库的非影像数据总量约 8GB,年更新及增加约 3GB。针对如此海量的空间数据及其他格式数据必须要能够高效规范地存档、管理,通过 C/S 和 B/S 结合的方式和权限控制,方便各级机构进行查询和使用。矢量专题图可选择矢量文件方式或者地理数据库方式包括 ArcSDE 或者 ORACLE Spatial 方式进行存储和管理。由于遥感影像数据大的特性,建议对影像数据以文件方式进行存储,通过存储和管理其相关元数据信息实现对影像数据的查询和调用。

图层整合。主要包括空间信息交换和元数据模式映射两个部分。通过建立元数据模式映射关系,对于待交换的数据进行定义,建立交换共享的数据源路由关系,以元数据库的模型形成共享信息库实现不同数据格式交换与共享。

系统管理。是管理员对整个系统进行监控及管理,通过系统管理部分,管理员可以轻松的监控到整个系统中任何一个子功能的运行状态,也能轻松地对空间数据进行集中归档和索引目录创建等操作。

3. 应用服务。应用服务主要包括 GML 格式转化和 Web 应用。

将 GML 数据转化为地图显示,并支持在地图上的操作,是开发基于 GIS 应用系统提出的实际需求。

Web 应用能够从关系数据库系统获取数据并转换为交换共享标准格式(DBMS - GML),将元数据库到浏览器展示的数据转换(GML - SVG),既可以以 WebGIS 的方式对多元共享信息库进行查询处理(应用模型数据请求、信息查询数据请求、制图输出)并以图层叠加处理并展示,也可以将 Web 服务的接口提供给所有需要的用户,使用户能够在自己的程序中调用本系统中的数据,就像在网页中加入一张图片一样。

(三)接口设计

应用系统通过 Request 向林业资源监管共享数据库请求数据,数据库则可以通过

WMS、WFS、WCS、WebGIS 四种方式向应用系统提供数据，而所有的方式都是通过 HTTP 协议进行传输。

1. WMS 是 OGC 服务中的一种，通过将服务器端的数据（包括矢量数据及栅格影像数据）封装成 JPEG、PNG 等图片或 SVG 等矢量数据的方式，返回给请求者。此种方式技术成熟，使用方便，但是用户获得的仅仅是被封装的数据，而不是原始数据，因此适合于数据展示等方面。

2. WFS 是 OGC 服务中专门针对矢量数据交换产生的一种协议，与 WMS 不同的是，此种方式可以将原始的数量数据返回，因此用户不仅能够查看数据，在权限允许的情况下，用户还可以直接对矢量数据进行修改再上传到服务器数据库中。因此这种协议适合客户端与服务器端对于矢量数据的交互。

3. WCS 是 OGC 服务中专门针对栅格影像数据交换产生的一种协议，与 WFS 类似，此种协议也会将原始数据返回给用户，用户可以对这些原始数据进行坡向、坡度等分析，进一步地获得有用信息。

4. WebGIS 是通过将特定数据通过一定的方式组织以后，发布成为用户可以直接使用的系统，因此面向的客户通常是固定的。这种方式由于已经将数据组织好，因此用户只需要在自己的应用程序里直接调用即可，也可以在 Google 地球中调用这部分的数据，同样具有广泛的应用空间，如图 4-3 所示。

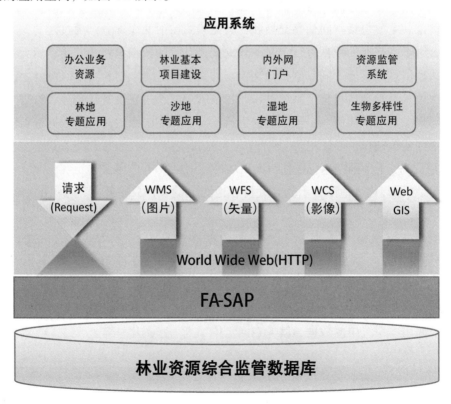

图 4-3　林业资源融合与共享平台接口设计

二、网络平台

(一)外网平台

1. 外网网络扩建。林业外网采用千兆光纤骨干,百兆到桌面的以太网架构。在国家林业局中心机房放置一台高性能的核心交换机,一层到十一层之间,每层的南北配线间各放置 1~3 台 24 口的交换机。所有二级楼层交换机具有千兆上联及堆叠功能,便于构建千兆的骨干网络。核心交换除了汇聚各个楼层配线间的光纤外,还链接大量的安全设备,在配置上将满足安全设备的需要。核心交换机采用神州数码的 DCRS-7608 系列 10 插槽的机箱,配置两块路由交换引擎用于冗余备份,端口配置上主要以千兆的光纤和电网口为主,并且配置双电源,保证核心的稳定性和可用性(图 4-4)。

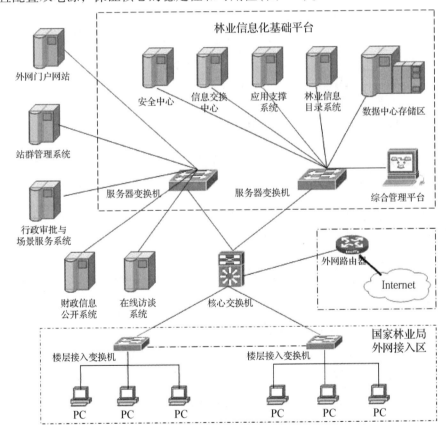

图 4-4 外网平台部署示意

本项目布线的网络初步用于林业政务外网,因为外网的流量比较大,安全性和网络管理问题复杂,新架设的网络设备能够符合这种全方位的要求。布线网络设备采用集中方式放置与管理,计算机信息点为每个楼层房间 3 个点左右规模(2 个内网点、1 个外网点)、单人房间2个。

外网均采用超五类非屏蔽双绞线UTP。网络布线拓扑结构为：二级星形结构，一级为光纤主干；二级为超五类非屏蔽双绞线UTP。大楼外和附近单位光纤连接，采用室外铠装硬皮防腐蚀光缆。外网系统拓扑图见图4-5。

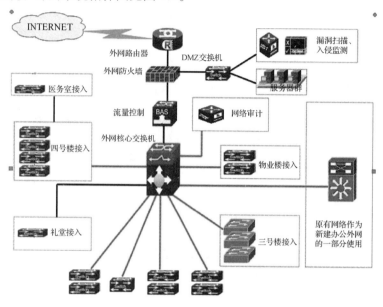

图4-5 外网拓扑图

2. 存储系统建设。采用基于SAN的存储结构，为国家林业局各信息系统提供统一的数据存储服务。根据电子政务的要求在外网部署一套数据存储系统和数据备份系统。

国家林业局数据中心存储系统采用SAN存储模式。总体结构分为存储层、存储交换层、主机层、存储管理层和存储专业服务层等五层。

存储层主要提供高可靠、高性能、可扩展的智能存储设备存储数据信息，由于在SAN资源完全的共享，但同时要保证数据访问的安全性，因此必须保证使每个应用系统既能共享资源又能互不干扰。

存储交换层是SAN的核心连接设备，实现主机、存储设备的连接和提供高性能的数据通路。存储交换层必须提供充足的端口和解决存储管理层中任何单点故障。在光纤存储交换机中通过区域功能的划分，采用共享或独享方式实现为业务应用系统合理的分配存储系统性能资源，保证关键应用系统对高性能的要求，而其他应用系统可以共享的方式使用存储系统的性能。

主机层包括主机连接设备和逻辑卷管理两个子层。主机连接设备主要负责各主机与SAN的连接，通过在主机上安装2块HBA，分别连接到存储交换层的两台光纤交换机上，形成一个全冗余的交叉连接结构，同时通过在主机上安装与存储兼容的管理软件，实现通路的错误冗余和负载均衡，在提高主机访问带宽的同时保证了可用性。提供主机到SAN

的光纤接口。HBA 卡提供了将 FC 协议解包成 SCSI 协议的功能，使得主机系统能够将 SAN 中的存储设备作为一个传统的 SCSI 设备来对待，简化了主机设备的复杂性，提高了 SAN 与主机系统的兼容性，使 SAN 系统能提供最广泛的主机平台支持。核心应用服务器采用基于共享 SAN 存储的双机双网卡高可用 HA。数据库服务器采用基于共享 SAN 存储的双机双网卡负载均衡 Cluster。

存储管理层是 SAN 存储整合的另一个需要重点考虑的部分，即存储管理、直观管理 SAN 中的存储资源，进行统一资源保护、分配和管理，存储系统配置和状态监控、性能分析、故障预警和报告等功能；同时存储安全管理、数据异地容灾功能管理和数据快速复制功能管理都能够集中进行，减少系统管理员的工作量，简化 IT 的管理流程。

根据建设需要及总体设计，各应用系统的数据存储均在数据中心。数据存储体系结构见图4-6。

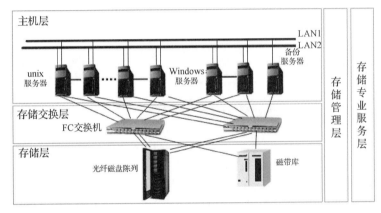

图 4-6 数据存储体系结构

(二)内网平台

1. 内网网络扩建。办公内网核心交换使用神州数码的 DCRS－6808，配置一块 24 口的千兆模块，用于连接各楼层汇聚的接入层交换机。内网部署示意如图4-7。

接入层采用系列可堆叠智能交换机，在楼层或高密度办公区域多台堆叠为终端 PC 提供 10/100M 到桌面的带宽保障，并通过千兆链路采用与核心交换机互联，图 4-8 为办公内网系统拓扑图。

2. 存储系统建设。根据电子政务要求在内网也部署了一套数据存储系统和数据备份系统。内网数据中心的存储系统采用与外网一样的存储模式。根据建设需要及总体设计，各应用系统的数据存储均在数据中心，其中存储容量为 20T。

3. 应用支撑平台。应用支撑为各应用系统提供所需的资源共享、信息交换、业务访问、业务集成、流程控制、安全控制和系统管理等方面的基础性和功用性的支撑服务，同时它也是应用系统的开发、部署和运行的技术环境。应用支撑具有开放和扩展性，并能够

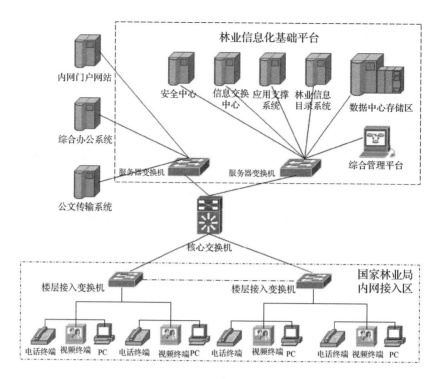

图 4-7　内网部署示意

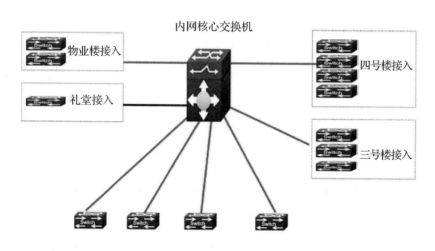

图 4-8　办公内网拓扑图

适应业务需求的动态变化。

　　林业应用支撑为业务应用系统开发提供各类基础组件、中间件，提高系统建设效率；同时解决业务应用之间的互通、互操作等问题。应用支撑由注册服务、鉴权服务、状态管理服务、电子签章管理服务、即时业务服务、应用资源整合服务、电子政务客户端服务等组成。其架构包括：目录体系和交换体系、业务流程管理、林业数表模型、林业基础组件、林业常用工具软件等。其主要建设内容可分为目录体系、交换体系和快速应用搭建平台等三部分。

（1）目录体系。目录体系是按照统一的标准规范，对分散在各部门的信息资源进行整合和组织，形成逻辑上集中，物理上分散，可统一管理和服务的林业信息资源目录，为使用者提供统一的信息资源发现和定位服务，实现林业部门间信息资源共享交换和信息服务的林业信息资源管理体系。

信息资源目录一般由信息资源分类目录和信息资源目录组成。信息资源分类目录由按不同应用主题建立的信息分类体系组成。信息资源目录有基础信息目录、部门信息资源目录、应用共享信息资源目录等，通常由描述信息资源的名称、主题、摘要或数据元素、分类、来源、提供部门等元数据组成。信息资源包括业务职责、政策法规、规章制度、业务流程、业务系统信息资源、业务数据库信息资源等。信息资源目录体系包括概念模型和功能模型。

概念模型。信息资源目录体系的概念模型包括支撑标准、数据库、信息资源目录三部分（图4-9）。

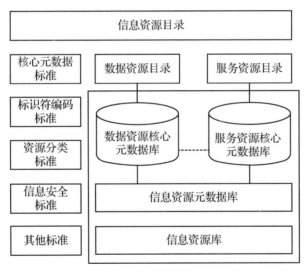

图4-9　信息资源目录体系概念模型

功能模型。信息资源目录体系的技术模型包括网络层、信息资源层、核心服务层、门户层、标准规范与管理体系及信息安全体系（图4-10）。

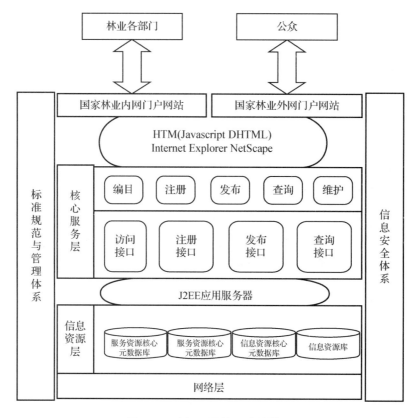

图 4-10　资源目录体系功能模型

（2）交换体系。交换体系是实现异构数据源之间数据交换与共享、异构应用系统之间流程整合与协同的基础。信息交换体系由应用适配服务层、共享交换服务层、跨域交换层、流程管理服务层以及安全支撑和监控管理组成（图4-11）。

应用适配服务层。应用适配服务层是与具体应用系统便捷连接的模块化软件，主要解决应用系统与应用集成系统之间的连接与信息交换等问题，实现信息的提取、封装、打包、分类、加密、压缩和传送等功能。同时，提供应用适配器开发框架，以适应不同应用系统的连接。应用适配器系统通过配置、定义的方式实现和应用系统的连接，以提高部署效率，降低实施成本。

共享交换服务层。共享交换服务层是整个平台的核心，它是基于 JMS、LDAP 和 XML Schema，由一系列中间件、服务、Web Service 接口以及数据库组成，采用支持 Web Service 的 XML 消息软总线的消息通讯技术，提供功能强大的消息订阅/发布（Publish – and – subscribe）和消息队列（Message Queue）功能，支持点到点的异步传输模式。提供基于 Web Service 的数据传输、数据转换和规则化的数据移动。数据交换中心（由共享交换服务层、跨域交换服务层、跨域交换服务层和流程管理服务层）对数据传输进行集中控制和管理。其设计功能有：可靠的消息传输功能，基于元数据的全局视图建立，数据的存储、校验和数据交换。交换中心设置工作数据库，它的基础功能是缓存用于交换的数据，并记录下每笔交换的情

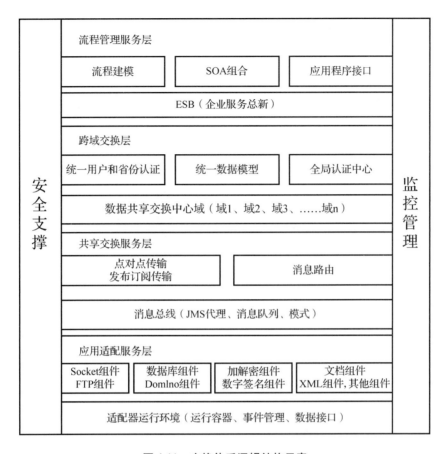

图 4-11　交换体系逻辑结构示意

况，以供将来分析，如性能分析、故障分析、数据流量和流向分析。同时它还存储相关的全局目录和路由信息（如网络拓扑、系统配置、用户信息）。

跨域交换服务层。跨域交换服务层的功能需求来自业务系统存在于不同的行政管理域和地域。不同级别的数据交换所涉及的机构部门也处于不同的级别，这通过一个交换中心往往不能很好地解决这样一个庞大体系中的复杂交换，相反，若通过将多个可信的数据共享和交换中心按照行政层次和区域进行级联则可以较好地解决这个问题。此外，若一个行政机构跨越的区域较大，还可以通过同一层次上的交换中心的互联来分担该层的交换负载，并通过相互之间的协同，共同完成该层次的交换工作。

流程管理服务层。流程管理服务是信息交互与管理的中枢，是应用系统间业务流程整合和信息纵横传输的控制中心。流程管理系统基于应用集成技术和 Web Service 技术，独立于具体应用之外，提供流程设计、重组、部署、管理、监控、审计、优化的环境。流程管理系统提供一系列工具以便设计、修改、监控与管理业务流程及各流程节点对应的服务。流程管理系统支持面向服务、流程驱动的体系结构，既可以将现有不同应用系统的流程协同起来，也可以将新应用系统的流程统一起来，最终将业务流程调整、管理、设置的权力从 IT 技术人员手中移交给业务人员。

信息交换体系的层次结构。依据国家林业信息化建设要求，需要通过国家级和省级基础平台实现两级林业部门的信息资源交换与共享，因此，信息交换体系配置在各级中心。按照国家林业局专网的物理网络结构，在各个中心部署信息交换系统，实现应用系统之间数据传输的任务。

4. 应用服务架构平台。林业应用服务架构平台（以下简称：FA-SAP）将 SOA 和构件这两个软件工程领域最前沿的技术联系在一起。采用 SOA 架构方法，将业务流程和底层活动分解为基于标准的服务。在基于 FA-SAP 的系统中，系统功能是由一些松耦合并且具有统一接口定义方式的服务构件组合起来，构件是 FA-SAP 系统的基本单元。

5. 林业多级数据交换中心。林业多级数据交换系统实现林业各司局各单位之间的数据交换和共享，包括文件数据和关系数据库数据，各司局无需做任何代码开发工作，只需通过多级数据交换系统适配器模块和本司局本单位业务系统对接即可实现数据的交换和共享，系统对交换的数据进行加密、签名，保证数据在传输过程中的安全性。

系统通过跨域通信代理模块和其他省级林业厅局信息共享与交换平台对接，实现数据的跨区域交换。通过系统全局监控管理中心能够对各省级林业厅局信息共享与交换平台进行监控和管理。

6. 林业多元数据融合平台。林业多元数据融合与集成系统实现对地理空间数据的采集及不同地理空间数据格式之间的转换，地理空间数据的叠加、融合，以及通过监控管理系统对数据采集过程进行监控和管理。

（三）专网平台

在国家林业局专网的基础上，增加了大连、宁波、厦门、青岛、深圳 5 个计划单列市和武汉资源监督专员办、林学会共 7 个点。驻福建、昆明、长春、成都、西安、贵阳、合肥 7 个专员办配置 E1 直通电缆一套，为建成专员办独立的视频会议系统提供网络基础。2010 年国家林业局专网扩建完成后，专网的覆盖节点由 37 个增加至 72 个，联通了全国各省级林业部门和国家林业局京内外直属单位，建成了集传输文字、视频、语音等各类数据的信息高速公路。通过与部分省所建专网的联通，国家林业局专网的触角已经延伸到县。

三、机房建设

"中国林业一张图"建设对林业信息化基础平台进行全面扩容，建成了高标准的内网、外网、专网，形成了全国林业信息高速公路。建设完成了物理隔离的中国林业网（外网）和国家林业局办公网（内网），扩展了林业专网，实现了网络全覆盖，并改造建成了高标准的国家林业中心机房。

(一)机房网络

中心机房新建后,办公网络采用千兆光纤骨干,百兆到桌面的以太网架构。中心在二层机房放置一台高性能的核心交换机,一层到十一层之间,每层的南北配线间各放置1~2台24口的交换机。二级交换机具有千兆上联及堆叠功能,便于构建千兆的骨干网络。核心交换除了汇聚各个楼层配线间的光纤外,还链接大量的安全设备,在配置上将满足安全设备的需要。核心交换机采用神州数码的DCRS-7608系列10插槽的机箱,配置两块路由交换引擎用于冗余备份,端口配置上主要以千兆的光纤和电网口为主,并且配置双电源,保证核心的稳定性和可用性(图4-12)。

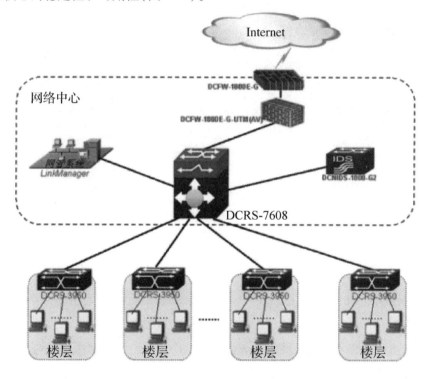

图4-12 主楼计算机网络拓扑图

(二)基础设施

国家林业局中心机房使用面积450m²,在主楼的二层北侧。机房基础设施改造主要包括以下4个方面的内容。

1. 配电系统。 原设计的配电系统是按照60kVA的容量计算的,而随着信息化的建设,服务器、阵列盘、网络设备、网络安全设备及配套的外部设备等大量增加,原配电系统的设计已不能满足需要。按照等级保护的要求,对原有的配电系统进行了扩容。从原有的60kVA扩充到120kVA,铺设了从一层配电室到二层机房的动力电缆,增加了各个配电柜的容量，增加机房内电缆和插座的数量及相配套的设施，并加大了电源系统的安全性。

2. 机柜等设施。新增计算机服务器及网络设备机柜16个，kVM控制器10套。

3. 装饰工程。根据等级保护及防火的要求，除了在中心机房分隔出几个功能区外，将原有的天花板设计更新为防火性能更好的材料，墙壁更新设计为防尘和防火性能更好的彩钢板，地板选用承重、防静电等性能更好的钢制地板，机房内增加新风设备等。

4. 机房办公家具。由于机房控制系统的需要，增加监控系统的控制台，此外购买了机房使用的桌椅及资料柜(图4-13)。

图4-13 中心机房内外网区

(三)机房装修

1. 天花板装修。按照抹灰工程质量验收标准和施工规范对天棚进行高级抹灰处理。抹灰平整、光滑、无凸凹、无起伏、不能有大的空鼓或裂缝，整体水平。为了防止天棚抹灰灰面脱落灰尘或微细沙尘，天棚结构表面必须刷防尘油漆，要求涂刷均匀。

2. 防尘。计算机机房应采取防尘措施。机房单独设出入口并在缓冲间设更衣换鞋间及鞋套机，更衣换鞋后方可进入机房。尘埃的二次飞扬，对计算机机房内的空气洁净度影响较大，因此装饰材料应选用不易积灰、不易起尘、易于清洁、防火保温的饰面材料，同时材料不应产生眩光。

3. 吸音。机房天花选用微孔铝合金吸音天花，不会产生灰尘，耐用可靠且十分美观，顶棚上面应留有300~500mm的高度空间。铝合金平板天花具有屏蔽、易清洗、自重轻、不燃烧、耐腐蚀、施工方便等优点，兼有防尘功能。

4. 墙面。计算机机房墙体要采用防火墙面，周围要进行防潮处理。墙壁表面采用铝塑板贴面饰材，具有保护墙体、屏蔽、保温、不燃烧、不吸水、防潮、易清洁、不保留灰尘、不易破损、装饰效果好等优点。

5. 防火。计算机机房内铺设电缆、设备较多，必须注意机房的消防安全，严格控制建筑物耐火等级。所有材料的防火等级都应为 A 级或 B1 级。

6. 防静电。计算机机房内铺设防静电地板，地板要求平滑、整洁。

7. 线路保护。机房内所有线槽都采用不锈钢制桥架、镀锌钢管或喷塑金属软管保护。

8. 活动地板。为机房安装专用防静电活动地板，不但便于在地板下布置服务设施，保持机房美观，更重要的是使机房的空气能按照设计的方式进行循环，提高精密空调冷却效率(图 4-14)。

图 4-14 中心机房会商室

(四)门禁系统

门禁系统采用"HID"读卡识别系统。这种识别系统已经广泛应用于机房的门禁方面，相比传统的读卡器更能有效控制人员访问。针对设计中的机房，建设了门禁系统，以控制各个出入口，每个门分别加装读卡识别系统。通过对机房管理人员的分级授权，可以做到安全有效地管理进出机房的人员。

第五章
数据库建设

一、数据资源

中国林业一张图数据库建设充分利用、改造和整合现有的林业资源数据,将分布在全国、各省(自治区、直辖市)、各业务部门的林业资源数据进行有效整合,构建国家林业局林业监管分布式数据库,主要包括公共基础数据和林业资源数据。林业数据资源包括森林资源数据、湿地资源数据、荒漠化和沙化土地分布数据和生物多样性数据等,每类数据又分为基础类数据和管理类数据两大部分。基础类数据主要反映林业资源的现状和变化状况,管理类数据是为了管理的需要反映林业资源的经营情况。林业一张图针对林业基础类数据,建立全国林业资源基础数据库和基础数据服务平台。

(一)公共基础数据

公共基础数据包括基础地理数据、遥感影像数据、林业社会经济数据、其他背景数据。

1. 基础地理数据。收集和整理现有应用于林业的全国基础地理数据集(主要包括1∶400万,1∶50万,1∶25万等),建立统一的基础地理背景数据库。

2. 遥感影像数据。收集和整理现有的遥感数据资源,建立统一的遥感数据背景数据库(MODIS/TM/ETM/SPOT5)。

3. 林业社会经济数据。收集和整理全国历年林业社会经济统计数据,建立林业社会经济统计数据库。

4. 其他背景数据。收集和整理现有的其他背景数据资源,如全国土地利用图、全国土壤类型图等,建立统一的背景数据库。

(二)森林资源数据

森林资源数据旨在为森林资源监测和管理服务,为各级林业管理部门提供信息查询、分析评价、辅助决策等综合服务。为公益林、商品林区划界定提供重要基础数据,为森林资源管理部门相关政务科学的决策提供数据支撑,为林业其他相关业务部门提供森林资源基础数据的应用和服务,推动林业信息共享和利用,是编制森林采伐限额提供直接依据,是森林经营宏观管理政务决策的重要依据。

1. 基础数据。基础类数据包括森林资源连续清查与加密数据库、森林资源规划设计调查数据库以及森林资源年度变化数据库等森林资源监测数据,包含样地因子调查数据、样木因子调查数据、样地调查数据、森林资源小班调查数据、小班区划基本图、森林资源小班年度变化调查数据及年度森林资源小班调查数据,为解森林资源现状和变化提供基础数据,是营造林、林业灾害监控和应急的基础数据源。

2. 管理数据。管理类数据包括伐区调查设计数据库、森林采伐管理数据库、征占用林地数据库、木材运输证数据库、木材加工许可证数据库、林地林权管理数据库及生态公益林管理数据库。包含伐区调查因子数据、采伐限额数据、采伐许可证数据、征占用林地数据、木材运输证数据、木材加工许可证数据、林地林木权属登记因子数据、林地权属宗地图及生态公益林管理数据,为森林资源监督和管理提供依据(表5-1)。

表5-1 森林资源数据库

序号	类别	主要内容	定位	建设范围	采集
1	森林资源连续清查与加密数据库	样地因子调查数据	基础数据,森林资源监测数据,为了解森林资源现状和变化提供基础数据;是营造林、林业灾害监控和应急的基础数据源	国家级、省级	国家级、省级
		样木因子调查数据		国家级、省级	国家级、省级
2	森林资源规划设计调查数据库	样地调查数据		省级	省级
		森林资源小班调查数据		省级	省级
		小班区划基本图		省级	省级
3	森林资源年度变化数据库	森林资源小班年度变化调查数据		省级	省级
		年度森林资源小班调查数据		省级	省级
		年度更新林业基本图		省级	省级
4	伐区调查设计数据库	伐区调查因子数据	森林资源管理数据。资源利用和林地林权管理业务数据,为森林资源监督和管理提供依据	省级	省级
5	森林采伐管理数据库	采伐限额数据		省级	省级
		采伐许可证数据		省级	省级
6	征占用林地数据库	征占用林地数据		省级	省级
7	木材运输证数据库	木材运输证数据		省级	省级
8	木材加工许可证数据库	木材加工许可证数据		省级	省级
9	林地林权管理数据库	林地林木权属登记因子数据		省级	省级
		林地权属宗地图		省级	省级
10	生态公益林管理数据库	生态公益林管理数据		省级	省级

(三)湿地资源数据

湿地资源数据包括湿地保护区物种信息、湿地物种信息、湿地保护区信息、湿地斑块信息、湿地鸟类信息、湿地鸟类分布信息、湿地湖泊库塘信息、湿地植物信息、湿地植物分布信息、重要湿地信息、湿地社会经济信息、湿地植被信息等内容。

1. 基础数据。基础数据包括湿地调查、监测、专项调查、重点工程、保护区数据；湿地标准、湿地履约的进程等数据；全国湿地保护区分布数据库；其他标准、文档、技术规程等综合数据。湿地资源基础数据库中的数据主要来源于国家湿地管理部门，国家级数据中心和省级数据分中心分别管理不同类型、不同区域范围的数据。湿地资源数据为及时、动态地提供决策信息，全方位为湿地管理业务工作和全国保护建设工程服务，同时为相关的林业其他业务部门提供湿地基础信息服务。

2. 管理数据。管理数据主要指湿地保护与恢复重点工程数据，包含工程的规划、计划、建设情况及验收情况等数据，为湿地保护与恢复重点工程管理和后评估提供依据（表5-2）。

表 5-2　湿地资源数据库

序号	类别	主要内容	定位	建设范围	采集
1	湿地调查数据	一般和重点湿地调查因子数据	基础数据，全面掌握全国湿地资源，为湿地保护提供最基础的数据，为决策和公众服务	国家级、省级	国家级、省级
		湿地分布数据		国家级、省级	国家级、省级
		湿地类型数据		国家级、省级	国家级、省级
		湿地动物分布数据		国家级、省级	国家级、省级
		湿地威胁因子数据		国家级、省级	国家级、省级
2	湿地监测数据	重点湿地、国际重要湿地分布数据	基础数据，掌握国家重点湿地、国际重要湿地现状和动态变化，为国家重点湿地保护、国际湿地履约提供必要的数据支持	国家级、省级	国家级、省级
		重点湿地、国际重要湿地变化数据		国家级、省级	国家级、省级
		重点湿地、国际重要湿地动物分布		国家级、省级	国家级、省级
		重点湿地、国际重要湿地威胁因子		国家级、省级	国家级、省级
3	湿地专项调查数据	重点湿地专项调查数据	基础数据，为特定湿地资源的保护和恢复提供数据支持	国家级、省级	国家级、省级
		重点湿地专项调查变化数据		国家级、省级	国家级、省级
4	湿地保护与恢复重点工程数据	工程规划数据	管理数据，为湿地保护与恢复重点工程管理和后评估提供依据	国家级、省级	国家级、省级
		工程计划数据		国家级、省级	国家级、省级
		工程建设情况数据		国家级、省级	国家级、省级
		工程验收数据		国家级、省级	国家级、省级
5	湿地自然保护区数据	湿地自然保护区分布数据	基础数据，为湿地自然保护区申报、建设和管理提供依据	国家级、省级	国家级、省级
		湿地自然保护区建设数据		国家级、省级	国家级、省级
		湿地自然保护区申报数据		国家级、省级	国家级、省级

(四)荒漠化和沙化土地数据

全国荒漠化、石漠化和沙化三次监测成果,包括全国荒漠化和沙化监测数据、敏感地区荒漠化和沙化监测数据、全国沙化典型地区定位监测数据、全国石漠化漠化监测数据。具体数据内容包括荒漠化、石漠化和沙化土地类型,荒漠化和石漠化气候类型,沙尘暴监测和灾情评估信息分布数据,荒漠化、石漠化和沙化动态变化数据,全国荒漠化、石漠化和沙化土地分布图等。

1. 基础数据。荒漠化土地资源基础数据是历次全国荒漠化和沙化土地调查基础数据和相关调查因子统计分析数据,其中包括省级荒漠化治理和管理进行的监测调查数据、个别省份与二类调查结合进行的荒漠化调查。其目的是掌握荒漠化土地数据,为业务系统的应用提供支撑。

2. 管理数据。荒漠化土地资源数据是分析荒漠化、石漠化和沙化土地动态变化的重要基础数据,是制定防沙治沙和防治荒漠化、石漠化规划和评估防沙治沙工程和防治荒漠化工程治理成效的重要依据,为我国荒漠化、石漠化和沙化土地监测和治理提供数据服务,为荒漠化、石漠化和土地沙化治理工程规划、监测和管理提供信息支持,同时为相关的林业其他业务部门提供荒漠化、石漠化和沙化土地基础信息服务(表5-3)。

表5-3 荒漠化和沙化土地数据库

序号	类别	主要内容	定位	建设范围	采集
1	荒漠化和沙化土地调查成果数据	荒漠化和沙化土地面积统计	基础数据,历次全国荒漠化和沙化土地调查基础数据和相关调查因子统计分析数据,掌握荒漠化土地数据,为业务系统的应用提供支撑	国家级、省级	国家级、省级
		专题地图数据		国家级、省级	国家级、省级
		以图斑为基础的空间数据和调查因子数据		国家级、省级	国家级、省级
		防治荒漠化和沙化气象、水文及社会数据		国家级、省级	国家级、省级
		成果报告		国家级、省级	国家级、省级
2	荒漠化和沙化治理工程数据	重点工程规划数据	管理数据,为荒漠化和沙化治理工程信息化管理提供基础数据	国家级、省级	国家级、省级
		重点工程计划数据		国家级、省级	国家级、省级
		重点工程建设情况数据		国家级、省级	国家级、省级
		重点工程检查验收数据		国家级、省级	国家级、省级

(五)生物多样性数据

生物多样性数据包括全国野生动植物调查、监测、专项调查、拯救、驯养数据,以及自然保护区分布、建设、保护数据等。生物多样性数据库中的数据主要来源于国家野生动植物管理部门,国家级数据中心和省级数据分中心分别管理不同类型、不同区域范围的数据。生物多样性数据旨在为我国重点野生动植物监测服务,为及时、动态地提供决策信息,全方位为国家野生动植物及自然保护区管理业务工作和全国保护建设工程服务,同时为相关的林业其他业务部门提供野生动植物基础信息服务，主要为基础数据类。

1. 陆地野生动物资源数据。包括大熊猫调查分布信息、大熊猫分布信息、大熊猫潜在栖息地信息、大熊猫保护区信息、同域动物信息、大熊猫干扰信息、大熊猫食物信息、大熊猫饲养信息、物种分布信息、物种省级分布信息、大熊猫调查队员信息等内容。

2. 野生植物资源数据。包括植物分布信息、植物基本情况信息、植物分布区域信息、植物利用信息、植物生境信息、植物生长信息等内容。

3. 自然保护区数据。包括保护区基本建设批复情况、保护区基建投资完成情况、保护区野生动植物资源情况、国内和国际联系情况、保护区基本情况、保护区管理情况、保护区经费来源、新建保护区、保护区机构和负责人、保护区人员情况、保护区总体规划情况、保护区森林资源情况、保护区科研宣教情况、保护小区情况、保护区基本建设年度计划安排等内容（表5-4）。

表5-4 生物多样性资源数据库

序号	类别	主要内容	定位	建设范围	采集
1	陆地野生动物资源数据	野生动物调查数据	基础数据，掌握全国野生动物资源信息，为野生动物保护、驯养和拯救提供支撑数据	国家级、省级	国家级、省级
		野生动物监测数据		国家级、省级	国家级、省级
		野生动物专项调查数据		国家级、省级	国家级、省级
		大熊猫调查数据		国家级、省级	国家级、省级
		野生动物拯救数据		国家级、省级	国家级、省级
		野生动物驯养数据		国家级、省级	国家级、省级
2	野生植物资源数据	野生植物调查数据	基础数据，掌握全国野生植物资源信息，为野生植物保护和拯救提供支撑数据	国家级、省级	国家级、省级
		野生植物监测数据		国家级、省级	国家级、省级
		野生植物物专项调查数据		国家级、省级	国家级、省级
		野生植物拯救数据		国家级、省级	国家级、省级
3	自然保护区数据	自然保护区分布数据	基础数据，掌握全国自然保护区数据，为自然保护区管理提供依据	国家级、省级	国家级、省级
		自然保护区建设数据		国家级、省级	国家级、省级
		自然保护区申报数据		国家级、省级	国家级、省级

二、数据服务

数据服务将林业资源、业务管理等各类林业数据转为服务，为全国各级林业部门、其他政府部门和公众提供多源、异构、多尺度的数据服务。数据服务建设内容按数据内容可分为公共基础类数据服务、林业基础类数据服务、林业专题类数据服务、林业综合类数据服务四大类；按数据服务模式可分为元数据服务、矢量电子地图服务、遥感影像服务、政务信息图层服务、地址匹配服务、图片多媒体服务、地图切片服务、三维模型服务和空间处理服务等。数据服务主要体现以下几个方面的应用:一是为林业部门管理人员提供林业资源状况的查询、浏览和可视化展现;二是为林业各业务管理过程提供数据支撑;三是为相关行业和社会提供信息服务(图5-1)。

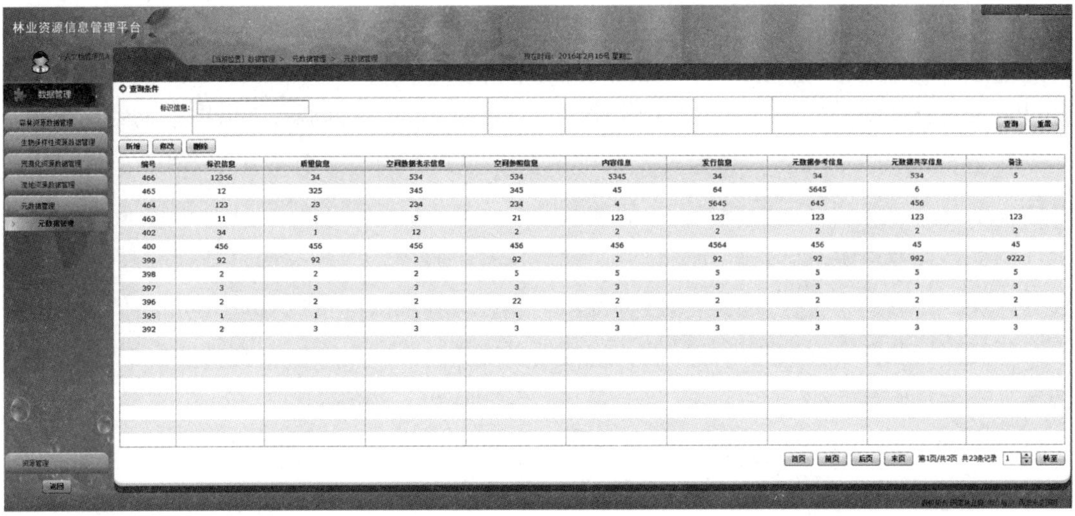

图 5-1　林业资源信息管理平台

(一)基础支撑服务

1. 元数据服务。元数据主要分为两类,一种为描述各省林业资源基础数据的元数据,一种为描述林业资源基础数据服务的元数据。针对不同的元数据类型建立满足林业信息化建设所需要的Web服务,用于满足用户对元数据上报、更新、查询、浏览和使用的需求。

资源基础数据元数据服务。即关于描述数据的元数据服务,通过该服务向数据使用者提供面向林业资源基础数据的元数据的浏览、查询和管理服务功能。针对不同的林业资源数据类型向用户提供不同类型的表格样式和数据类型描述文件,方便用户进行数据交互和数据格式的转换。具体又细分为林业资源基础空间数据元数据服务和非空间资源数据元数据服务。

资源基础数据服务元数据服务。即关于描述服务的元数据服务,该部分主要是指对于数据发布服务的描述的服务,在服务的实现中已经由Web服务功能实现通过WSDL文件对服务进行描述,服务调用方通过WSDL文件发现服务。

2. 数据访问服务。数据访问服务为上一级应用系统提供数据访问的接口,通过对服务接口的封装简化对关系型数据库的访问,实现各省分布式数据的调用和查询。资源基础数据访问服务基于SDO(service data object)进行构建,实现统一的数据访问接口和方法。

3. 基础数据信息查询服务。林业资源基础数据信息查询服务提供统一的、可扩展的查询服务。包括以下主要功能。

目录导航服务：为不同用户了解系统中的林业资源基础数据资源提供服务。

定制查询服务：基于元数据和目录导航用户快速的查询到系统通过统计、分析等其他服务产生的结果，如森林资源统计表。

综合查询服务：提供用户根据业务需要通过空间关系、表达式、对象关系、条件构造SQL语言抽取森林资源数据库中的信息，用户可以保存查询结果以便其他用户查询，用户还可以定义查询结果的输出格式，其他用户可以通过"定制查询服务"再次查询到其结果。

4. 基础数据发布服务。林业资源基础数据发布服务为省级林业主管部门在林业资源基础数据服务注册和发现平台上发布林业资源基础数据，为国家级森林资源管理部门和其他部门提供林业资源基础数据而建设的一种数据发布服务。在统一用户管理和身份认证的安全体系下，利用系统提供的数据服务发布功能，由各部门的信息管理人员按照数据服务发布的流程加载符合标准要求的数据，将数据以服务的形式发布，并在林业资源基础数据服务平台进行服务注册。

5. 目录服务。向用户提供所管理的数据资源与服务目录，按照省、林业经营单位、年度和数据类型、服务类型进行分类，方便用户查询和使用。目录服务通过树形结构向用户端提供数据资源或服务资源的列表、目录导航服务的基础。目录服务建设的主要内容包括目录数据发布服务、目录数据管理服务、目录服务的管理服务。

6. 数据交换服务。以元数据服务和数据访问服务为基础，通过数据交换接口为林业其他部门提供数据交换服务。数据交换服务是林业资源数据服务系统的核心功能，为了保证系统建设的灵活性、可扩展性和可持续性，以及各级森林资源管理部门业务系统之间数据共享和交换的安全性、完整性，数据交换服务的主要作用体现在以下方面：数据共享、数据缓冲、数据交换以及数据资源的快速定位，实现省级与国家级资源数据的交互，省级之间的资源基础数据浏览。

7. 事件监控服务。对数据访问、用户活动及各节点数据库连接状况进行监控，以便及时发现和处理。

访问资源监控：由于林业资源数据庞大，数据种类繁多，用户访问过程中会检索大量的数据并返回到客户端，这会对数据中心的服务造成极大的压力，由于用户访问返回数据量和使用方法是未知的，为了防止此类情况发生，需要监控每个用户请求的类型，请求语句，计算服务响应时间，如果超出系统事先制定的时间，则需要管理员分析，整理出问题所在，并制定相应的优化实施策略，保证系统的正常运行。

用户活动监控：提供监控服务和管理接口，提供消息生命周期追踪能力，提供日志和错误提示服务。包括：用户登录时间、用户登录地址和端口、用户调用的服务类型用户访问频数、访问资源类型等统计信息。

各省数据连接状态监控：由于系统是物理分散、逻辑集中的全国林业资源一体化的分布式数据库管理模式，在物理上，共有36个省级节点数据，国家数据监控中心需要对这些节点进行实时监控,确保在连接出现问题的情况下及时发现原因,找出解决办法,以便尽快恢复正常访问。

8. 用户权限监管。由于林业资源涉及诸多空间资源数据,包括一些大比例尺的资源数据,为了保证数据安全性,对空间数据需进行严格的权限控制策略。空间数据访问权限的首选策略是和角色行政级别关联,比如,省级用户只能访问属于本省的空间数据,包括地图范围和属性数据;如果是国家级用户,可访问全国空间数据中的特定部分;对公众用户,访问限制在可公开的资源上。

9. 系统监管服务。为省级森林资源基础数据服务系统进行管理提供接口,通过管理服务实现系统的用户管理、数据服务管理、元数据管理、日志管理、系统调度情况管理等。通过管理服务,国家林业局可对全国林业资源基础数据服务节点进行统一调度和管理。

(二)服务管理应用

基于基础支撑服务,构建中国林业一张图通用的数据应用基础服务,其他业务系统在此应用基础服务支撑下构建监管业务。

1. 地理空间数据浏览服务。林业资源基础数据如森林资源数据、生物多样性、湿地、荒漠化沙化等多种林业资源基础数据具有空间特性,因此基于在共享基础空间数据的基础上建立面向空间数据的相关应用。地理空间数据浏览包括,基于数据服务与基于开放标准组织的地图服务(WMS,WFS,WCS)的在线 WebGIS 地图浏览、地图放大、缩小、漫游、制图。地图服务可动态调用资源基础数据服务平台所发布的地图数据进行动态地图浏览、制图功能。

2. 空间数据查询服务。空间数据的查询基于各省发布的具有空间特性数据的查询,实现基于空间数据的快速检索,主要功能包括:数据分级检索、资源数据检索、空间数据定制查询、空间数据高级查询。

3. 数据分级检索服务。数据分级检索主要是指根据数据分类依据以及数据使用用途对数据进行分级后进行数据的检索,主要包括:按行政区划检索、按林地类型检索、按林种信息检索数据、数据分级检索定制功能。

按行政分区检索服务:按照行政区划进行检索,按照国家、省、市(县)进行数据快速定位检索,在选择了上一级单位之后系统自动选择出属于该单位的下一级单位,同时通过数据访问服务和数据定位服务调用和定位数据,更新地图显示的内容。

按林地类型检索服务:按照林业调查的地类分类系统对数据进行分类,在数据分类的基础上检索某一地类的数据,并在地图上进行动态标注;同时获取该类型的相关资源数据,如面积、蓄积、树种、龄组等信息。

按林种信息检索服务:根据林业调查的林种三级分类系统对数据进行检索和快速定

位；选择某一类型的林种时从数据服务系统中检索出相应的分布或统计数据。

数据分级检索定制服务：系统提供一个扩展模块可保存用户的检索设置信息，可提供查询检索的再次使用；通过数据分级检索的定制，并存储用户检索表达式，实现数据检索的定制功能。为用户提供系统在设计存期未考虑的部分特需的检索需求。

4. 资源数据空间分析服务。资源数据空间分析包括两种方式，一种为用户手动输入图形要素和需要查询的资源数据，另一种为根据用户所查询的结果中包含的空间数据进行空间数据查询。根据数据类型分为点数据位置或点击位置查询资源数据、线穿越查询、面覆盖相交查询、图形要素的缓冲查询。

位置查询服务：利用已知位置信息对资源数据进行查询，用户在地图上点击某点位置系统查询出该点位置处的相关资源信息数据；用户在查询到某个点位置或地图定位选中某点位置信息时系统查询出相关的资源信息数据。

线穿越查询服务：系统根据用户给定的线形图面要素，对资源数据进行检索和查询；并统计出该线形要素所穿越的资源小班数据的林业资源数据情况，如流域林业资源数据查询等。

面覆盖相交查询服务：面覆盖查询及系统根据已知的面状要素对数据进行查询，并统计出相关的数据，如按省进行数据统计，按林地类型、林种、树种统计，按湿地保护等级统计，按荒漠化沙化程度进行统计等。

图形要素的缓冲查询服务：图形要素的缓冲查询是指根据已有或用户手动输入的空间图形要素进行缓冲生成一定距离的缓冲带，根据缓冲带对林业资源基础数据进行查询，同样分为点缓冲查询、线缓冲查询、面缓冲查询，由于缓冲带生成之后都为多边形图形，通过调用面覆盖查询模块即可实现数据的查询。

5. 数据分析服务。数据分析服务向数据使用者提供数据通用的数据分析功能，复杂的基于业务流程的数据分析需各业务系统根据需求依靠数据访问服务进行设计。基础数据服务系统则基于数据访问服务进行扩展开发一系列数据查询服务，包括简单查询、定制查询及高级查询服务。在林业资源基础数据服务系统中为国家林业局提供基于省级统计数据的林业资源数据再统计、基于空间数据的查询统计分析功能。

6. 资源数据统计查询服务。资源数据统计查询利用各省提供的数据访问服务和数据分析服务实现省级林业资源基础数据的查询，数据包括省级单位共享的林业资源基础数据，以及统计的省级资源数据。

三、数据更新

(一)更新框架与流程

根据数据更新机制和技术标准要求,按照"谁生产谁负责"的原则,以"时点变更为基础,实时变更为目标",中国林业一张图核心数据库数据更新通过数据库管理系统的技术支撑开展。

在技术层面,数据更新包括批量更新、增量更新、同步更新等多种方式。

1. 批量更新。将整套数据(库)重新提交,原有数据作为历史数据保留(遥感影像数据可以采用这种更新方式)。批量更新方式从技术上与数据汇交相同,管理上应保留多个更新周期的历史数据,提供分析、对比使用。

2. 增量更新。在与原有数据叠加、拓扑重构后形成更新数据,增量更新技术上要求高,要求"一张图"核心数据库管理系统具备空间数据处理能力和时态数据管理功能,但更新数据量小,数据更新速度快。

3. 同步更新。对于可通过网络连接到"一张图"核心数据库的专业数据库,可采用数据同步的方式,每隔一段时间或实时,由系统自动(或手动)完成变更数据传输、更新,实现数据同步。

从更新周期来看,可以是定期和不定期更新、定时和实时更新,主要取决于数据源的更新情况和管理上对数据更新的要求。

(二)时间尺度更新

时间尺度更新主要指地图属性(小班属性等)发生变化,需要及时更新相关信息,保证地图信息的及时性和准确性。在进行更新时,首先需要备份原数据(或者使用版本控制工具),保证数据的连续性。

更新方式主要有在地理信息系统数据库中直接更新和在地理信息平台上更新,要在短时间内高效、快速、实时地组织完成数据动态更新,必须确立如下工作方式。

1. 更新模式的改变。进行动态更新要求打破过去传统、被动、定性和分散的更新模式,转变为主动、定量和系统的更新模式,必须实现数据更新的三大转变,即:粗放型向精细化转变;时段性向全天候转变;简单重复向科学综合转变。

2. 更新流程的改变。改变原来外业从巡视到更新为单一队伍作业到目前从巡视、外业调绘、内业编辑、质量检查等流水线式的作业流程,每一个环节均由专人负责,可控性强。

(三)更新技术

为保证数据库更新后数据的现势性与准确性,按照更新环境设置、更新策略确定、更新工作库、更新变化检测、数据签入、数据提交6个步骤来实施,数据更新流程如图5-2所示。

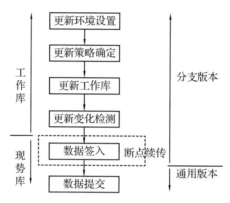

图 5-2　数据更新流程示意

1. 更新环境设置。基于数据安全性考虑,原则上不允许对通用版本进行编辑,因此,在数据更新之前,首先需要对更新环境进行设置。主要包含3项内容,一是建立业务标识表,用于记录更新过程中的业务信息;二是数据库注册与归档。注册是为了让数据可编辑,支持回滚并产生版本,归档是为了在数据提交环节对通用版本进行编辑保存并产生历史数据;三是建立分支版本(指在通用版本基础上衍生出的可以进行开发和维护的阶段性版本)用于数据库的编辑或更新操作。

2. 更新策略确定。在数据更新之前,确定数据更新的目标与任务,包括设置更新范围、更新内容、更新数据源、更新工作人员等信息。在设置更新数据源时,确认连接该数据源的版本。在明确更新数据源后,将更新数据签出至工作库。

3. 更新工作库。签出(签入/签出:目的是防止多人同时编辑同一部分内容造成冲突。签入指添加或修改列表或文档库中的项目或文档并替换之前版本的过程。签出指获得列表或文档库中的项目或文档。签出一个列表项目或文件,用户可以防止其他人编辑它。签入列表项目或文件,用户可以允许其他人编辑它,不需要担心覆盖其他人的修改。)到本地工作库的数据全部清除,将修测更新(指在原有地理信息基础上修改测定更新)后,将按建库要求处理好的数据载入至工作库的相应数据集中。

4. 更新变化检测。进行工作库的更新变化检测,其目的在于完成两件事情:一是针对因替换而产生的删除与新增,当图形和属性完全一致的数据在签入数据库时,保持原状,就可大大减少冗余历史数据;二是找到图形只进行细微修改的要素。由于数据比例尺的关系,某些微小的改变在较小比例尺中可能体现不出来。

5. 数据签入。数据签入是数据更新流程最重要的一个步骤。在数据签入环节，一方面，数据库根据工作库中新数据来更新现势库的分支版本，包含将旧的地物要素从数据库删除，新的地物要素添加到数据库中，并实现新要素与接边要素的接变融合；另一方面，将被删除的旧要素的集合作为历史数据保存在历史库中，以便进行历史数据回溯。

6. 数据提交。在提交更新业务之前需进行严格的接边处理以及图面、逻辑关系检查，确保分支版本数据正确无误后，才可执行数据提交操作，将本次更新真正写入现势库，即将分支版本提交到 default 版本，并形成历史数据。为避免数据冲突，当某项更新业务进入签入操作后，只有在其完成提交后，其他更新业务才能进行签入。

第六章
应用系统建设

建设中国林业一张图，可实现国家对各级林业资源管理关键环节的有效监控，建立科学有效的林业资源综合监管系统。林业一张图核心应用系统由林业资源基础信息管理平台、森林资源监管子系统、荒漠化资源监管子系统、湿地资源监管子系统和生物多样性资源监管子系统、林业资源信息三维可视化查询系统等组成。

一、林业资源基础信息管理平台

林业资源基础信息管理平台建设是中国林业一张图建设的重要内容，而信息处理与分析评价是信息管理平台建设的基础和重要组成部分。它综合运用数据库技术、3S 技术、网络技术等先进技术手段，集成林业资源信息，建立统一的信息管理基础平台，进行集中管理，有效保证数据的集成性、完整性、一致性，实现信息共享，提高森林资源和生态状况综合分析与评价能力，为满足全国生态建设和林业发展各层次信息需求提供技术保障。信息处理与分析评价流程见图 6-1。

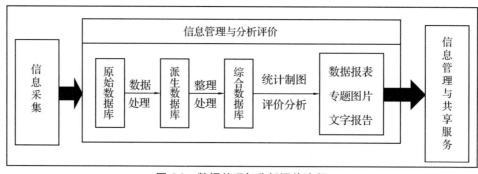

图 6-1 数据处理与分析评价流程

（一）数据管理

数据管理是信息管理平台的常规功能，主要包括元数据管理、数据录入维护、数据导入导出、数据备份及其他管理等内容。

元数据管理。元数据包括空间元数据和属性元数据。由于综合监管信息管理平台是一个复杂的大系统，方方面面的海量数据，其元数据来自不同的区域和监测项目，有着不同的表现形式，具有多尺度、多类型、多时相的特点，而且数据交换与共享频繁，必须具有元数据管理技术的支持。随着时间的推移和数据的变化，元数据库也需要进行管理和维护。

数据录入维护。主要用于对各类综合监管数据和其他相关数据的录入。同时建立基于数据诊断模型和专家系统的数据逻辑检查系统，一方面辅助数据的输入，另一方面排除数据的录入错误和各种逻辑错误，保证基础数据的质量。

数据导入导出。实现对综合监管体系各类图形数据、图像数据和属性数据的导入导出，包括对各类数据不同格式的转换、数据显示内容转换等功能。同时要支持通过互联网传输数据的接收和发送。

数据备份。实现对综合监管信息管理系统各类数据库的自动备份、手动备份功能，为各种原因导致数据出现异常时的数据恢复提供依据。同时要具备远程数据增量备份功能。

其他管理功能。其他管理功能还包括对数据表的管理、数据的加密和解密、数据的压缩和传输、投影坐标系统的自动转换等。

（二）成果输出及浏览查询

专题图制作。可制作森林分布图、湿地分布图、荒漠化土地分布图、沙化土地分布图、遥感影像图、影像分类图等专题图。可有选择地叠加注记、公里网、经纬网等要素，并可以设置地图比例尺、页面大小、页边距、图例、标题、图幅边距等功能。

基础报表生成。可根据各类林业资源基础信息生成常用统计报表。

基础信息浏览查询。可基于地理信息系统，对林业资源状况进行查询。

二、森林资源监管子系统

（一）系统概述

根据对国家、省级不同层次的森林资源监管系统的业务和功能需求分析，以全国森林资源的标准规范体系、运行环境体系、森林资源数据库群、森林资源监管基础平台体系和森林资源监管业务应用系统组成多尺度森林资源监管系统的体系结构。

标准规范体系、运行环境体系、森林资源数据库群是建立整个多尺度监管系统的基础设施。森林资源监管基础平台体系和森林资源监管业务应用系统是项目的重点,森林资源监管基础平台体系主要解决公共空间信息查询、信息分析、系统管理、数据交换、信息发布等服务,提供数据接口、信息产品等。

服务建设主要包括三部分:一是省级服务,包括业务数据服务调用、森林资源监管业务支撑服务、森林资源数据服务;二是国家服务(主要针对一类数据),包括数据服务调用、监管业务支撑服务、森林资源数据服务;三是森林资源监管服务,包括数据统计与分析服务、网络地图与空间查询分析服务、森林资源数据聚合服务等内容。

(二)总体框架

依托统一的标准规范体系和安全保障体系,以林业基础平台、森林资源监管基础平台体系为基础,建立按国家、省、县三级部署的森林监管系统,满足森林资源监管业务应用需求。森林资源监管业务应用系统是建立在森林资源监管基础平台体系之上,搭建满足于国家、省、县不同监管业务需要的应用系统,这些应用系统在不同层次上有所侧重,可独立成为一个子系统,处理和分析各级森林资源监管数据和信息。同时,各子系统间留有数据接口,在逻辑上形成一个整体,森林资源监管子系统框架如图6-2所示。

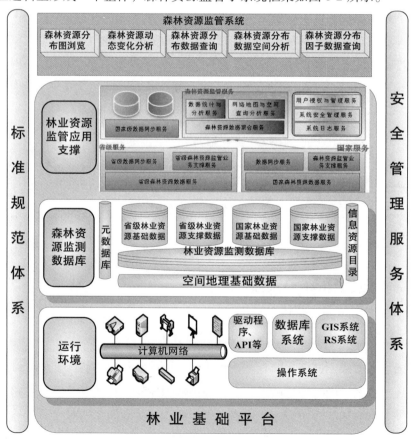

图6-2 森林资源监管系统框架

数据服务调用是国家调用试点省的地理信息服务和报表服务，地理信息服务在升级发布时已经切分成图片，在图片中不包含坐标点，不包含军事等涉密信息，发布的地理信息服务不涉密。

（三）系统功能

森林资源监管子系统建设主要包括森林资源分布图浏览、森林资源动态变化与分析、森林资源分布数据查询、森林资源分布数据空间分析、森林资源分布因子数据查询五部分。

1. 森林资源分布图浏览。 以地图浏览功能和分布图服务为基础，实现森林资源分布各比例尺专题数据的可视化与浏览。通过全国行政区划逐级检索全国及各省、市、县林业资源的分布情况，对试点省的森林资源数据进行标准化改造，使省级数据与国家级监管标准相吻合，为国家提供统一标准数据格式的森林资源数据。

2. 森林资源动态变化与分析。 以森林资源分布图浏览功能与数据查询服务为基础，实现森林资源动态变化分布图，及变化原因数据浏览功能。

3. 森林资源分布数据查询。 以森林资源调查小班数据为基础，根据调查的各类因子数据进行条件组合，实现用户感兴趣小班数据的查询，并实现小班数据的定位。

4. 森林资源分布数据空间分析。 以森林资源调查小班数据为基础，通过空间分析查询出符合相关条件的分布数据。

5. 森林资源分布因子数据查询。 以森林资源分布资源调查数据与因子规范数据如代码为基础，分析数据库中符合查询要求的数据进行数据查询。

三、湿地资源监管子系统

（一）系统概述

湿地保护与监测是生态建设的一项重要任务，湿地资源较其他数据有其独立性和完善性及相应的技术指标等，本子系统根据湿地保护和管理的特点，重点对湿地进行管理与监测。在管理过程中，可依据湿地管理及本底调查因子、监测因子等对湿地资源进行全方位的分析。

（二）总体架构

依托统一的标准规范体系和安全保障体系，以林业基础平台、湿地资源数据库为基础，建立按国家、省两级部署的湿地资源监管系统，满足日益增长的湿地资源监管业务应用需求。对湿地信息资源采用分区域管理、整体集成、分级维护策略，进行从国家到地方的湿地资源一体化管理,实现国家、省两级湿地资源管理部门之间,湿地资源管理部门与其他林业业务管理部门之间,林业部门与其他政府部门之间的数据服务和交换。服务建设主要包括三部分:一是省级服务,包括数据服务调用、湿地资源监管业务支撑服务、湿地资源数据服务;二是国家服务,包括数据服务调用、监管业务支撑服务、湿地资源数据服务;三是湿地资源监管服务,包括数据统计与分析服务、网络地图与空间查询分析服务、湿地资源数据聚合服务等。湿地资源监测管理系统框架如图6-3所示。

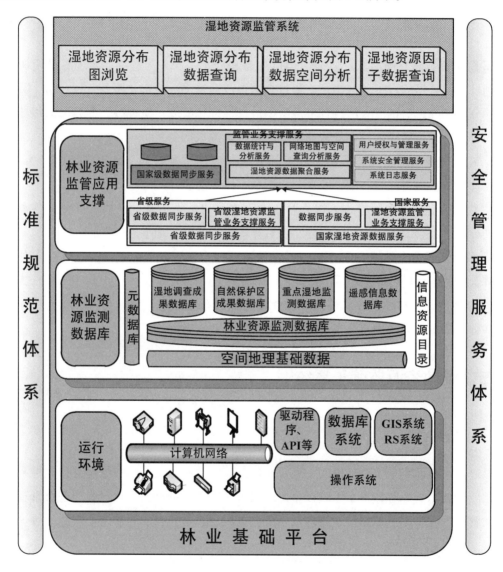

图6-3 湿地资源监测管理系统框架

数据服务调用是国家调用试点省的地理信息服务和报表服务,地理信息服务在升级发布时已经切分成图片,在图片中不包含坐标点,不包含军事等涉密信息,发布的地理信息服务不涉密。

(三)系统功能

依托统一的标准规范体系和安全保障体系,以林业基础平台、国家和省级湿地资源数据库为基础,搭建湿地资源监管有关业务应用系统。应用系统划分为湿地资源分布图浏览、湿地资源分布数据查询、湿地资源分布数据空间分析、湿地资源因子数据查询等功能模块。

1. 湿地资源分布图浏览。以地图浏览功能和分布图服务为基础实现湿地资源各比例尺专题数据的可视化与浏览。其主要功能如下:一是湿地专项调查汇集。按照全国统一制定的湿地资源调查技术规程,由各湿地保护主管部门具体组织实施,最终通过信息采集模块进行全国的数据汇总。二是湿地自然保护区调查数据汇集。按照全国统一制定的湿地自然保护区资源调查技术规程,由各湿地自然保护区主管部门具体组织实施,最终通过信息采集模块进行全国湿地自然保护区调查数据的汇总。

2. 湿地资源分布数据查询。以湿地资源调查数据为基础,根据调查的各类因子数据进行条件组合,实现用户感兴趣资源数据的查询,并实现资源分布的定位。实现分布数据条件查询、市模糊查询、县模糊查询、乡模糊查询、逐级查询。

3. 湿地资源分布数据空间分析。以湿地资源数据为基础,通过空间分析查询出符合相关条件的分布数据。实现点击位置缓冲查询、线周边资源数据查询、面覆盖资源数据查询。

4. 湿地资源因子数据查询。以湿地调查数据与因子规范数据为基础,分析数据库中符合查询要求的数据进行数据查询。

四、荒漠化监管子系统

(一)系统概述

荒漠化资源监管子系统主要完成信息标准化、信息存储、信息整合、信息共享等荒漠化调查信息集成管理;对变化信息进行动态监测、趋势预测,分析相关因子,形成中国荒漠化资源现状分析结果;为荒漠化治理工程的规划提供决策依据,面向政府相关部门和公众提供数据服务,信息将通过国家林业局综合门户对外发布。服务建设主要包括三部分:一是省级服务,包括数据服务调用、荒漠化沙化土地资源监管业务支撑服务、荒漠化沙化土地资源数据服务;二是国家服务,包括数据服务调用、监管业务支撑服务、森林资源数据服务;三是荒漠化沙化土地资源监管服务,包括数据统计与分析服务、网络地图与空间查询分析服务、荒漠化沙化土地资源数据聚合服务等内容。

(二)总体设计

依托统一的标准规范体系和安全保障体系，以林业基础平台、荒漠化数据库为基础，建立按国家、省、县三级部署的荒漠化和沙化多样性监管系统，满足日益严重的荒漠化和沙化监管业务应用需求。进行从国家到地方的一体化管理，实现国家、省、县三级荒漠化监管部门之间与其他林业业务管理部门之间，林业部门与其他政府部门之间的数据交换和共享，荒漠化资源监管系统框架如图6-4所示。

数据服务调用是国家调用试点省的地理信息服务和报表服务，地理信息服务在升级发

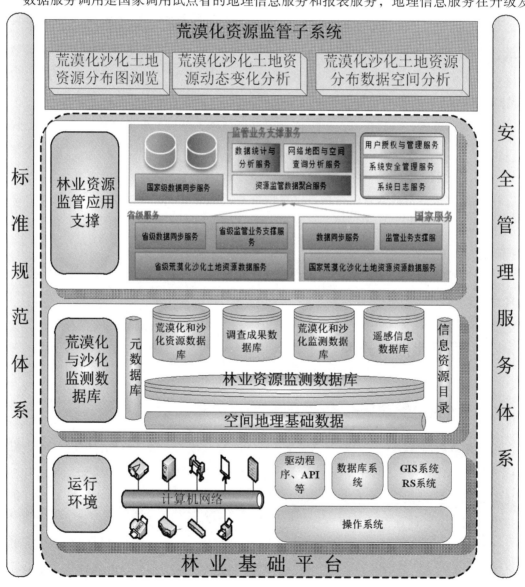

图6-4　荒漠化资源监管系统框架

布时已经切分成图片，在图片中不包含坐标点，不包含军事等涉密信息，发布的地理信息服务不涉密。

(三) 系统功能

荒漠化资源监管子系统建设主要包括荒漠化沙化土地资源分布图浏览、荒漠化沙化土地资源动态变化与分析、荒漠化沙化土地资源分布数据查询、荒漠化沙化土地资源分布数据空间分析、荒漠化沙化土地资源因子数据查询五个部分。

1. 荒漠化沙化土地资源分布图浏览。以地图浏览功能和分布图服务为基础实现荒漠化沙化土地资源各比例尺专题数据的可视化与浏览。荒漠化资源监管系统的主要功能如下：一是荒漠化和沙化数据汇集，实现对国家、省级荒漠化和沙化数据整理汇总，实现对荒漠化和沙化土地每隔5年进行一次复查，对荒漠化的面积、程度、分析及其他动态变化数据以及沙化土地类型、程度、利用类型、土壤、植被、治理状况的国家级整合；二是数据标准化改造，对试点省的荒漠化和沙化监管数据进行标准化改造，使省级数据与国家级监管标准相吻合，为国家提供统一标准数据格式的数据。

2. 荒漠化沙化土地资源动态变化与分析。以荒漠化沙化土地资源分布图浏览功能与数据查询服务为基础，实现荒漠化沙化土地资源动态变化分布图，及变化原因数据浏览功能。实现荒漠化土地植被盖度动态变化分布、荒漠化土地利用类型动态变化、荒漠化土地类型动态变化、荒漠化土地程度动态变化、沙化土地植被盖度动态变化、沙化土地利用类型动态变化、沙化土地类型动态变化、沙化土地程度动态变化等动态变化的分析。

3. 荒漠化沙化土地资源分布数据查询。以荒漠化沙化土地资源调查数据为基础，根据调查的各类因子数据进行条件组合，实现用户感兴趣资源数据的查询，并实现资源分布的定位。实现分布数据条件查询、市模糊查询、县模糊查询、乡模糊查询、逐级查询。

4. 荒漠化沙化土地资源分布数据空间分析。以荒漠化沙化土地资源数据为基础，通过空间分析查询出符合相关条件的分布数据。实现点击位置缓冲查询、线周边资源数据查询、面覆盖资源数据查询。

5. 荒漠化沙化土地资源因子数据查询。以荒漠化沙化土地资源调查数据与因子规范数据如代码为基础，分析数据库中符合查询要求的数据进行数据查询。

五、生物多样性资源监管子系统

(一) 系统概述

生物多样性管理是国家林业局的主要职能，对生物多样性资源进行监管对维护生态平衡、保护环境以及制定相关辅助决策等起着重要的作用。

(二)总体架构

依托统一的标准规范体系和安全保障体系,以林业基础平台、生物多样性数据库为基础,建立按国家、省两级部署的生物多样性监管系统,满足日益增长的野生动植物资源监管业务应用需求。对生物多样性信息资源采用分区域管理、整体集成、分级维护策略,进行从国家到地方的一体化管理,实现国家、省两级生物多样性管理部门之间,生物多样性管理部门与其他林业业务管理部门之间,林业部门与其他政府部门之间的数据服务和交换。服务建设主要包括三部分:一是省级服务,包括数据服务调用、生物多样性资源监管业务支撑服务、生物多样性资源数据服务;二是国家服务,包括数据服务调用、监管业务支撑服务、生物多样性资源数据服务;三是生物多样性资源监管服务,包括数据统计与分析服务、网络地图与空间查询分析服务、生物多样性资源数据聚合服务等组成,生物多样性资源监管系统框架如图6-5所示。

数据服务调用是国家调用试点省的地理信息服务和报表服务,地理信息服务在升级发

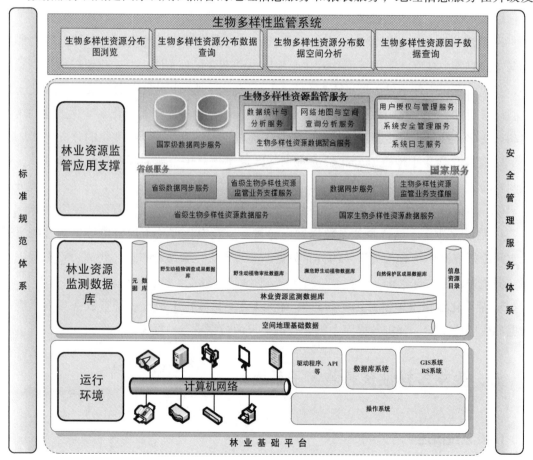

图6-5 生物多样性监测管理系统框架

布时已经切分成图片,在图片中不包含坐标点,不包含军事等涉密信息,发布的地理信息服务不涉密。

(三)系统功能

在国家数据中心和试点省数据中心以生物多样性数据库为基础,搭建生物多样性监管系统有关业务应用系统。系统部署国家和省两级数据中心,国家和试点省通过数据服务调用的方式来实现数据交换和汇集。生物多样性资源监管以提高全国野生动物、野生植物和自然保护区等资源的监测、管理、保护和利用为宗旨,在国家级生物多样性数据库基础之上,建立基于3S技术的生物多样性资源监管系统,主要实现的功能如下。

1. 生物多样性资源分布图浏览。以地图浏览功能和分布图服务为基础,实现生物多样性资源各比例尺专题数据的可视化与浏览。

2. 生物多样性专题图浏览。主要实现保护区分布、爬行动物分布、珍稀植物分布、哺乳动物分布、鸟类分布、狩猎场分布等类型的专题图浏览。

3. 生物多样性资源分布数据查询。以生物多样性资源调查数据为基础,根据调查的各类因子数据进行条件组合,实现用户感兴趣资源数据的查询,并实现资源分布的定位。实现分布数据条件查询、市模糊查询、县模糊查询、乡模糊查询、逐级查询。

4. 生物多样性资源分布数据空间分析。以生物多样性资源分布数据为基础,通过空间分析查询出符合相关条件的分布数据。实现点击位置缓冲查询、线周边资源数据查询、面覆盖资源数据查询。

5. 生物多样性资源因子数据查询。以生物多样性资源查数据与因子规范数据如代码为基础,分析数据库中符合查询要求的数据进行数据查询。

六、林业资源信息三维可视化查询系统

(一)系统概述

林业资源信息三维可视化查询,通过呈现真实与空间位置准确的三维场景、直观的易于使用的界面和可视化的地形分析工具,全面展示地理三维空间信息下林业资源分布及相关信息情况,利用三维的显示方式逼真地还原真实的林业资源的分布情况、林地的地形和走势、林地的周边环境等因素;通过建立各种树种模型,并在不同的林班中填充相应的树种模型,构建真实的三维林场场景;用户可由任意一个角度互动性地观察林地三维场景,真实感强。如图6-6、图6-7所示。

(二)系统架构

1. 系统设计。林业资源信息三维可视化查询子系统由基础支撑、数据服务层、三维

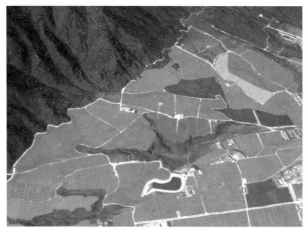

图 6-6 地物类型划分示意

图 6-7 地理三维场景模拟

可视化业务层、用户交互界面等层次组成。如图 6-8 所示。

2. 数据整备。资源信息三维可视化查询以遥感影像为底图,通过集成基础矢量数据、林业资源数据、模型数据、地形数据等,形成真实的三维展示场景。系统以辽宁省沈阳市棋盘山森林公园(景区)为试点样本,需收集整备如下数据。

多分辨率遥感影像数据采集:采集全辽宁省中低分辨率(305m×305m)的影像数据,采集需重点展示区域的中高分辨率(50.5m×50.5m)的影像数据。

数字高程数据(DEM)收集:收集全辽宁省中低精度 DEM 数据(9030m 间隔),收集重点展示区域的中高精度 DEM 数据(102.5m 间隔)。

基础矢量信息收集:包括行政区划、道路交通、河流水系、地址地名等与林业应用相关的基础矢量。

林业资源基础数据:针对林业资源数据结构特点,结合资源信息三维可视化查询业务

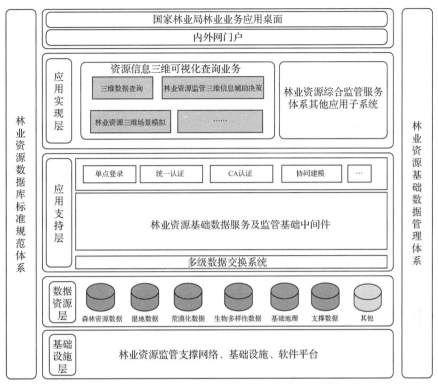

图 6-8 林业资源信息三维可视化查询子系统总体框架

需求,抽取在三维场景中需要展示和查询的信息内容和方式。

对各级影像进行几何纠正、正射纠正、融合拼接和匀光匀色,生成视感真实、连续一致、位置正确的影像产品(图 6-9)。

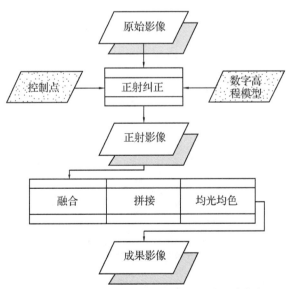

图 6-9 林业资源信息三维可视化查询系统影像数据处理

根据林业资源的不同树种类型,制作相应的树种模型,对不同级别分辨率遥感影像、地形数据、相关地理信息进行整合处理,形成多级的可迅速浏览的三维场景(图6-10)。

该系统的结构图如图6-11、图6-12所示。

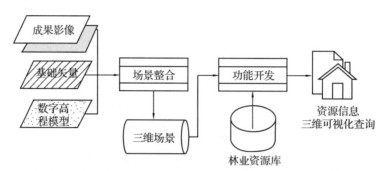

图6-10 林业资源信息三维可视化查询系统场景整合开发集成

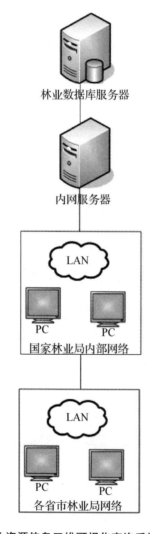

图6-11 林业资源信息三维可视化查询系统网络结构示意

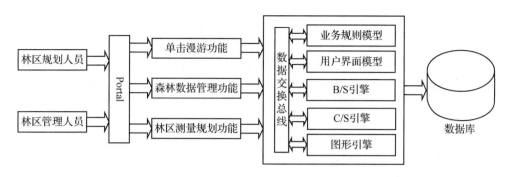

图 6-12　林业资源信息三维可视化查询系统功能结构示意

（三）系统功能

该系统分单击漫游、森林数据管理、林区测量规划等三大主要功能，这三大功能共同组成了森林公园三维漫游展示系统。

1. 单击漫游功能。林场自主漫游。由操作人员按照第一、第三人称视角，通过鼠标及键盘人为控制输入，自主漫游林场。

林场固定路径漫游。通过键盘进行事件触发，沿着预先定义的摄像机路径进行漫游。漫游路径的数量不少于 5 条。

自然现象模拟。模拟一天 24 小时光照，太阳、月亮的位置变化，以及风吹树摆等自然现象。

方向方位指示。构建指南针小图标，并且显示迷你地图，方便用户了解自身所处的位置。

2. 森林数据管理功能。查看树木信息。用户鼠标点击树木，通过 flash 对话框的形式显示树木的年龄、直径、树种介绍等内容。

修改树木信息。通过修改外部文件的方式，对树木的相关信息（树木的年龄、直径、树种介绍等内容）进行修改并保存到数据库。如图 6-13 所示。

3. 林区测量规划功能。林场面积测量。通过鼠标在三维或二维地形上圈定一个封闭的范围，从而确定范围的面积。该范围可以为三角形或者为四边形。

树木数量测量。通过鼠标框选一个区域，对区域内的树木数量进行测量。

林场密度测量。根据选定区域的面积和树木数量确定林场密度。

树木未来生长预测。根据树木生长的数据对树木未来的生长进行预测，预测的方式为按照一定的时间步长播放树木生长的动画。如图 6-14 所示。

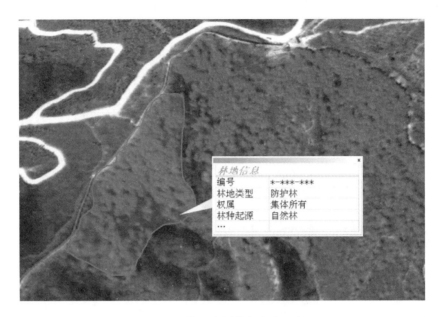

图 6-13 林业资源信息查询示意

图 6-14 林业资源面积量测示意

第七章
运维安全建设

中国林业一张图运维服务平台为国家林业局和各省级林业重要业务应用系统提供专业的系统运维服务。运维服务中心利用先进的技术手段和工具，及时准确地监控、发现和判断国家林业局和省级林业信息应用系统的运行状态和故障；通过建设呼叫中心，及时接受和响应各地各单位重要业务系统的服务请求；通过组建专业的由一、二、三线技术人员的运维服务队伍，快速、高效地解决和处理服务请求。通过建立科学合理的运维服务流程体系来保障林业应用系统的稳定运行，并指导省级各业务系统的运维服务。

一、运维服务系统

运维服务建设包括基础设施、业务系统等方面的监控和维护，以提高业务连续性和系统可用性，保证业务系统的正常运行。

(一)呼叫中心

负责呼叫中心业务受理、事件创建、派发及事件流程执行跟踪及回访，运维事件表单完整性及准确性监督；并负责运维人员纪律检查监督；负责月度事件汇总分析，知识库整理，运维文档管理，并协调各运维组关系。

(二)监控中心

对国家林业信息系统实行 7×24 小时监控服务，通过服务台监控软件及现场检查等方式对系统进行不间断检查，主动发现网络、设备和业务应用运行过程中的故障或隐患，进行预处理、派单、时限管控，是维护服务的第一责任人。

(三)技术支持组

技术支持组驻现场服务,提供现场运行监控、日常技术支持、突发事件应急处理、定期设备安全巡检、重大事件与二三线技术联络与协调配合。

运维服务系统采用国家林业局信息基础平台的综合运维管理系统,对国家和省两级基础平台进行实时监控,确保了国家林业局信息基础平台及在其上运行的业务系统安全稳定的运行,并依据统一的运维流程和规范指导维护工作,形成"统一规范、统一流程、统一监控、分级处理"的运维体系。

运维监控管理系统能从应用层面对企业网络系统的关键应用进行实时监测,一旦系统出现异常,警报系统将通过声音、E-mail、手机短信息、脚本等方式及时通知相关人员,通过服务管理系统进行流程的管理;通过完善的性能分析报告,更能帮助系统管理人员及时预测、发现性能瓶颈,提高网络系统的整体性能,同时为运维服务的战略规划提供依据。有效降低由于系统故障带来的损失,从而保证网络系统一周 7×24 小时正常、持续、稳定的运行(图 7-1 至图 7-3)。

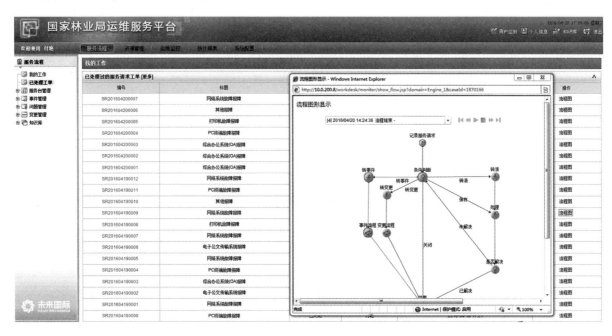

图 7-1　运维服务流程界面

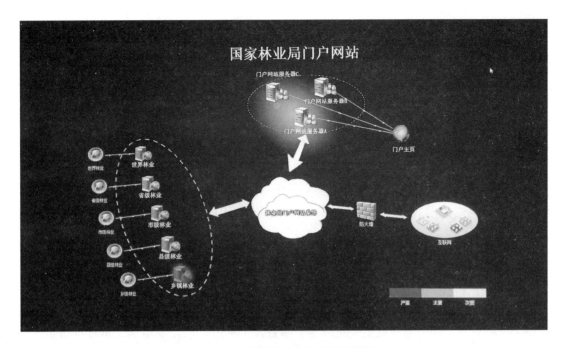

图 7-2 运维服务业务拓扑检测界面

图 7-3 运维服务平台资源检测界面

二、安全管理系统

(一) 网络安全

网络安全是安全支撑平台中最重要的一个部分,本次建设的网络安全包含以下部分。

1. 防火墙系统。 需要在互联网和访问互联网区域的边界之间配置千兆防火墙。

2. 入侵检测漏洞扫描。 包括网络入侵检测、主机入侵检测和脆弱性扫描(漏洞扫描)3

个部分。

3. 访问控制策略。 根据实际网络情况，制定网络配置方案，通过交换机的端口控制、路由器的路由策略、防火墙的策略、VPN 的策略等进行网络层的访问控制，所有配置参数需要评估、检查、审核、监督。

4. 审计监测策略。 在各个部署着有攻击可能服务器的网段，部署入侵检测系统，对入侵检测系统的日志进行周期性的审计审核，保证入侵检测系统的正常运行，并分析入侵发生的情况，从而制定新的有效的访问控制策略。

5. 网络层脆弱性监测。 在系统中部署基于网络的漏洞扫描系统，对整个系统的所有服务器进行网络漏洞扫描，形成扫描日志，定期审计审核，分析漏洞，制定新的堵漏策略。

6. 基于数字证书的策略。 在部分的应用中通过数字证书的认证建立 SSL 通道，实现 TCP 层的安全连接，实现该层的访问控制。

7. 网络安全管理措施。 制定了网络设备的部署结构、参数配置登记制度，定期进行参数配置的审核，部署结构发生变化或配置参数发生更改，均需要申请、审核、审批、执行、验收的程序，操作过程留有证据，以便事后审计。

8. 制定入侵监测日志审计制度。 确定责任人周期性或突发性地（入侵报警时）对日志进行审核，分析判断系统入侵情况，判断是否需要改变防火墙、路由器等的策略等。

9. 制定漏洞扫描系统的日志审计制度。 确定责任人周期性地审计扫描日志，判断系统脆弱性程度，以便制定降低脆弱性的手段。

10. 系统安全方案。 防病毒系统采用分布式网络防毒墙系统，包括防毒墙、病毒管理监控中心和病毒防治终端。

11. 安全审计系统。 用于网络安全事件的事后查询和取证工作。部署于用户网络环境中具有关键资产的网段，审计的对象通常为重要的网络业务数据。国家林业局现有一套网络审计系统，随着内外网的隔离，需增加一套网络审计监控系统。

12. 系统安全策略。 除了采用防病毒措施外，我们还可以采取其他一些加固系统安全的措施：包括对安全支撑平台中的主机中的操作系统及数据库操作系统进行相应的口令设置、权限配置，必要时可以引入基于 eKey 的操作者身份认证；对系统的操作日志进行周期性的转储审计工作；根据服务的优先级分配系统资源，低优先级的服务不能影响高优先级的服务；通过对主机配置一定的策略监视 CPU、硬盘、内存、网络等资源的使用情况，超过设定的阈值就报警；对系统关键进程和账户进行监控等措施。

13. 系统安全管理措施。 制定主机操作的权限制度，制定主机日志的审核制度。

（二）应用系统安全

应用层安全服务策略主要解决用户的身份认证和资源访问控制问题。单点登录基于

Kerberos 协议中的票据协议（TGT, ticket-granting ticket）实现在多个应用系统中，用户只需要登录一次就可以访问所有相互信任的应用系统。单点登录的前提是用户的身份认证。统一用户授权管理系统是用户在身份认证之后，具备何种资源访问的权力。为了使应用系统适应不同的 PKI/PMI（CA 基础设施），安全中间件提供了单点登录、统一用户授权管理系统和应用系统之间访问的桥梁。本系统由六部分组成，分别是 CA 数字证书 PMI TSA、安全中间件、统一用户子系统、单点登录子系统、安全审计子系统、信息交换与共享平台。

1. CA 数字证书 PMI TSA。由 CA 机构提供数字证书和 PMI 属性证书，为统一用户提供数字证书认证和基于角色控制模型的属性证书认证。

2. 安全中间件。安全中间件位于电子政务安全和应用支撑平台中安全与应用支撑体系和电子政务应用体系之间，是安全与应用支撑体系方案的一个重要组成部分，是连接 PKI 和 PMI 等安全支持系统与协同办公系统等应用系统的桥梁，为用户层访问后台应用系统提供安全审核时的安全的、冗余的、健壮的、可扩展的标准接口。各个应用系统通过安全中间件与 PKI/PMI 服务组件相互作用、协同工作，从而保证整个系统的安全性。

3. 统一用户子系统。统一用户全称为统一用户授权管理系统，全局管理应用系统的组织机构、人员、职务和应用系统的资源、角色、类型、操作，同时为单点登录系统和应用系统提供身份认证和权限认证接口。

4. 单点登录子系统。又称为统一身份认证平台，依托统一用户的基础数据，为用户提供统一身份服务，达到用户只需要登录一次，随处访问的要求，并且用户只需要维护一套账户，保障了应用系统使用的安全性。

5. 安全审计子系统。记录统一用户和单点登录系统的重要操作，为安全审计提供基本的数据支持。

6. 信息交换共享平台。旨在解决数据实时同步问题。信息交换共享平台是基于消息队列的数据共享和交换平台，为系统提供数据层面（异构 Ldap 之间数据实时同步）和应用层面（统一用户的机构、用户、岗位信息与应用系统的数据同步）实时数据同步提供基础支持（图 7-4）。

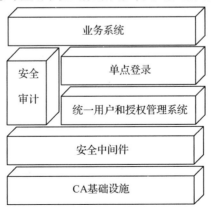

图 7-4 应用系统安全结构

(三)事故恢复及备份

1. 安全策略。对电源、重要主机、重要交换机、路由器、重要线路、存储等都进行冗余设计。

2. 管理措施。制定备份机制的管理制度,备份介质保存保管制度,定期检查审核备份系统的状态,保证事故发生时,备份系统的可用性。

3. 安全管理体系。按照 BS7799 的要求,建立了一套信息安全管理体系的运行机制,按照 PDCA 模型实现信息安全管理体系的有效性、实效性,动态保证系统的安全;成立信息安全管理机构,明确业务过程中各角色的信息安全职责;进行组织内的信息资产分类登记制度,信息资产包括硬件、软件、数据等形式,落实每种信息资产的责任人;切实落实各个层面的管理措施,对各种作业文件进行周期性的审核,发现处理各种安全事件,周期性或系统发生变更时对整个系统的安全措施进行新的评审,形成新的安全管理体系,再按照 PDCA 模型进行闭环运行。

三、综合管理系统

为保证基础平台的可管理、可监控,出现异常时可及时报警,采用先进标准、技术和设备构建基础平台的综合管理体系,实现对网络、主机、系统软件、中间件、应用系统的监控。根据对综合管理体系设计要求和运行维护服务平台的设计要求,综合管理平台由监控管理、服务管理等部分组成。

(一)监控管理

监控管理子系统对各组成部分(不同品牌的网络设备、各种操作系统、服务器、进程、数据库、中间件、业务系统等)进行监控管理,由点到面的集中管理整个网络环境,同时还具备很强的可扩展能力,能够方便地进行功能扩展和规模扩展,能够兼顾各种层次的运维管理需求,系统的易用性强,方便管理人员进行日常运维工作,有效减轻运维压力。监控管理子系统提供对整个网络的性能监控及分析、流量监控及分析、故障监控、故障分析及定位、资产及配置文件的管理、强大的报表分析功能,同时能集成第三方工具。同时为服务流程管理子系统和 CRM 服务业务管理子系统提供资产数据接口及告警事件数据。如图 7-5 所示。

图 7-5　监控管理系统示意

(二) 服务管理

服务管理由服务流程管理和服务业务管理两个子系统构成，用于 IT 系统的统一维护管理工作，遵循 ITIL 标准定制流程。系统由系列模块共同构成，主要包括：服务台、事件管理、问题管理、变更管理、配置管理、知识库管理等。同时接收来自监控管理子系统的实施监控信息，为运维管理提供数据支撑。图 7-6 为综合管理平台体系架构。

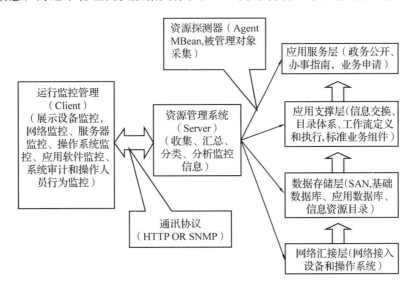

图 7-6　综合管理平台体系架构

(三) 数字认证中心

为保障林业基础信息网络和重要信息系统安全，创建安全健康的网络环境，需要建立以 PKI 技术为基础的 CA 认证系统，实现基于数字证书的身份认证、通信安全和数据安全，解决计算机应用系统的身份认证和应用安全 (图 7-7)。

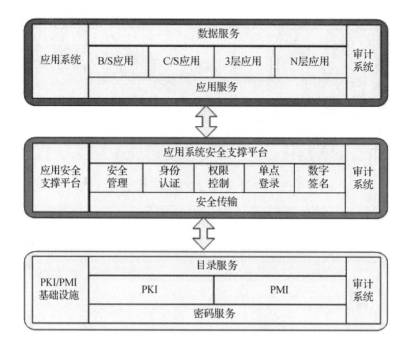

图 7-7　数字认证中心体系示意

以 PKI 系统为基础，以应用安全管理系统、应用安全服务接口组成的应用支撑平台，形成连接 PKI 系统和应用安全系统的纽带，为应用提供的统一身份管理、统一权限管理、统一认证管理、统一安全审计、统一单点登录服务是本安全基础设施和安全应用的总体解决思路。CA 系统逻辑结构见图 7-8。

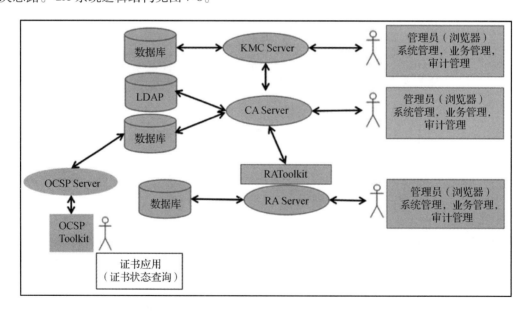

图 7-8　CA 系统逻辑结构

1. CA 系统组成

认证中心(CA Server)。数字证书认证中心的核心,负责签发并管理证书和证书注销列表。

注册中心(RA Server)。接收并审核用户的申请信息,审核完毕后提交 CA Server;接收 CA Server 的返回信息并通知用户。

RA Toolkit。作为 RA Server 的开发工具包向外提供,允许用户根据自己的需求开发定制 RA Server,实现证书管理服务。

密钥管理中心(KMC Server)。负责密钥的生成、存储、归档、备份和恢复等管理功能,为 CA Server 提供签发数字证书所需密钥。

2. CA 系统主要功能

证书处理。系统使用 XML 描述 X509 证书格式和内容,可根据需要配置签发证书的证书类别、语言种类、证书格式和证书内容。支持证书版本,支持 x509 v1/v3,支持用户 DN 采用各语种模式,支持自定义证书扩展项,支持 3 个扩展项。根据需要可配置签发各种用途证书,包括:邮件证书、个人身份证书、企业证书、服务器证书、VPN 证书、代码签名证书。

证书服务。CRL 证书吊销列表服务,配置指定 RA 的 CRL 下载地点及 CRL 发布时间。LDAP 目录查询服务,支持电子邮件、用户名和组织名的任意组合查询及模糊查询。

管理员管理。RA 管理员管理,包括初始化 RA 管理员申请、增加 RA 管理员、删除 RA 管理员。CA 管理员管理,包括初始化 CA 管理员申请、后续 CA 管理员证书申请、吊销 CA 管理员证书。

账号管理。个人账号管理,包括注册信息,证书信息等管理。RA 账号管理,包括 RA 账号申请、批准、吊销、额外管理员证书申请等。

策略管理。证书策略配置管理,高度灵活和可扩展的配置 CA 所签发证书的有效期、证书主题、证书扩展、证书版本、密钥长度、证书类型等方面。RA 策略配置管理,包括语言、联系方法、证书类型、是否发布到 LDAP 等。CA 策略配置管理,包括证书 DN 重用性检查、CA 别名设置等。

统计、审计与日志。统计各 CA、RA 账号证书颁发情况。记录所有 RA 与 CA 的操作日志。对所有操作人员的操作行为进行审计。

密钥管理。CA 密钥产生和存储(包括根 CA 和所有子 CA 密钥,支持软件与硬件)。CA 密钥管理、归档与备份。CA 证书的产生和管理。

第八章
标准规范建设

中国林业一张图系统庞大，需要不同部门多方合作，各类资源能够有效整合，不同用户能有机共存，不同的用途能有效协调，避免重复建设，标准建设至关重要。以现有标准规范为基础，制定统一的技术标准和管理规范，形成包括信息资源标准、应用标准、基础设施标准和管理标准的林业一张图标准体系，为各类林业资源监管、林业资源综合监管信息服务体系的建设、应用及运行维护提供支撑。

一、信息资源标准

信息资源标准的作用在于对各类林业信息资源进行标准化、规范化的处理和整合改造，便于应用系统和数据库的使用和有效利用。信息资源标准主要由林业信息分类编码体系、林业信息资源的表示和处理、林业信息资源定位、林业数据访问、目录服务、元数据等方面的标准规范组成。目前已颁布实施的信息资源标准见表8-1。

表8-1 已颁布实施的信息资源标准

序号	标准号	标准名称
1	LY/T 2169-2013	林业数据库设计总体规范
2	LY/T 2174-2013	林业数据库更新技术规范
3	LY/T 2175-2013	林业信息图示表达规则和方法
4	LY/T 2178-2013	林业生态工程信息分类与代码
5	LY/T 2179-2013	野生动植物保护信息分类与代码
6	LY/T 2180-2013	森林火灾信息分类与代码
7	LY/T 2181-2013	湿地信息分类与代码

（续）

序号	标准号	标准名称
8	LY/T 2182-2013	荒漠化信息分类与代码
9	LY/T 2183-2013	森林资源数据库术语定义
10	LY/T 2184-2013	森林资源数据库分类和命名规范
11	LY/T 2185-2013	森林资源管理信息系统建设导则
12	LY/T 2186-2013	森林资源数据编码类技术规范
13	LY/T 2187-2013	森林资源核心元数据
14	LY/T 2188.1-2013	森林资源数据采集技术规范第1部分：森林资源连续清查
15	LY/T 2188.2-2013	森林资源数据采集技术规范第2部分：森林资源规划设计清查
16	LY/T 2188.3-2013	森林资源数据采集技术规范第3部分：作业设计清查
17	LY/T 2189-2013	森林资源数据处理导则
18	LY/T 2267-2014	林业基础信息代码编制规范
19	LY/T 2270-2014	林木良种数据库建设规范
20	LY/T 2271-2014	造林树种与造林模式数据库结构规范

二、应用标准

应用标准主要对各类应用系统的建设以及信息共享、业务协同等工作进行规范，应用标准由林业信息资源业务应用流程控制、林业资源成果文档格式、林业资源业务功能建模、林业资源业务流程建模、林业资源业务应用规程、信息资源目录和交换体系等方面的标准规范组成。已颁布实施的应用标准见表8-2。

表8-2 已颁布实施的应用标准

序号	标准号	标准名称
1	LY/T 2171-2013	林业信息交换体系技术规范
2	LY/T 2173-2013	林业信息资源目录体系技术规范
3	LY/T 2176-2013	林业信息WEB服务应用规范
4	LY/T 2177-2013	林业信息服务接口规范
5	LY/T 2268-2014	林业信息资源交换体系框架
6	LY/T 2269-2014	林业信息资源目录体系框架

三、基础设施标准

基础设施标准主要对基础工作进行规范，为应用系统、数据库建设等工作提供规范的安全和运行环境，为林业信息资源共享、交换等提供基础服务。基础设施标准包括信息安全基础设施、网络基础设施、计算机及存储系统、机房及配套等方面的标准规范。目前已颁布实施的基础设施标准见表8-3。

表8-3 已颁布实施的基础设施标准

标准号	标准名称
LY/T 2170-2013	林业信息系统安全评估准则
LY/T 2172-2013	林业信息化网络系统建设规范

四、管理标准

管理标准贯穿整个建设工作，对基础设施、数据库、应用系统建设等各方面的技术和运营进行规范管理。管理标准主要由项目管理、运行维护管理、质量管理等方面的标准规范组成。目前已颁布实施的管理标准规范见表8-4。

表8-4 已颁布实施的管理类标准规范

文号	标准规范名称
林信发〔2009〕311号	国家林业局关于推荐使用林业信息化相关标准规范的通知
林信发〔2009〕204号	林业资源调查监测公共因子分类补充规定
林信办〔2013〕4号	林业信息化标准体系
办信字〔2011〕189号	全国林业省级单位机房建设管理规范

第九章
相关项目建设

一、国家自然资源和地理空间基础信息库

(一)建设背景

国家自然资源和地理空间基础信息库(以下简称信息库)是按照《国家信息化领导小组关于我国电子政务建设指导意见》(中办发[2002]17号)的要求建设的国家信息化项目,是国家空间信息基础设施核心工程。项目由国家发改委牵头,国土资源部、水利部、中国科学院、国家海洋局、国家测绘局、国家林业局、中国气象局、航天科技集团、解放军总参谋部、解放军总装备部等11个部委共同参加建设。主要建设任务是进行跨部门信息资源整合,建设自然资源和地理空间信息库数据主中心及国土资源、水利资源、资源环境科学、海洋、测绘、林业、卫星遥感、气象、资源卫星、军事测绘、军用航天资源等11个数据分中心。项目总投资为4.45亿元,其中林业数据分中心总投资2731.31万元。项目建成后为国家电子政务应用和社会公众提供长期、稳定、标准化的自然资源和空间地理基础信息产品及服务。

(二)建设内容

1. 信息库项目建设内容。基础性地理空间信息库。对覆盖全国和全球的基础地理数据库、遥感信息资源进行标准化改造,进行统一的地理空间元数据系统建设。

基础性自然资源信息库。对我国主要国家级自然资源数据库进行标准化空间集成改造,建设逻辑和空间定位框架统一的自然资源信息库和元数据系统。

自然资源和地理空间综合信息库。在各个部门数据库标准化空间集成改造的基础上,

针对副省级以上电子政务的主流需求，对跨部门、跨行业的自然资源与基础性地理空间信息资源进行整合。

自然资源和地理空间信息交换系统。依托统一的电子政务网络平台，建设支持上述信息库建设、运行、信息安全、信息规范化网络交换和服务的网络应用集成系统。

标准和安全体系建设等基础性工作。包括项目信息库信息安全保障管理制度、项目信息共享管理办法和法规的制定，项目信息库建设和运行的标准化。

2. 林业数据分中心建设内容。在信息库项目信息安全体系的支撑下，搭建林业资源信息库的硬件、软件和网络等运行环境；在信息库项目统一的技术标准体系下，编制林业资源数据库标准；对林业资源信息数据进行一系列整合改造，建设地理空间定位基准统一、数据逻辑统一、元数据结构和内容编码统一、具有统一的数据目录体系的林业信息数据库；通过网络系统和交换系统实现与数据主中心以及其他分中心的互联互通，提供林业数据共享和访问服务，形成林业信息及其产品服务体系，满足国家管理部门和广大社会用户对林业资源信息的需求。

林业分中心基础信息库。以现有林业资源和生态监测体系建设成果为基础，包括森林资源、森林培育、土地荒漠化和沙化防治、湿地、生物多样性、重点生态工程、森林灾害等，按信息库项目统一的标准进行数据整合，建设 90 多个林业数据库。

数据库管理系统、交换系统、网络系统及运行环境。通过国家电子政务外网与国家发改委数据主中心和其他 10 个数据分中心网络连通，发布森林资源、荒漠化及沙化土地、湿地、自然保护区等多项林业专题信息产品。

相关标准和管理办法。在现有的国家相关标准规范和管理办法基础上，制定林业数据分中心信息管理、共享、整合改造、信息库建设共 11 项标准及管理办法。

（三）建设成果

1. 管理系统。林业分中心数据库管理系统建成了以 Oracle 大型数据库为基础，包括系统管理和数据管理两个子系统。系统管理功能主要实现了：系统注册、用户管理、代码管理、访问控制和访问日志等部分。数据管理系统功能主要实现了：数据表管理、数据导出导入、数据备份恢复、数据下发接收、远程数据备份、数据输入和维护数据、压缩及传输和自动投影变换等部分。

2. 数据库。数据库建设包括 27 个林业资源专题信息库、28 个林业资源专题信息产品库、36 个专题性综合信息子库、3 类元数据库。主要数据库有：全国连续清查基础成果数据库，全国森林资源地理空间基础数据库，全国荒漠化和沙化土地类型数据库，全国沙尘暴监测和灾情评估数据库，京津风沙源治理工程建设数据库，森林异常热源点数据库，全国森林防火设施分布数据库，森林异常热源点影像数据库，林业营林生产统计数据库，全国湿地分布数据库，野生动物信息库，野生植物信息库，全国自然保护区分布数据库，林业碳汇潜力分布数据库,太行山绿化工程建设数据库,经济林基础库,林业有害生物发生、防治及灾害信息库,森林植物及其产品检疫数据库,全国有害生物防治管理数据库,天然林保护工程建设数据库,退耕还林工程建设数据库,林业重点工程社会经济效益监测数据库,森林生态效益定位观测数据库,森林土壤信息库等(图9-1)。

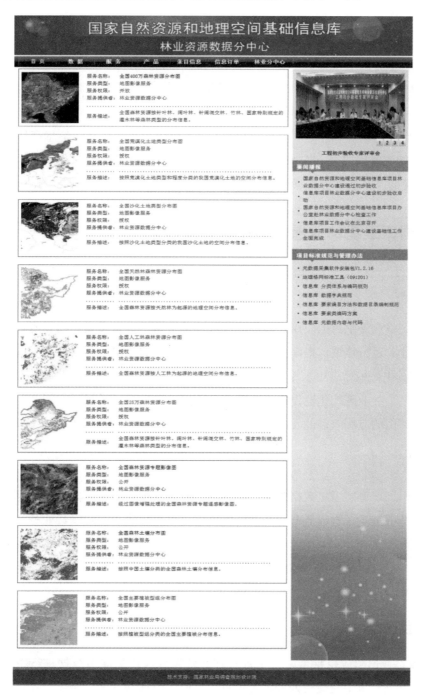

图9-1　国家自然资源和地理空间基础信息库林业数据分中心

3. 管理和标准规范。 基于信息库标准体系框架，建立了林业分中心管理办法与制度、标准规范体系。包括：林业资源信息库要素编目、林业资源信息库要素与属性分类代码、林业资源信息库要素实体代码规范、林业资源信息库信息——产品标准及产品质量测试规定等。已通过项目办组织的专家评审，并应用于林业分中心数据整合改造、数据库建设及信息产品的制作与发布。

4. 林业信息库机房。 进行了装修、设备及系统安装和联调，实现了林业分中心与主中心及其他分中心网络联通。

5. 林业信息产品应用成果。 利用林业信息库成果建设了2010国家重大自然灾害图集中林火、沙尘暴重大灾害；编制林业重大生态环境建设工程和重点地区生态环境图集和评价；为国家林业局提供林业空间数据服务；为国家电子政务提供林业信息产品数据服务。

6. 项目档案管理成果。 按照信息库项目办公室的要求和安排，进行项目各类验收文档的收集和整理工作，按照档案管理办法进行文档的修订和整理。

二、国家卫星林业遥感数据应用平台

（一）建设背景

国家卫星林业遥感数据应用平台的建设目标是将国产卫星遥感数据资源批量化引入国家林业监测业务运行体系，提高国家林业遥感监测业务的数据资源自给率与应急监测时效性，整体提高林业遥感应用水平，逐步形成区域、国家乃至全球的林业遥感业务监测体系，全面提升为林业现代化建设提供决策信息的能力和水平。通过现有国产卫星遥感数据资源在林业部门的应用效益的发挥，加快推进"林业星"的论证与立项研制工作。

（二）建设内容

该项目以国产遥感卫星数据为主要数据源，兼顾已投入应用的国外遥感卫星数据，基于现有的国产卫星运行管理体系与林业资源监测业务运行体系，建设集业务运行管理、卫星遥感数据标准化处理与应用产品生产、数据存档与信息管理、数据产品分发服务、数据质量评价、数据资源整合于一体的国家林业遥感卫星数据平台系统，并研究制定林业卫星遥感应用标准规范。

（三）建设成果

1. 国家林业遥感应用平台。 该平台对林业各领域应用的遥感数据进行有序管理，采用统一的标准进行集中式规模处理，实现林业行业内数据的共享，改善行业遥感应用分散处理的状态，提高遥感在林业监测、应急监测、规划设计、资源评估等方面的应用水平，提高监测时效性和辅助决策的效率。如图 9-2 所示。

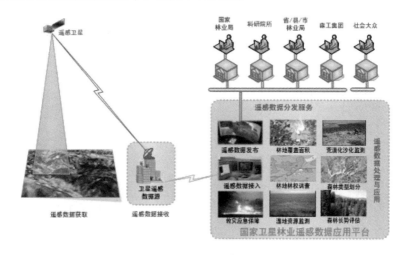

图 9-2 国家卫星林业遥感数据应用平台功能示意

2. 网络建设。完成了从资源卫星应用中心到国家林业局的裸纤搭建工程，用于每日 HJ 系列卫星、ZY02C 卫星的数据接入，总数据量约为 66GB/日。裸光纤最大的优势在于大带宽，低延时的传输，链路中间无任何中继网络设备，可达最大带宽不受运营商限制。若两端采用 1000M 交换设备，点对点裸光纤的传输带宽可以达到 1000M。裸线方式的数据接入网络上信号衰减小、带宽可自行调节不受运营商限制、数据的安全保密性高，不但可以满足当前系统的建设要求，在未来相当长的一段时间，也可以满足数据传输的需要。

资源卫星应用中心和国家林业局两地裸光纤的建设，为实现国产卫星数据自动化接入打通了网络链路。完成了平台硬件网络环境搭建，包括服务器 21 台、工作站 28 台、PC 机 8 台，国家卫星林业遥感数据应用平台网络如图 9-3 所示。

3. 硬件建设。完成了包括服务器、工作站、PC 机、交换机、绘图仪、空调、磁带机、网闸、磁盘阵列、防火墙等多项硬件设备的采购、安装、调试测试和验收工作。统一完成了关于计算机设备使用的具体分区要求、用户名与密码、RAID 要求、主机名、操作系统、IP 地址、Vlan 划分的相关的规划设计。完成了系统平台的存储改造工作。完成了系统的存储改造工作。平台内部以数据管理分系统的存储区域网（NAS）为数据存储与交换中心，通过千兆网交换机连接存储设备和外部的遥感数据处理服务器和其他图像应用处理工作站，所有服务器和工作站与千兆交换机直接相连。磁盘阵列可用总空间约 18.6TB，其中 2TB 用 8 块盘做 raid1+0 分给数据库空间使用，其余 16.6TB 用 36 块硬盘做 raid5 分给近线空间使用，剩余 2 块硬盘为实时热备盘。数据块的大小为 1MB，其余 RAID 划分、LUN 的大小等规划。并将旧网的 S2600 上的 NAS 数据迁移到新扩容的 S2600T 上，共计 1.3GB 数据。

4. 软件建设。完成了国家卫星林业遥感数据应用平台所属的 8 个分系统软件的研制工

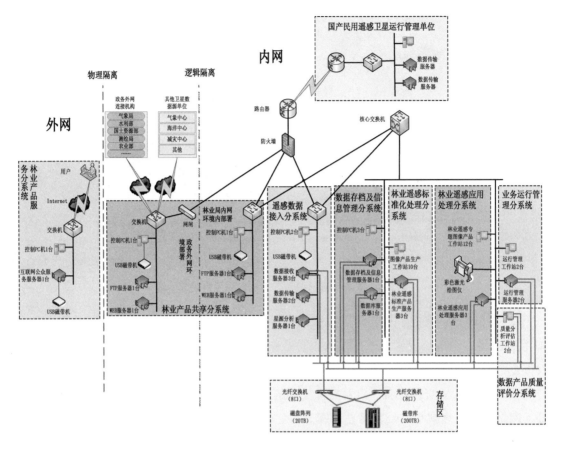

图 9-3　国家卫星林业遥感数据应用平台网络

作，包括数据接入、业务运行管理、数据管理、林业遥感标准化处理、林业遥感应用处理、林业产品共享、林业产品服务、数据产品质量评价分系统。

遥感数据接入分系统。遥感数据接入分系统主要完成国产资源系列卫星、环境系列卫星遥感数据（兼顾国外商用订购数据）的申请和相关数据的多种方式的接入，为面向林业应用业务进行高级产品处理和深加工提供基础数据来源。主要功能包括：能够对客户提出的需求进行管理；对卫星数据源分析，并对分析信息进行显示和管理；能够提供用户对遥感数据的申请服务；能够控制数据发送的流程，将服务器状态上报，将数据成功发送至用户；能够有效地将外部接入数据进行存储和管理。

业务运行管理分系统。业务运行管理分系统是国家林业遥感卫星数据平台系统的业务运行管理及调度中心，主要负责平台系统中各类生产计划的制定和管理、各分系统之间业务流程与数据流程的控制、网络监控管理、平台系统与卫星运行管理系统间的业务联系，并对各种业务资源进行合理的调配，保障系统的可靠、稳定运行(图9-4)。

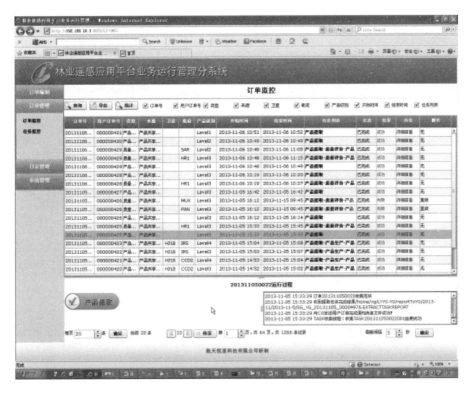

图 9-4　业务运行管理分系统——订单监控

数据管理分系统。数理分系统负责各类对地观测卫星数据、林业应用信息产品的在线存档、永久存档管理与数据产品的查询与检索服务，保证数据的安全性与完整性的同时，便于随时根据用户需求提取感兴趣的目标数据。林业数据平台通过数据管理分系统为其他分系统提供统一的数据存取管理接口，实现林业遥感应用数据的统一编目、存档、检索、提取、维护与统计分析等功能（图9-5）。

林业遥感标准化处理分系统。林业遥感标准化处理分系统基于林业遥感常规监测、应急监测、林业规划和林业各类评估、辅助决策与服务业务的共性和基础性需求，对接入并存档的各类卫星遥感基础数据或者基础产品进行统一、集中、规范化和流程化的高级处理，为各类卫星遥感数据进一步面向林业应用业务开展专题应用处理提供基础。能够对光学遥感数据和雷达遥感数据进行1~4级产品的生产；能够对影像信息进行综合处理，包括影像空间域与频率域的互变换、影像的波谱分析和纹理分析、多源林业遥感影像融合、遥感影像林业信息分类等；能够对影像信息进行专用处理，包括去云处理、大气校正处理和地形分析等；支持林业影像地图的制作，包括图层的管理、显示，影像分幅、整饰、标注，矢量数据编辑等功能（图9-6）。

林业遥感应用处理分系统。林业遥感应用处理分系统充分发挥遥感信息资源优势，在林业遥感标准化处理分系统各级标准林业遥感影像产品生产的基础上，结合林业各应用部

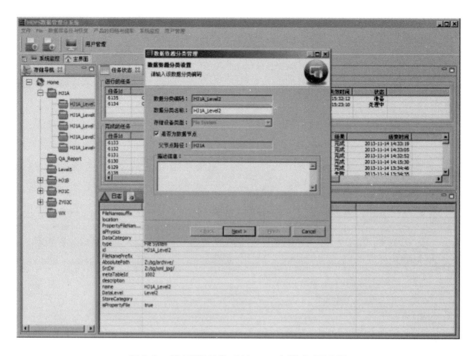

图 9-5 数据管理分系统——存储空间配置

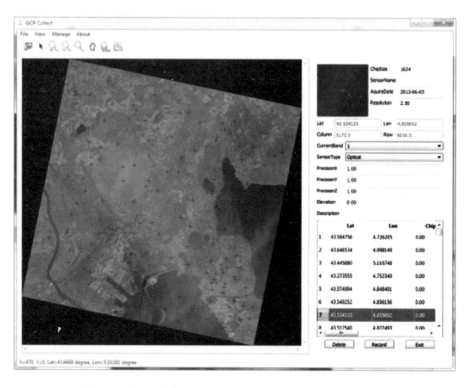

图 9-6 林业遥感标准化处理分系统——基准影像信息显示

门相应业务需求，在应用处理流程定制机制下，提供各林业资源监测信息和基础专题产品的产品生产功能。能够生产森林植被宏观信息产品、森林类型信息产品、森林变化信息产品、森林林相图产品、林地变化信息产品、森林采伐信息产品、森林灾害信息产品，支持森林资源的遥感监测应用；能够生产湿地资源宏观信息产品、湿地类型信息产品、湿地变化信息产品、湿地雷达信息产品、湿地含水量反演产品，支持湿地资源的遥感监测应用；能够生产沙尘暴信息产品、土壤干湿状况信息产品、陆地植被长势状况信息产品、荒漠化沙化土地信息产品、荒漠化沙化土地变化信息产品，支持荒漠化、沙化土地的遥感监测应用；能够生产森林异常热源点信息产品、森林火险信息产品、森林火场信息产品，支持森林防火的遥感监测应用；能够对林业基础信息进行提取；能够对整个林业应用处理流程进行管理。

林业产品共享分系统。林业产品共享分系统通过国家林业局内网、政务外网，为国家林业局其他遥感应用业务单位、地方林业部门、气象、水利、国土、测绘、农业等其他行业部门用户提供卫星遥感标准影像数据、基础专题产品、林业遥感专题产品的查询、订购与分发服务，并实现与林业资源监测与信息体系的资源共享。能够对所服务的用户进行管理，为用户订购数据产品提供工具；为用户提供影像数据服务，支持数据产品的查询、展示、制作等功能；能够对数据产品的分发情况及时向用户通知；能够为用户提供数据资源目录的共享服务(图9-7)。

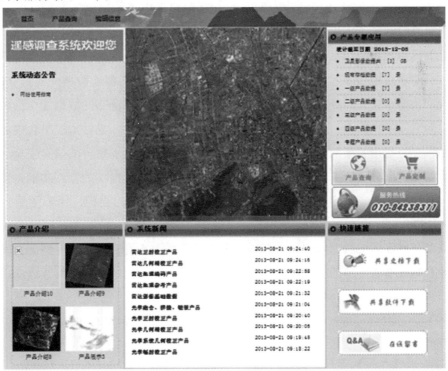

图9-7　林业产品共享分系统

林业产品服务分系统。林业产品服务分系统基于互联网为社会公众提供按时间、专题等分类组织的各类专题应用产品的浏览查询服务，林业产品网络服务有效挂接在国家林业局现有互联网门户网站之上，提供通过网络方式获取各类待发布的专题应用产品的机制，具备发布产品制作、整编功能和网站维护功能。能够通过网络发布的手段向用户提供信息展示和使用指导；能够将产品信息发布并能够编辑、维护；能够对林业产品服务网站进行维护管理。

数据产品质量评价分系统。数据产品质量评价分系统提供对卫星遥感标准图像产品（1~4级产品）的图像质量进行分析与评价的常用工具，如信噪比、图像熵、灰度直方图等的计算与可视化分析；具有对地观测卫星常用传感器（CCD、红外、多光谱、超光谱、SAR）的辐射和几何校正参数进行评估、优化并定期修正的功能，用于优化平台数据处理与产品生产能力；具备对林业遥感反演产品质量进行评价并生成评估报告的功能。能够对遥感数据质量进行评价，包括图像的几何精度、MTF数据、信噪比等；能够对遥感反演产品质量进行评价；能够对质量评价参数进行评估和优化。

基于林业局内网，建立各专员办管理办公平台。建设国家林业局及15个专员办的15套个性化服务和办公平台，完成各平台的用户定义、权限分配、岗位定义、文件模板定制等初始化工作，完成各单位与内网平台、公文传输等相关系统的接口工作，实现各专员办数据分发、公文办理、会议办理、事务办理、综合管理等功能。

5. 安全系统。国家林业局林业专网是与互联网物理隔离的网络，在网络安全的基础设施上拥有身份认证、网络审计、防火墙、漏洞扫描、防病毒、桌面监控等安全系统，国家卫星林业遥感数据应用平台能够充分依靠国家林业局现有的网络安全系统保障平台的网络安全。针对本次项目新建的数据接入网络增加一部防火墙来保障数据交换链路的安全，针对本次项目向政务外网分发链路增加一台单向网闸，使两端链路的数据能单向传输，保障林业局网络及信息安全。通过本项目业务运行管理分系统软件能够监控平台内各设备的在线状态，并对每个登录的管理员或用户操作进行记录，保障了平台的信息安全。针对本项目建设的分发服务，通过林业产品共享和林业产品服务软件提供的管理功能，通过分发服务管理员对用户需求订单的权限审批，实现分发数据信息的受控，保障了平台的信息安全。

国家卫星林业遥感数据应用平台部署在国家林业局中心机房的林业专网区，国家林业局的林业专网区有着完整的门禁及监控设施，能够保障国家卫星林业遥感数据应用平台的物理安全。

三、中国林业数据库

(一)建设背景

获得可靠的数据是进行有效决策分析的基础。随着林业信息化基础设施的不断完善,信息化应用环境建设初见成效,业务应用系统的建立完善,积累相当多的信息数据。但从整体性、统一性、开放性等多个方面来看,分散的信息数据无法完全满足新时期林业发展和行政管理的要求。

现有的信息数据分散于各个应用系统中,信息缺乏整合,无法为用户的应用支持提供信息服务。为把海量信息、海量数据的处理与用户的应用需求相结合,需要对散布于各个系统中的林业信息与数据整合进一个单一的、可靠的综合林业数据库之内,协助用户做到林业数据分类可见、林业数据可控制与可调整,维护数据的有效性和一致性。

2012年,国家林业局开展了中国林业数据库建设项目。一期数据库涉及政策法规、林业标准、林业文献、林业成果、林业专家、林业科研机构等诸多领域的信息,是国内林业行业中信息量较大、涵盖面较广的权威性行业专题数据库,一期数据库存有资源数量56778条,为林业用户应用提供了数据使用支持服务,提升了林业信息化决策支持服务的信息能力。

为进一步加强对林业信息资源更充分、更有效的利用,2014年,在一期文字资源数据库基础上,开展了二期数据库建设,进行数据的分析处理,同时收集整理国际林业相关的数字资料,扩充林业数据库的内容和范围,形成以数字为主的林业数据库,在此基础上完善林业数据库系统,提供更为丰富的数据检索、统计分析以及预测,满足各级林业工作者和公众的应用需要。

(二)建设内容

林业业务的发展和深化积累了大量的数据资源,这些数据的来源主要有三个方面:一是国家林业局各司局各单位以及各级林业主管部门多年形成的各类数据成果资料;二是国内外各类公开的政府或相关机构网站发布的林业信息资源;三是随着互联网的发展,发动网民的力量逐渐丰富林业数据库的内容。

1. 中国林业数据库(一期)。基础数据源。主要包括国家林业局现有的各类数据资源。

综合林业数据库。整合各类林业数据信息,建设综合林业数据库。

数据管理平台。建成数据管理平台,实现综合林业数据的目录式信息展示。

应用服务平台。各类综合林业数据信息以目录形式发布,面向内网林业用户提供应用服务。

中国林业数据库(一期)建设的总体框架如图9-8所示。

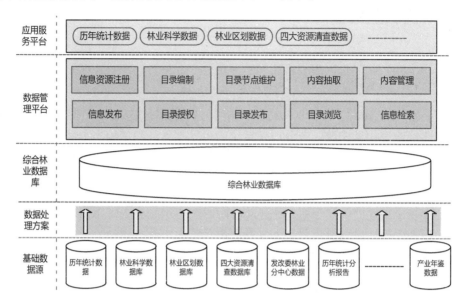

图9-8 中国林业数据库(一期)框架

2. 中国林业数据库(二期)。 中国林业数据库(二期)结合林业数据库系统的需求,基于SOA框架体系,采用云计算、大数据、在线分析处理以及数据中心和数据仓库技术,以林业数据库一期为核心,以互联网和林业专网为依托,逐步将数字、视频及语音等数据资源整合进来,进而实现数据统计分析、结构化数据的入库整理,建设内容包括四部分。

林业数据库结构化数据库建设。林业数据库的建设内容在原有一期20类林业数据库基础上,针对历年统计数据库、林业资源数据库以及林业重点工程与社会经济效益报告等资源,进行数据分析整理,形成涵盖全国各级林业管理部门、林业各业务方向的资源、统计、科研以及动态的数据,同时为了扩大数据范围,收集国际以及重点国家的林业数据,形成涵盖范围广(国内、国际)、类型全面(资源、统计、科研、动态等)的历史与现势数字化、结构化的数字数据库。

林业数据库门户系统升级。二期建设主要是以数字数据库为基础,对各类数据提供更加直观形象的数据的查询、统计、分析表现形式。同时为了满足林业应用的需要,基于林业资源历史和现势数据,基于统计分析数学模型,进行数据的深入挖掘,形成林业资源预测数据,为林业科研人员科学研究以及领导辅助决策提供数据支撑。

林业数据库管理系统升级。二期数据库管理系统主要针对数据库扩容和新增的在线数据采集定制系统增加元数据目录扩充、日志内容扩充以及系统权限扩充,满足数据库扩容和系统升级改造运行需要。

数据采集定制系统建设。针对扩充的林业资源数据库、林业重点工程和社会经济效益数据库等结构化数据库,提供数据采集定制系统,满足各级林业管理部门信息填报和数据更新的需要，为林业数据库门户提供林业资源、林业重点工程和社会经济效益数据查询、统计、分析应用提供数据支撑。如图9-9所示。

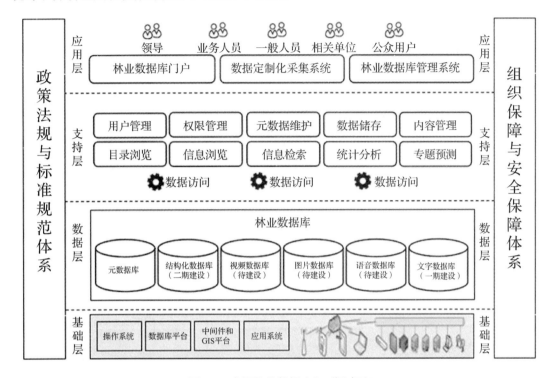

图9-9 中国林业数据库（二期）框架

（三）建设成果

中国林业数据库通过一期和二期的建设，建成统一林业数据库平台，整合各种林业资源，覆盖面广，数据类型丰富（文字、数字、图片、语音、视频等），涵盖范围广（国内、国际、政府、科研、公众等），内容全面（林业资源、重点工程、林业灾害、林业产业等）。业务范围涵盖了森林资源数据库、荒漠化沙化数据库、湿地资源数据库、生物多样性资源数据库、重点工程数据库、灾害监控与应急数据库、林业产业数据库、国际林业数据库。中国林业数据库从现有的分散环境中提取相关的、可靠的、全面的数据和信息，消除林业信息孤岛，解决海量信息集成应用需求，为各类用户提供有效、便捷、全面的林业信息数据支撑，提升林业信息化水平。

中国林业数据库以其丰富的信息资源、便捷的服务、多渠道的接入方式为用户构建了一个便捷的网络服务平台。中国林业数据库（一期）集成了林业20类专题数据库，拥有资源数量56778条。如图9-10所示。

图 9-10 中国林业数据库（一期）

中国林业数据库（二期）数据主要按行政区划、按业务类别分成两大类，行政区划按世界林业、国家林业、省级林业的三大行政区划分类，其中世界林业囊括了美洲、非洲、欧洲、大洋洲、亚洲的林业相关信息数据；按业务类别划分为森林资源数据、湿地资源数据、荒漠化资源数据、生物多样性数据、森林灾害数据、林业重点工程数据、林业投资数据、林业教育数据、林业从业人员数据、林业产业数据等十大业务类别,在此基础上完善林业数据库系统,提供更为丰富的数据检索、统计分析以及预测,满足各级林业工作者和公众应用需要(图9-11)。

图9-11 中国林业数据库(二期)

示范应用

SHIFAN YINGYONG

第十章
在林业资源监管中的应用

由于林业在应对全球气候变化等生态危机中的重要作用，林业问题得到了国际社会的广泛关注。进一步提高林业资源的监测和管理水平，以适应国际和国内发展的要求，已成为一个重要课题。

一、林业资源综合查询服务

系统整合森林资源、湿地资源、荒漠化土地、生物多样性资源等数据，提供对各类林业资源的综合查询和结果输出服务。系统支持多种查询方式和数据结果输出类型，尽可能地提供方便、丰富、高效的数据查询能力。为局领导和各司局提供林业资源的综合查询、统计分析、决策评价支持，对相关数据进行全方位管理及辅助分析决策。

依托统一的标准规范体系和安全保障体系，以森林资源、湿地资源、荒漠化土地、生物多样性资源等数据库为基础，在支撑平台的功能支持下，建立可为局领导和各司局调用查询数据的林业资源综合查询系统。统一森林资源、湿地资源、荒漠化土地、生物多样性资源的数据访问接口、提供一体化的查询和结果输出服务，实现各司局、林业部门和其他政府部门间的数据服务和交换（图10-1）。

（一）数据汇总

数据汇总模块实现林业资源数据统计和数据汇总。具体实现方式如下。

从国家林业局主管部门为省级上报数据部门建立用户，同时定制上报计划及任务列表，以标准的 XML 格式存储。省级数据上报单位使用自己的用户名和密码登陆到国家林业局系统服务器，获得需要上报的数据文件及数据标准，下载到本地，由本级系统产生符

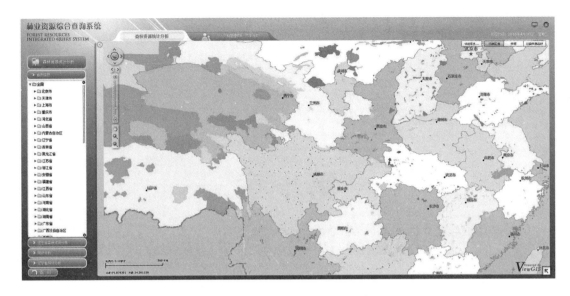

图 10-1　林业资源综合查询系统

合上报标准的数据，以 XML 格式上传到国家林业局系统。由省级系统检查、验收，确定无误后汇总、入库。

（二）统计分析

综合监管体系的统计分析是指运用数理统计理论和各种分析方法以及与森林资源和生态状况综合监管有关的知识，通过定量与定性相结合的方法进行的统计与分析活动。统计分析是继数据采集、数据处理、数据建库、数据更新之后，通过统计、分析、模拟等技术手段挖掘获取更丰富、更全面、更深层次信息的重要技术环节，从而为综合监管体系的有关评价和信息服务提供依据。综合监管体系的数据统计方法需视监测的具体技术方法而定，而数据分析主要包括现状分析、变化分析和预测预警分析。

1. 现状统计分析。现行各林业监测体系提供的数据，由于缺乏系统性和完整性，难以对森林资源和生态状况做出整体综合评价；即使某些监测指标名称相同，但指标的内涵、时间、范围、程度，以及计算方法上都存在着一定差异，造成各监测项目之间的数据在时间和空间上不可比，甚至互相矛盾，使得大量的信息不能得到充分利用。综合监管体系将努力克服这一问题，强调指标内涵、技术标准、采集时间、监测范围，以及计算方法的一致性，尤其是建立综合数据库以后，将为数据分析和挖掘提供更加广阔的数据资源和基础。现状数据分析不仅可以揭示各个监测对象本身内在的组成、结构，以及与生态系统之间的关系，而且还可以分析揭示各监测对象之间相互依存、相互制约的有机联系。除此之外，还可以采用对空间图形数据的拓扑运算以及空间和属性数据的关联等运算，反映监测对象在空间上的分布状况或规律。现状数据分析的内容十分广泛，森林资源和生态状况的数量、质量、结构、属性、功能和空间分布等各个方面；分析的方法也很多，包括结构分析法、平衡分析法、因素分析法、相关分析法等。

2. 变化统计分析。变化分析强调的是多期监测数据在内涵、性质和空间上的可比，要求有一一对应的动态数据。综合监管体系的建立，将通过多种整合手段，有效地消除数据之间的不可比性，在更大范围内运用多期数据进行对比分析，提供更具深度和广度的动态变化信息。现行各项监测体系经过多年的运行，已经积累了大量珍贵的历史数据和资料。特别是国家森林资源连续清查体系运行 30 多年来，已经在全国范围内开展了 7 次清查，以时间为序列的数据已经相当丰富。整合后的综合监管体系，仍可利用历史数据和未来获取的数据，用动态分析方法和对比分析方法，结合相关监测指标特别是动态监测指标，分析监测对象的发展变化过程，探求监测对象的发展趋势和原因，以揭示监测对象的本质和规律，并做出科学评价。

3. 预测预警分析。预测分析是在多期对比分析的基础上，进一步运用模型预测技术和数据挖掘技术，分析监测对象变化的原因，预测其未来状态的过程。从森林资源管理和生态建设状况评价的角度，应研究提出部分指标，并分别设定报警的阈值，从而可以根据预测分析结果及时进行预警。综合监管体系的数据量巨大，而且随着时间的推移，数据量将成倍增加。传统的模型预测技术因为对海量数据进行详细过滤和抽取的能力有限，将难以单独胜任森林资源和生态状况的变化趋势分析任务。而数据挖掘技术则迥异于模型预测技术，它不仅能对资源监测的历史数据进行查询和遍历，而且能够找出海量数据之间的内在联系，对其变化趋势进行一定程度上的自动预测预警。因此，变化趋势分析应以数据挖掘技术为主，结合模型预测等技术进行。

在海量数据搜集、强大的多处理器计算机和数据挖掘算法等基础技术的支持下，数据挖掘能自动在大型数据库里寻找潜在的预测信息。现行监测体系数据分散、标准和格式各异，数据挖掘技术不能发挥其应有的作用。综合数据库的形成为数据挖掘技术的应用提供了必要的条件。在综合数据库的基础上，运用数据挖掘技术可以获取大量的趋势变化信息，从而可以为不同用户提供快速、准确的预测预警服务。

(三)资源信息查询

资源信息查询是根据一定的目的，对原始数据信息进行检索、查找、显示和浏览的过程，它实现面向多数据资源的综合分析服务的多尺度数据自动提取、查询、显示、报表、统计、打印等功能。查询方式包括按时间查询、按地域查询和综合查询。

二、林业资源信息管理服务

(一)平台概述

林业资源信息管理平台建设是综合监管体系建设的重要内容,是各个监管子系统数据访问、数据查询、服务管理,为系统管理员、业务系统二次开发提供入口。通过林业资源信息管理平台的构建,将国家级、省级林业资源数据以标准的数据服务形式发布,为省级业务系统和国家级业务系统提供格式与表达方式统一的基础资源数据;通过各种服务管理接口的构建实现数据服务和服务平台的管理。林业资源信息管理平台是林业资源综合监管的基础,是实现分布式的省级数据库向逻辑集中的国家级数据库的必由路径。

(二)系统框架

林业资源信息管理平台以服务的方式向业务系统提供标准化的数据和相关查询、统计、分析功能的服务入口。

基础支撑层,由支撑平台运行的网络、基础设施、服务器、系统软件、多级数据交换系统等构成平台运行的基础环境;

数据层,由试点省的物理数据库和国家司局业务部门的资源数据库与部署于试点省和国家的资源数据服务组成;

林业资源信息管理应用支撑层,通过构建各种数据应用服务和服务管理接口监测数据服务的运行、数据服务数据发布的状态等信息的管理;

林业资源信息管理应用实现层,为资源信息管理平台提供用户界面,通过该界面用户可实现数据浏览、查询、统计、数据服务状态查询、服务管理等工作。

(三)服务内容

1. 林业资源监管基础支撑服务。 信息管理支撑由数据应用服务和服务管理接口两部分组成,数据应用服务在数据服务的基础上构建基于资源数据的通用的业务功能服务化封装;服务管理接口在服务目录与数据目录服务注册基础上实现对各种数据服务、应用服务的监视与管理。

2. 各省级数据连接状态监控。 由于系统是物理分散、逻辑集中的全国林业资源一体化的分布式数据库管理模式,在物理上,共有36个省级节点数据,国家数据监控中心需要对这些节点进行实时监控,确保在连接出现问题的情况下及时发现原因,找出解决办法,以便尽快恢复正常访问(图10-2)。

图 10-2　林业资源监管平台省级数据监控

三、林业有害生物 GIS 应用服务

(一) 服务需求概述

我国是林业有害生物发生比较严重的国家，目前共有森林病、虫、鼠、有害植物等种类 8000 余种，其中形成灾害的约 100 余种。从 20 世纪 50 年代到 80 年代，我国林业有害生物发生面积呈每 10 年翻一番的态势，50 年代年均林业有害生物发生面积 85.77 万 hm^2，60 年代 144.26 万 hm^2，70 年代 365.26 万 hm^2，80 年代 847.29 万 hm^2。其后，全国每年林业有害生物发生面积均在 800 万 hm^2 左右。

在我国发生的危险性林业有害生物中，外来有害生物发生面积占总面积的 20% 左右，但所造成的损失却高达 60%。据不完全统计，外来林业病虫害年发生面积约 130 万 hm^2，造成的生态、经济损失初步估算达 735 亿元。目前，全国几乎在所有类型森林生态系统中都有外来有害生物的危害，且外来有害生物的入侵呈加剧态势。

近年来，中国林业有害生物防治工作以林业可持续发展理念为指导，不断探索持续减灾、环境友好和无公害防治技术，在准确鉴定、远程诊断、监测预报、除害处理、生物防治、物理防治、药剂药械和营林措施等方面取得了长足的进步，并将在今后的林业生物灾害防治中发挥重要作用。基于林业一张图的林业检疫性有害生物 GIS 应用，将全面支撑林业有害生物检验检疫工作开展。

(二) 应用服务

基于林业一张图的林业检疫性有害生物 GIS 应用整体包括：地图工具、基础信息、产地检疫、复检、调运检疫、普查、数据同步以及地图浏览等功能(图10-3)。

地图工具：地图工具包括坐标定位、书签、繁育查询、生产使用经营单位查询、有害生物查询、产地检疫查询、森检机构查询、专题图展示。

基础信息：基础信息包括森检机构信息、单位信息、检疫对象信息。

产地检疫：产地检疫包括申请单、任务下发、合格证管理、产地检疫信息统计、产地检疫汇总查询。

复检：复检包括一般复检记录查看及跟踪复检记录查看。

普查：普查信息查询和普查信息汇总。

统计汇总：生成使用经营单位汇总、林木种苗繁育单位汇总、产地检疫汇总、外来林业有害生物复检月报、新植林有害生物跟踪检疫检查验收表。

数据同步：数据同步包括基础数据下发功能及调查数据上传功能。

地图浏览工具：地图浏览工具包括全屏、清除、放大、缩小、平移功能。

当前系统工具显示页：在主菜单中选中一个功能，会显示该功能下的所有功能模块。

快捷缩放工具：通过此工具可实现地图的快捷缩放。

地图比例尺：显示当前地图比例尺。

详细信息显示页面：在地图工具页面下展示地图，在菜单其他功能模块下展示对应功能模块的显示信息。

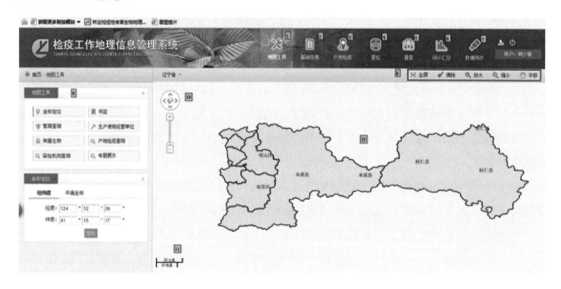

图10-3　检疫工作地理信息管理系统

第十一章
在三个系统一个多样性中的应用

中国林业一张图服务实现了对森林生态系统、湿地生态系统、荒漠生态系统和生物多样性("三个系统一个多样性")资源监管的服务支撑,基于林业一张图,初步形成了集森林、湿地、沙地和生物多样性资源监管服务体系,实现了林地一张图、湿地一张图、沙地一张图和生物多样性一张图等四个子服务。

一、基于一张图实现森林资源监管服务

森林资源监管业务应用系统是建立在林业资源监管信息平台体系之上,搭建满足国家不同监管业务需要的应用系统。应用系统由森林资源统计报表模块、森林资源地图浏览模块、森林资源空间分析模块、森林资源数据查询模块等组成,这些应用模块在不同层次上有所侧重,可独立成为一个子系统,处理和分析各级森林资源监管数据和信息。同时,各子模块间留有数据和业务协同接口,在逻辑上形成一个整体。

森林资源监管子系统建设主要包括森林资源数据改造及汇集、数据分析等几部分内容。

(一)森林资源数据改造及汇集

森林信息资源通过信息采集、交换、汇聚与存储等手段在数据主中心和数据分中心两级结点建立各类数据库。包括试点省历次二类调查数据,建设覆盖试点省的、落实到山头地块的地理信息和遥感影像数据库。涉及300万左右小班,加上历史调查成果数据,建设期数据存储和处理量达10TB。

（二）森林资源监管业务支撑

由各类森林资源数据分析功能组成，通过对森林数据资源的分析、共享、比对、发布等服务方式，及时掌握森林资源状况和质量，为国家完善生态建设规划、加快森林资源培育、实施环境容量总量控制、建立以森林植被为主体的国土生态安全体系提供决策依据。包括数据服务整合、数据分发、数据查询、数据维护、监管信息分析、数据可视化、数据统计、资源图服务、空间分析、监管业务模型、服务动态分配等内容。

（三）森林资源监管业务

森林资源监管通过对省级、国家级森林资源数据的统计对比，生成各类统计报表；通过对森林资源空间数据的地图化的展示实现监管信息直观的表达。主要功能包括森林资源统计报表功能、森林资源地图浏览功能、森林资源空间分析功能、森林资源数据查询等功能模块，为森林资源监管决策提供直观的辅助信息。

二、基于一张图实现湿地资源监管服务

湿地数据量庞大，数据类型复杂，既有关于湿地内部结构和功能方面的信息，又有气象、地理、环境、政策和社会经济等方面的信息，空间数据与属性数据、统计数据并存，文字信息与图像图形数据并存。在林业"一张图"建设指导思想下，运用GIS对湿地信息进行管理和分析，具有其他方法无法比拟的优势。

湿地资源监管服务由湿地空间数据管理系统、湿地野外调查系统、湿地事件管理系统和湿地保护网站组成；利用Internet网络、3G网络、无线通讯网络的传输数据，以共同数据库为信息枢纽，湿地空间数据管理系统为核心，采用B/S + C/S混合模式开发，湿地野外调查系统基于便携式计算机和GPS模块开发；湿地事件管理系统采用移动GIS技术，利用短信网关、短信中心平台硬件和技术实现湿地生态事件动态监测；湿地保护网站采用WebGIS技术进行开发，对外发布湿地空间信息。

三、基于一张图实现荒漠化资源监管服务

我国是世界上荒漠化危害严重的国家之一，及时掌握土地荒漠化的变化动态，有针对地遏制其发展并加以改善成为当务之急。荒漠化在监测层次上分为全国宏观监测、重点地区监测和定位站监测三个层次，在技术方法上把地面抽样调查、图斑勾绘调查与遥感数据解译、GPS定位和GIS数据处理技术有机地结合在一起，效果显著。

荒漠化监管服务主要包括荒漠化监管支撑、荒漠化监管业务模块、荒漠化监管客户

端等。

(一)荒漠化监管支撑

荒漠化监管支撑由一系列的业务服务组成,为国家、省级业务系统应用支撑。

1. 荒漠化动态监测。实时监测荒漠化动态变化,将各类动态变化数据通过本服务在荒漠化分布图上进行展示,利用荒漠化土地资源监测中的荒漠化和退化土地的分布和相关数据,综合分析,形成完整的监测数据库和中国荒漠化报告。

2. 荒漠化监管业务模型。构建荒漠化监管的相关业务模型以服务的方式进行封装,支撑荒漠化监管系统的相关业务化运行。如运用现有成熟的荒漠化土地类型划分体系、遥感影像荒漠化信息提取技术、基于 DEM 和 NDVI 的坡耕地荒漠化评价方法和相应的空间分析模型建立荒漠化潜在发生范围和演变趋势业务,向社会和决策部门提供相关信息。

3. 调查报告管理。管理监测成果中的各项文本报告,包括:调查地区基本情况、调查工作概况、技术方法、荒漠化土地类型、面积及分布特点分析、动态变化情况分析、荒漠化原因分析、危害情况、治理状况、典型地区荒漠化状况分析、防治荒漠化的对策和建议。

4. 治理工程管理模块。管理重点工程项目数据,包括:已建工程数据、已批复工程数据和工程验收数据等,提供历史数据查询、工程效益评估和工程规划等功能。

5. 数据查询、统计。实现对荒漠化监管数据中空间数据、属性数据、统计报表数据、报告等的查询与检索,对各类荒漠化监测数据进行统计,生成监测报表。

(二)荒漠化监管服务应用

1. 荒漠化趋势分析。根据基础平台所提供的监测数据、荒漠化动态变化情况监测、监管的相关业务模型对荒漠趋势进行动态分析,生成相关的报表和报告(图11-6)。

2. 荒漠化预警预报。根据趋势分析的结果对荒漠化态势进行预警预报,对预报的结果通过网络、移动通信等多种方式进行发布。

3. 治理工程规划辅助决策。以荒漠化分布图为基础,通过对荒漠化动态变化的监测、荒漠化趋势的分析制定对治理工程的规划决策提供辅助信息。

4. 荒漠化信息发布。实现荒漠化监测资源的动态发布,为灾害管理与应急提供数据支撑。

四、基于一张图实现生物多样性监管服务

随着物种和栖息地的丧失,生物多样性保护已经成为迫切需求。航空航天技术的迅猛发展使遥感成为能提供跨越不同时空尺度监测陆地生态系统生物多样性的重要工具,同时

基于地理信息系统的不断发展，给生物多样性在空间上的监测和管理提供了技术支撑。

生物多样性资源监管子系统在全国生物多样性数据库建设基础之上，基于遥感、GPS和 GIS 技术的生物多样性监管系统，使国家能及时掌握全国范围的生物多样性现状以及动态变化情况，为加强野生动植物的保护与野生动植物资源管理、履行有关国际公约或协定、合理利用野生动物资源提供基础资料和决策依据（图 11-1）。

图 11-1　生物多样性资源统计分析

在国家级数据中心和省级数据分中心以生物多样性数据库为基础，搭建生物多样性监管系统有关业务应用系统。系统主要由野生动植物调查和监测信息管理业务组成，系统部署于国家和省两级数据中心，由国家和省通过数据中心的交换系统来实现数据交换和汇集。

以历次野生动植物调查、监测以及专项监测数据为基础，实现全国野生动植物调查、大熊猫调查、野生动植物监测、野生动植物专项调查、自然保护区、濒危野生动物等信息的现状和动态信息管理，提供相应的全国野生动植物、自然保护区分布和特征信息，为野生动植物资源的保护、管理和开发利用工作提供重要基础信息服务和信息技术手段支撑，为濒危野生动植物拯救和保护提供信息服务。系统以 GIS 空间信息管理和遥感技术为基础，提供野生动植物及自然保护区数据的更新、维护、编辑、修改、查询、空间分析、统计报表、成图制图等功能，实现生物多样性调查和监测综合数据的集成统一管理。

第十二章
在应急指挥调度中的应用

随着计算机多媒体技术和数字通讯技术的飞速发展，当今社会已进入信息化时代。如何促进社会可持续发展及维护国家与人民的安全成为应急管理体系的重要课题，由于各地区信息化建设的差异，使应急指挥中心形成了一个信息孤岛的状况，因此采用可视化指挥调度系统来实现统一指挥、协调有序、运转高效的应急机制，减少突发事件具有重要的意义。

一、音视频融合服务

可视化指挥调度系统现在最大的难点，就在于将视频会议系统、视频监控系统、无线图传系统、智能视频终端等各种视频源实现无缝融合，高清信号和标清信号实现无缝融合，音视频与林业一张图实现融合。视频监控系统信号可以是数字信号也可以是模拟信号，并且各家产品协议不一，监控点数量众多，监控调度席应做到可以预览并调度任意节点图像，包括监控视频以及监控视频合成的多画面，可实现在多个视频监控图像间进行轮询，实现对图像进行远程遥控，使指挥调度跨越地域和空间的局限；视频会议系统各厂家的协议多为私有协议，通过协议实现视频互通存在技术壁垒。

根据应急管理的需求，可视化指挥调度系统应满足以下四大特点：直观、部署灵活、反应迅速、支持大信息量。可视化指挥调度从功能应用上应实现统一指挥、图像传输、视频会议、全程录制。捷思锐结合在多媒体融合通信技术领域的优势和产品优势，形成了一套完善的、切合应急指挥实际需求的系统性解决方案。当林业自然灾害、事故灾难、公共卫生事件、社会安全事件等突发事件发生时，可通过可视化指挥调度系统，远程调度所有相关图像资源，为统一部署各项应急对策提供依据，然后配合总体应急预案进行远程指挥，以最快的速度完成最合理的决策，并根据应急管理需求，将图像资源传达到应急指挥中心、各应急管理工作机构及突发事件一线。

可视化指挥调度系统的建设目标，是为实现预防为主、监督为辅的平安社会提供融合各种视频、音频、数据等多媒体信息的一体化解决方案。

（1）融合指挥调度、视频会议、网络监控、数据服务等多种关键业务，避免系统相互独立，无法兼容，多个用户终端无法共享视频信息。

（2）将视频监控融入可视化指挥调度中，为指挥调度提供现场视频信息，指挥人员还可远程调度、控制视频监控的图像。

（3）通过报警联动预案整合视频信息、报警信息、环境数据信息、智能视频分析信息，通过多角度的信息收集达到智能预警的目的，同时为可视化指挥调度提供科学的决策依据。

（4）完整实现指挥调度的所有功能，如专向指挥、分组指挥、专向汇报、指挥转接、指挥授权、指挥协调、监视监听、图像调度、图像转发、指挥呼叫、指挥预告，并且设立观察指挥席，可任意监视监听指挥调度系统中所有指挥调度终端的音视频，并能指挥接管任意指挥终端。

（5）紧密结合用户不同业务的应用需求，操作流程明晰、高效，操作界面简洁、友好、易于使用。

二、可视化指挥调度服务

可视化指挥调度服务由四部分组成：可视化调度、信息交互、信息接入、应用终端。信息接入部分通过专用网关实现视频监控系统、环境数据采集、报警系统、门禁系统、周界防范系统、智能视频分析进行统一接入，并将这些数据传输给指挥调度中心，指挥调度中心通过对这些数据进行分析处理和交互；当突发事件发生时，系统立即启动应急预案，指挥调度中心紧紧围绕突发事件应急处理、科学指挥决策为目的，通过可视化指挥调度构建一个分布在各个相关部门的分布式指挥调度中心，通过可视化调度台进行现场图像调度、通过视频会议进行远程会商和紧急预案的讨论，从而达到对突发实现的快速反应和科学指挥决策。

系统由可视化调度、交互层（信息交互）、接入层（信息接入）、应用层（音视频终端）等设备组成，通过各种有线、无线网络实现可视化指挥调度的应用。系统基于IP网络部署，极大地减少了布线工程，便于快速部署。

系统从设计上颠覆了传统视频监控和视频会议系统的设计理念，采用最直观的界面风格以及触摸屏操作方式，真正实现了一键式切换操作，只需一个按键即可快速建立可视调度指挥通信；与指挥中心的大屏显示系统完美结合，输出1080P的高清图像；支持多种指挥调度模式，包括语音调度、视频调度、会议调度、广播调度、联动调度等；全局化操作模式，屏蔽多级调度的差异性；集中式网管平台，对网内所有接入设备进行管理控制和状态监控；可视化指挥调度支持多级调度权限，多调度席位同时管理。可视化指挥调度系统通过信息接入与视频监控系统、视频会议系统、智能终端、其他音视频系统对接，实时收集现场的案事件进展情况、处置力量行动处置状态、社会联动单位状况等各方面信息，以情报分析、态势展现、指挥保障为支撑，达到合理规划资源，实时掌握处置力量动态情况，监控、督导执行情况，对所属各个处置力量进行有效指挥。

多种地图模式：支持百度地图和 MAPX 本地地图两种地图模式；其中地图可扩展支持二维、三维、卫星三种地图界面。

人员实时定位：可在 GIS 界面显示移动终端的实时位置坐标，并可点击查看终端的相关属性，如号码、人名、部门等。

运行轨迹回放：可查询任意移动终端的在指定时间段内的运行轨迹。

快速检索查询：可在检索窗口，通过中文姓名/分机号码等条件快速查询指定成员，并在 GIS 界面快速定位成员位置。

一键指挥调度：在 GIS 界面监控各移动成员实时位置，需要进行语音或视频通话时，可直接选中成员图标，点击语音呼叫/视频呼叫按钮，即可向指定成员发起语音呼叫或视频呼叫，实现双向通信。

圈选指挥调度：需要向事发地点一定范围内的所有执勤人员发布指令时，可直接通过圈选功能选中成员组，点击广播/会议按钮，即可向选中的所有成员发起广播呼叫或会议呼叫。

一键视频预览：指挥中心需要预览现场监控图像或移动终端图像时，可切换到视频界面，直接在通信录列表中选中需要预览的成员，点击视频呼叫按钮，即可在视频界面显示成员回传的实时图像，并可实现同步语音通信。调度台可在视频界面同时预览视频监控图像、无线图传图像、视频会议图像、3G 单兵图像等各种视频源的实时图像。

多路图像轮循/多路窗口切换：指挥中心需要实时监控多路图像时，可通过多路轮循的方式显示和实时监控；配置完成之后，在视频交互界面，就可以点中红框，进行视频轮循。

视频图像推送：多媒体调度台可把正在预览的视频监控图像和移动终端图像推送到指挥中心的大屏幕上或者视频会议系统中去共享显示，并可在调度台上实时查看推送结果。

视频图像分发：多媒体调度台可把正在预览的视频监控图像和移动终端图像分发到多个视频接收终端上共享预览（如智能手机、可视话机、调度台等）。

音频视频联动调度录制抓拍：系统可把每个视频监控摄像头和对应的值班岗位或人员的电话号码进行捆绑，指挥中心在预览前端实时视频图像时，如需要和现场人员通话，可直接在视频窗口点击呼叫按键，即可向捆绑的电话号码发起呼叫。

系统可对所有预览的视频图像进行实时录制，存储在录音录像服务器，便于后期检索查询系统可对某一路/几路或全部预览的视频进行拍照，对重点图像进行保存和传输。

三、可视化语音调度服务

指挥中心需要对指定人员进行语音通话时，直接在调度台上双击人员对应的图标，即可发起语音呼叫；如通信录成员过多，可通过通信录的逻辑分组功能查找，也可通过输入人名或分机号码快速检索。当多个成员同时拨打指挥中心调度台时，可全部接听到来电队列中，调度台可任意选择与某路来电通话，其他来电处于保持状态。调度台支持紧急报警来电声光告警提醒的功能；智能手机或单兵可通过软件自带的紧急报警按钮向调度台发起紧急呼叫。指挥调度台支持多种组织会议方式，如公共会议室、临时本地多方会议等，调度台可临时把排队队列中的来电有选择地邀请到本地临时会议中举行多方通话。

调度台可自建多个混合广播组，可对所有音频终端进行混合编组，集中广播；可发布实时广播或播放音频文件。指挥中心调度台可直接和前端集群对讲终端进行对讲通话，一键即可实现抢话和释放话权的操作；并可把 IP 值班话机、3G 单兵、智能手机、模拟/数字集群对讲等终端混合编组，实现跨系统混合对讲通信；可组建多个混合对讲组，自定义对讲组级别，实现对讲组控制管理。指挥中心调度台可对 IP 终端、手机、单兵等终端进行短信收发、短信群发等指令调度，支持图片传输和存储。指挥中心调度台可实现通话桥接、通话转移、热线、强插、强拆、监听等基本调度和通话功能。

可视化预案调度：管理员可以事先自定义预案类型和列表，应急事件发生后，调度员输入事件的预案类型、时间、地点、接收成员、执行方式等信息，在预案界面进行列表显示。

需要执行指定预案时，可直接点击预案列表，在弹出的列表中，选中需要执行的预案条目，点击"执行"，即可快速执行相关预案，触发方式可选择短信、会议、广播、单呼等方式。

对于每一条预案的执行结果可在预案界面实时监控和检索，确保执行到位，对于未接听的终端，可手动或自动重新执行。

第十三章
在辽宁智慧林业中的应用

辽宁省作为中国林业一张图建设试点单位,在深入调研的基础上,依据《辽宁林业信息化建设规划》和《辽宁省智慧林业"云数据中心、应用支撑平台"建设项目可行性研究报告》等,编制辽宁省智慧林业管理体系规划,努力提升林业信息化服务水平,全力推进生态文明建设。辽宁省"林业一张图"实现了资源共享、信息共享,为全面深入推动信息化、为现代林业服务探索了路径。

一、辽宁省智慧林业概述

(一)基础良好

林业信息化已经进入全面加快发展的新阶段,要建设和保护森林生态系统,保护和恢复湿地生态系统,治理和改善荒漠生态系统,全面维护生物多样性,依靠传统的管理手段无法准确及时了解其现状及动态,远不能满足现代林业全面协调可持续发展的要求,必须借助现代信息技术特别是物联网技术,将林业所有的"物"接入网络,并对海量数据进行灵活高效处理。信息化是做好新形势下林业工作的迫切需要。

辽宁完成了省、市、县三级林业专网建设,并与国家林业局相连。省厅到14个市林业局实现155M光纤相连,市到县林业局实现10M光纤相连,省厅驻沈阳市外的11个厅直部门实现10M光纤相连,整个网络实现内、外网物理隔离。采用千兆以太网作为本底网络主要传输环境,建设了全省亚米级GPS网络。实现全省GPS准确定位,为全省林业系统提供了一条集视频、数据为一体的通讯及信息交换的综合业务网络平台。扩建了全省的中心机房,在中心机房放置了核心路由、交换设备、服务器、数据存储设备、小型机等设备50余台,形成了以省厅中心机房为主的省、市、县三级机房,完成了数据服务、数据交换、业务应用、数据存储服务。建立省厅防灾、控灾指挥中心,规范了省、市、县三级防灾、控制指挥体系。

按照辽宁"数字林业"规划,全省林业系统共建设两个数据中心,即森林资源数据应用中心和森林资源数据维护中心。数据应用中心在省林业调查规划院,负责数据采集、审核、检查、更新和维护等工作;数据维护中心在省林业厅信息中心,负责数据应用方面的监控、权限审批、数据调用和分发等工作。在全省二类资源数据基础上,对150多万个小班,全部进行矢量化处理,并建立了森林资源数据库,完成了主要包含五大类数据,近700G数据的入库工作。

开发建设了辽宁省数字林业核心平台和全省协同办公自动化系统,全省档案管理系统等15个应用系统开发并全部投入使用。其中省、市、县三级林业协同办公自动化系统为近130个单位提供服务,包括厅领导办公子系统、行政事业单位办公子系统和市县级办公子系统,实现省、市、县三级公文一键发送、同步到达。全省档案管理系统网上归档各种文件13万余份,实现了资源共享。全省行政审批系统实现了全省林业系统林权证、采伐证、运输证的网上办理,累积办证近40万件。建设了省、市、县三级的会议系统,并于2015年进行了高清视频系统的升级建设。与移动公司、中国林业科学研究院联合开发了林业物联网应用系统,通过移动定位、信息传输、视频监控等功能,改变了传统的森林资源管护模式,提高了管护效率。全省建设了一体化的省、市、县三级架构的门户网站群,包括省林业厅门户网站和近130个子站,为林农、林业企业和社会公众提供多层次、多角度的林业信息服务(图13-1)。

图13-1 辽宁林业资源监管应用

(二)发展需求

林业信息化是国家信息化的重要组成部分,是林业现代化建设的重要内容。大力推进林业信息化,是全面提升林业行业生产、经营、管理和服务水平的迫切需要。只有加快林业信息化,才能将全省森林、湿地、沙化土地等基础林业资源数据落实到山头地块,形成对"三个系统"的全面有效监管,建设完善的生态体系;只有加快林业信息化,才能构建四通八达的林业信息资源平台,掌握行业发展情况,为政府科学决策提供支持,为社会公众提供优质服务,促进林业产业又好又快发展,实现兴林富民。林业工作点多面广,涉及千山万水,加快推进信息化对林业来说尤为迫切,已成为发展现代林业的当务之急。

目前辽宁省各级林业部门信息资源分散、关联程度低,部门之间数据无法共享,形成大量的信息孤岛。因此,需要有一种技术手段把这些信息集中、整序、关联起来,进行统一管理,同时实现部门之间信息资源的交换与共享、业务协同,促进互联互通,优化信息资源配置,实现林业部门内部协同办公,跨部门行政审批,提高办事效率。

辽宁省林业信息化建设日新月异快速发展,新业务将不断地产生,同时现有的林业业务也将不断调整优化。林业信息系统应该是一个开放的框架结构,不仅能满足目前林业信息化的需求,还能为今后全省林业业务调整和发展提供技术支撑和保障。辽宁林业信息化需要可扩展的技术框架、数据中心及支撑平台配套建设。

(三)核心目标

充分利用各种最先进的技术,充分应用云计算、无人机、物联网、3S 等先进信息技术,实现辽宁省智慧林业云服务平台体系内林业核心业务信息化覆盖率达到80%以上。逐步从数字林业转向智慧林业,逐步实现智慧流程、智慧结构、智慧感知、智慧管理、智慧应用、智慧服务,同时实现和国家林业云的全面对接。重点发展以云计算为基础的林业信息化云服务模式,完成辽宁省智慧林业"云数据中心,应用支撑平台"建设,为实现辽宁省智慧林业打下坚实的基础。到2013年,基本建成辽宁省智慧林业基础框架,通过智慧林业云数据中心和应用支撑平台的建设,完成 IaaS 层和 PaaS 层的基础服务建设,初步形成辽宁省智慧林业云平台,实现统一基础设施资源的管理和分配,实现统一的数据资源环境,实现统一的应用支撑环境建设,使得辽宁省成为全国林业信息化迈向智慧林业发展的领头羊,全面支撑辽宁省生态林业发展的目标。

通过辽宁省智慧林业"云数据中心、应用支撑平台"建设,全面提升辽宁省林业资源管理的水平,为辽宁省林业资源的各项管理工作提升效率,提升政府部门形象,从提高森林资源管理成效上入手,夯实各项基础工作尤其是林业资源本底基础数据工作,保证各项管理措施的顺利实施,充分发挥森林的生态效能,合理开发森林资源,确保森林的可持续经营,为社会稳定和经济发展做出应有的贡献,实现辽宁省林业资源管理现代化、信息化和智能化,促进林业资源管理从粗放型向精细化管理迈进。

(四) 总体框架

依据《全国林业信息化建设纲要》确定的"四横两纵"的总体框架,结合辽宁林业信息化建设的实际需要和建设需求,提出辽宁省智慧林业建设总体框架设计。

总体框架设计以林业资源的核心业务为主线,以相关政策法规为准则,面向规划编制、研究、实施、管理和监督等日常工作和业务职能,划分定义各类不同的业务活动,以业务对象为中心来组织数据和实现其相应的计算机化管理模式,为不同业务处室的人员提供具有差别化的业务办理界面。以"业务为导向、以数据为基础",最终解决实际的管理问题。这样做,才能够弥补以片面强调基础数据建设而忽视业务应用要求,或片面强调以业务应用开发而忽视基础数据建设的两种不良倾向。

总而言之,信息系统建设的出发点和归宿是解决实际的业务问题,数据资源既是业务管理过程所需要的基础支撑,也是各种业务过程对数据进行处理和相互作用的结果。因此,系统建设应强调"以管理为中心、以业务为导向、以数据为基础"。

在全省信息化建设的总体框架基础上,以计算机硬件与网络通信为技术依托,以信息化标准和安全体系为保障,以数据中心为枢纽,以业务流程为主线,充分利用应用云计算、物联网等先进信息技术,以林业资源综合支撑平台为支撑环境,构建省、市、县三级互联互通、数据共享、应用协同的综合应用、林业资源监管及应用、综合营造林应用、林业灾害监控与应急管理、林业产业管理以及公共类应用五大内网应用和互动型林业门户网站群、公众事务服务平台两大外网应用(图13-2)。

二、智慧林业云数据中心

辽宁省智慧林业云数据中心主要包括两大部分内容,一是智慧林业云计算中心,二是林业资源数据中心。

(一) 智慧林业云计算中心

辽宁省智慧林业云计算中心将辽宁省现有和新建的硬件基础设施资源进行整合,利用虚拟化技术,将现有和新建的硬件基础资源进行统一的管理,为辽宁省林业信息化提供虚拟的硬件基础设施支撑,最大程度地节约资源,有效利用资源,形成全覆盖、一体化、智能化的辽宁省"智慧林业"云计算中心。

云计算是新一代信息技术的代表,云应用、云服务是未来信息化发展的重要趋势。林业行业将逐步构建起中国林业云,以先进的技术、先进的理念支撑现代林业发展,辽宁省智慧林业的建设必须以云计算为基础进行建设,建立辽宁省林业云计算中心,通过建设辽

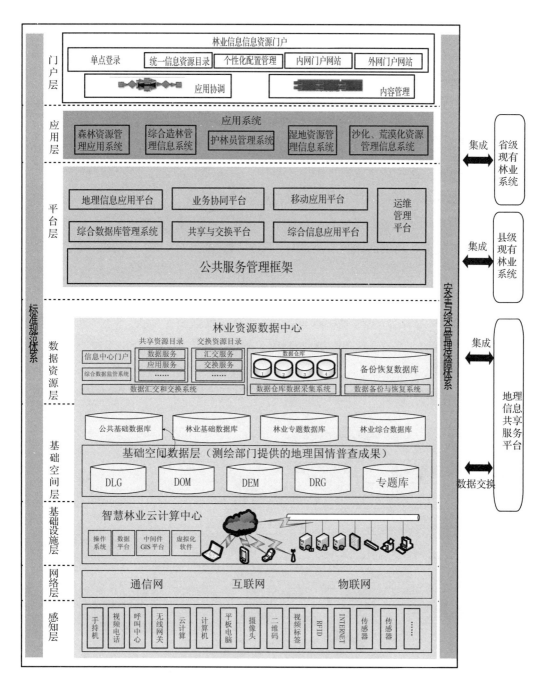

图 13-2 辽宁智慧林业总体框架

宁省林业集中 IT 基础设施,可以实现多类型政务应用的集中部署。由于多应用系统共享资源,可以实现资源利用的最大化,采用虚拟化、云存储等关键技术可以有效地提高设备利用率,降低总体拥有成本。因系统集中部署、数据统一存储,可以更方便地实现数据共享,使深度数据挖掘成为可能,可以更好地为政府决策提供依据。通过云计算中心建设将达到平台、数据上移,应用下移的效果,实现林业资源数据在省数据中心保存,实现省、市、县各级林业部门可以共用省级云计算平台，应用分布在市县，具体业务办理、数据采集由市县完成，通过智慧林业云计算中心建设将会为辽宁林业提供"办公、研发、生成"为一体的环境。辽宁省智慧林业云计算中心建设主要包括云计算基础平台、云计算管理中心、云计算安全中心以及云计算运营中心建设。

（二）林业资源数据中心

林业资源数据中心管理系统实现多源、异构、多尺度、各类林业资源数据的"一体化"集成管理与数据共享，将各类林业资源数据按照业务类型、空间尺度的不同，在统一空间参考、统一数据编码、统一数据分类、分层组织的情况下，进行"集中式"集成管理，同时根据业务管理的需求、数据的业务应用范畴不同，对数据进行重新"排列组合"，采用地图服务（map services）的方式，为业务管理、综合监管、信息共享、辅助决策提供任意组合的数据综合应用。

系统功能主要包括元数据管理、数据导入/导出、数据质量检查、数据更新、数据转换、数据（集）管理维护、数据编辑、专题制图、数据备份、数据安全、系统维护等管理功能。系统实现了各类林业数据的一体化管理，为各应用系统提供数据任意组合、数据综合应用的数据集成环境，满足不同的应用需求（图13-3）。

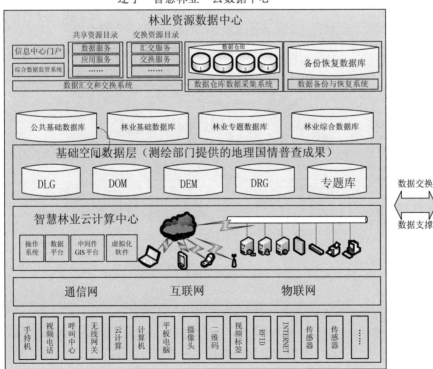

图13-3　辽宁省智慧林业云数据中心总体框架

三、智慧林业应用支撑平台

辽宁省智慧林业应用支撑平台是辽宁省智慧林业信息化一体化解决方案的一部分，实现统一身份服务、统一工作流引擎、统一 GIS 应用服务、统一数据支撑、统一应用支撑，形成应用搭建环境、应用运行环境、应用集成环境、应用门户环境的 PaaS 层。通过提供统一的技术开发、构建和应用支撑环境，实现各类林业资源服务的管理、汇聚、承载和共享，为林业资源信息化提供统一平台服务，是智慧林业建设的平台服务层，承载物联网、云计算、新一代通讯技术在林业信息化应用中的创新基础服务，形成便捷、智能、管理高效的智慧林业应用支撑平台。进一步实现辽宁省林业信息化从独立业务的部署与开发，逐步过渡到以业务服务中间件的开发、构建、部署和服务为主，逐步实现林业资源信息化的集成管理与开发、统一性与持续性，降低业务应用的开发和部署风险，提升业务应用的质量，降低林业资源信息化的成本。

辽宁省智慧林业应用支撑平台是全省智慧林业云平台的重要组成部分，是支撑全省智慧林业发展的重要信息基础设施。主要包括应用支撑平台的公共服务管理框架，地理信息应用平台、业务协同平台、移动应用平台、物联感知平台、信息共享交换平台、综合信息应用平台和运维管理平台等一个基础框架和七大平台（图 13-4）。

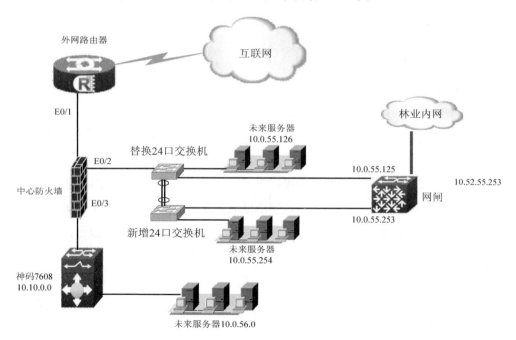

图 13-4　辽宁智慧林业网络基础

（一）公共服务管理框架

公共服务管理框架应能够适应业务需求的动态变化，提供应用所需的业务访问、业务集成、流程控制、基础组件和基础框架等各种基础性和公用性的支撑服务，是应用系统开发、部署和运行的技术环境，具有开放性和扩展性，主要用于解决业务应用系统之间的互通、互操作、数据共享与集成等问题。公共服务管理框架将构建在基础设施之上，从林业业务流程中提炼出公用的、基础的业务处理功能，形成统一的服务访问接口，为各类林业应用系统提供林业业务流程管理、林业数表模型、林业基础组件和林业常用工具软件支撑。

（二）地理信息应用平台

地理信息应用平台是基于 GIS 技术的地理信息业务搭建平台，平台通过插件式框架、通用 GIS 框架等应用功能配置，可以实现专题应用系统的快速定制，平台具有跨 GIS 平台特点，实现在 MAPZONE 自主平台、ArcGIS 平台以及第三方 GIS 平台自由切换；支持多类型、多尺度数据、大数据量快速刷新和高效渲染，满足用户大数据量浏览需求；平台具有数据采集、数据编辑、数据处管理、数据显示、空间分析、专题制图、动态表单、统计报表等通用 GIS 功能，同时具有多源数据融合以及与移动 GIS 无缝集成的能力。

（三）业务协同平台

业务协同平台是应用支撑平台中的主要业务应用平台，主要实现应用的工作流程管理、流程编排以及业务流程的持续优化。通过对辽宁省林业管理业务进行持续的集成，满足部门间越来越紧密的业务协同需求，将已建的业务通过接口方式进行整合，将新建的业务流程直接通过平台进行集成开发。通过业务协同平台，主要提供给一体化的知识管理，一站式办公服务以及一站式的用户体验集成。通过业务协同平台，可以实现辽宁省林业厅各个部门之间，厅直部门之间，厅兄弟部门之间以及省、市、县三级之间的业务协同应用的支撑，有效打破部门之间业务和应用之间的壁垒。业务协同平台通过企业服务总线，为各个业务应用提供一体化的总线控制以及服务支撑。主要包括公文交换服务，公文处理服务，表单管理服务，统计报表服务，内容管理服务，业务协同服务，流程编排服务，综合事务服务，通用通讯服务和集成管理服务等，这些服务以面向服务的架构，采用面向构建的开发方式，通过总线对外提供服务。同时在企业服务总线上，内置了工作流引擎，表单引擎和报表引擎，提供基本的业务协同应用支撑。

（四）移动应用平台

移动应用平台，是以林业专网、无线通讯网（2G、3G）为支撑、以智能手机、PDA、平板电脑为终端,综合应用 GIS 技术、GPS 技术、无线通讯技术、嵌入式系统等技术,结合北斗、GPS 或基站为定位手段,实现外业数据采集、定位、导航、通讯等功能,通过插件式开发框架,使各业务应用可以通过快速搭建满足业务需求,多源数据融合和海量数据管理,提供了丰富的数据资源,满足数据展示和海量数据管理的需求,我国智慧林业进程逐步加快,在建立信息化的林业过程中,以移动终端为载体的移动应用平台广泛应用于林业业务中。

(五)物联感知平台

物联感知平台是基于下一代互联网、智能传感、宽带无线、卫星导航等领域的先进技术和产品,构造天网、地网、人网和林网一体化感知平台,对接智慧林业,形成国内领先、性价比高、具有重大实用价值的感知生态、智慧林业四网合一平台系统,实现对森林火灾、乱砍滥伐和不合理开发利用等的全面、实时和系统监控,提高森林资源安全监管与开发利用整体水平,为实现林业"双增"目标提供有力支撑。

(六)信息共享交换平台

信息共享服务平台主要是面向辽宁省林业各级部门与政府部门提供基于林业资源数据服务和应用服务,实现林业资源数据共享和互操作。各级业务部门可以综合自身业务需求、根据共享基础数据特点及网络连接情况等,采取适当的共享方式,通过系统提供的一系列数据服务接口,加载已经发布共享的不同专题的基础空间信息,并叠加自身业务专题信息,完成相关的基础空间数据的查询、定位、分析等功能,实现基础空间数据的共享服务。实现林业部门内部信息资源的互联互通,解决资源共享,提高办公效率。

(七)综合信息应用平台

综合信息应用平台基于林业资源数据中心数据库,以组件及 Web 服务技术,实现基础地理、林业业务和林业资源管理数据的服务化,并实现多源数据集成展示,多源数据综合分析,统计分析与博阿彪,通用分析,专题分析,数字仪表盘,元数据管理,OLAP 分析和 BI 等功能。综合信息应用平台主要定位两个主要目标,第一个主要目标是充分利用数据仓库提供的在线分析数据,为领导提供基于全省林业资源的辅助决策服务支撑;第二个是基于林业资源数据中心数据仓库的多维度数据,实现跨业务的,全生命周期的多源数据的专题应用支撑(图 13-5)。

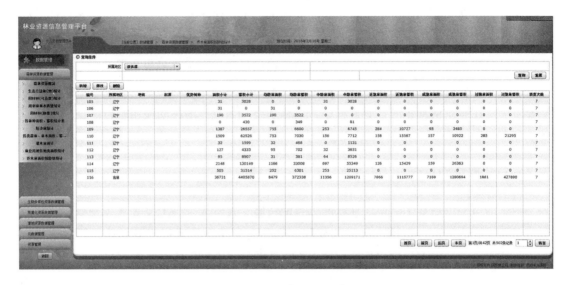

图 13-5 辽宁林业资源信息管理平台

(八) 运维管理平台

运维管理平台是保障平台稳定、安全运行的后台支撑平台，提供对平台服务的管理、用户体系的管理，通过设备监控、网络监控、流量监控等技术手段保证平台的安全与稳定，并对信息资源访问、业务功能调用、系统管理等活动进行记录，及时发现系统隐患、快速恢复系统故障和优化系统管理，为平台能够一周 7×24 小时稳定运行给予支撑。

四、智慧林业应用系统

(一) 全省协同办公平台

全省协同办公系统为支撑省、市、县三级单位用户的办公系统，系统中公文管理承载各级单位间的收发文流转审批、信息发布向内网核心平台发布公告通知、邮件方便单位内部人员日常交流，以及个人日程安排辅助个人办公。由行政办公信息服务逐步扩大延伸到组织内部的各项管理活动环节，成为组织运营信息化的一个重要组织部分。协同办公系统将承担着更多的任务，用户也更关注如何方便、快捷地实现内部各级组织、各部门以及人员之间的协同、内外部各种资源的有效组合、为员工提供高效的协作工作平台。行政审批系统是一个建立在具有省、市、县三级结构的网络系统之上的应用系统。该系统由林业系统内部多个子系统集合而成，涉及资源林政、野生动植物保护、森林病虫害防治和植物检疫、林木种苗管理等多个部门，涵盖了目前全省林业系统所有常规办理的行政审批及发证业务。该系统可以与地理信息系统建立相应的接口，实现办证系统与地理信息系统互联互通。档案管理系统系统主要实现基于辽宁省内的省、市、县档案电子化录入工作，实现林业文件为基础对象的档案原件扫描、数据录入、立卷、封卷归档、变更等一系列档案流程化管理，运用计算机软硬件技术及相关的专业知识，实现全省林业各类文件档案的集中存储、分级检索、多级权限控制及安全备份(图13-6)。

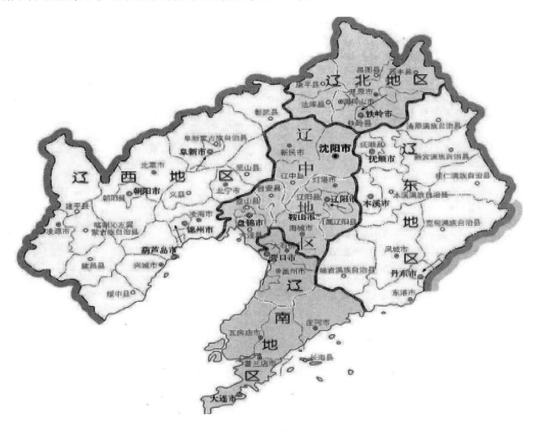

图13-6　辽宁森林监测

(二) 省级森林资源综合数据库集成管理系统

对全省森林资源数据，包括一类资源清查、二类资源调查、林地更新数据、资源变档数据等进行有效的管理和更新，建立全省林业资源一张图。将林业基础数据库的各类基础数据资源和林业资源专题数据库，建立林业资源应用的各种专题图，为各类林业应用提供基础资源支持，实现多源、异构、多尺度、各类资源数据的"一体化"集成管理与维护。通过辽宁省林业资源综合数据库集成管理系统建设与开展，在全省范围之内达到资源数据管理、统计报表、林业资源专题图和表格制作、资源数据动态更新等工作的信息化(图13-7)。

图 13-7　辽宁省林业资源一张图

第十四章
在示范建设中的应用

2009年以来,国家林业局开展了全国林业信息化示范省、市、县、基地建设,这是发展林业信息化的重要手段之一,先后组织并开展了4次林业信息化示范单位建设,共确定了12个示范省、36个示范市、65个示范县和25个示范基地,达到了"点亮一盏灯,照亮一大片"的效果。

一、省级示范应用

2009年第一批林业信息化示范省建设启动,经过两年多的建设示范成绩斐然、带动作用明显。2011年5月,第二届全国林业信息化工作会议确定了北京、山西、内蒙古、江西、山东、河南、广东、陕西为第二批全国林业信息化示范省。北京作为第二批全国林业信息化示范省,按照"加快林业信息化,带动林业现代化"的总体思路,始终坚持求实、创新、谋发展,在体制、管理、建设、技术方面不断创新,结合信息化发展形势不断丰富、充实示范主题建设(图14-1)。

(一)以网格化地理信息系统为基础,加强信息资源体系建设

在"十二五"期间,北京市园林绿化局充分认识到数据信息资源的宝贵价值,把数据资源作为最重要的信息化资产来管理。通过不懈努力,逐步建成了三维实景、统计报表、行政审批、业务管理、遥感影像等多种信息资源数据组成的较完备的政务信息资源体系,并通过数据资源目录管理的方式,对信息资源进行统一的组织、更新和维护。

基础地理数据不断完善和丰富。"十二五"期间,全局积极与市经济和信息化委员会等部门开展基础地理信息数据共享合作,取得了大量的矢量、航拍影像和2.5维地图等基础

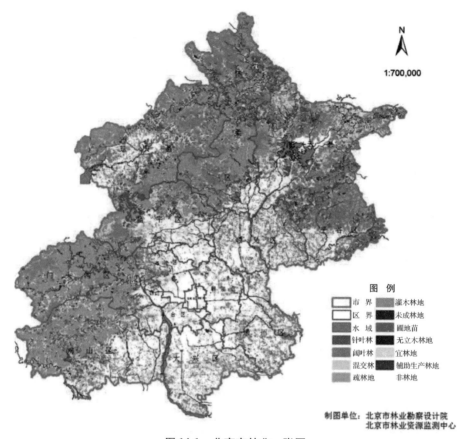

图 14-1　北京市林业一张图

信息数据资源，其中高分辨率的航拍影像每年更新一次，城区分辨率达到 0.2m，郊区分辨率也有 0.6m。同时还建立了卫星遥感数据资源库，积累了 2006 年以来每年两到四期，多年度、多时相、多波段的全市卫星遥感数据，共计 304 个卫片资源，可以很方便地开展森林资源历史情况比对分析，在林地保护、森林资源调查等业务工作中发挥了十分重要的作用。

政务信息资源管理水平逐年提高。"十二五"期间，购置了先进的三维实景影像数据采集设备，把三维实景数据这一类新的数据资源形式作为政务信息资源体系建设的重要内容。新增了公园、林场苗圃、环路绿化及高速公路等道路绿化的三维实景数据。让业务管理人员足不出户就可身临其境，获得比照片更加真实的现场沉浸感。在信息系统的建设过程中，始终重视政务信息资源的建设和积累，陆续建成了公园风景区、城市绿地管理、野生动植物保护、林木病虫害防治、生态工程等 12 类核心业务数据，近 300 个图层；通过行政许可办理系统，规范证照管理，实现木材出京运输证、林木采伐许可证、林木移植许可证等规范管理，共积累 8 万多条许可证数据资源；积累和采集了林业资源、花卉、果树等各类业务 100 多张基础表和分析表。

数据资源更新管理机制取得新突破。"十二五"期间，北京建立了一系列的数据资源管理制度和使用管理办法，规范了数据资源的使用、更新和管理。针对业务单位担心自己的信息资源被滥用和泄密，不愿意共享给外单位使用的担心和顾虑，明确了信息资源的生产单位是数据资源的所有单位。其他单位申请使用数据资源时要填写"数据资源使用申请单"，对于敏感数据还要填写"数据使用保密协议"，将数据资源按照资产的要求进行管理，从制度上保证了数据资源使用的安全和可控。另外，还建立了数据资源质量不断提高、数据资源数量不断丰富的长效机制。通过在信息系统界面上增加"我要纠错"的功能按钮，当用户使用数据发现错误时，可以及时反馈，确保数据资源不断更新和完善。注重运用互联网思维，在北京市园林绿化实景发布平台上，增加了"我要推荐拍摄地点"的互动功能，业务人员如有好的绿化成果的地方可以很方便地推荐，初步形成了具有统一标准、多种手段、科学扩展等特性的数据采集机制。通过多类别、多时空、多尺度的政务信息资源体系建设，为各级领导、业务部门及社会公众提供实时的高效的数据支持与服务(图14-2)。

图 14-2　北京园林绿化实景展示平台

(二)加强技术创新，促进政务信息资源应用

为更好地利用北京市多年积累的海量林业信息资源，顺应新技术、新需求、新发展的需要，我们不断加强技术创新，积极运用新技术新手段，充分挖掘首都园林绿化政务信息资源的应用价值。

积极运用云技术，提供政务信息资源应用保障。"十二五"期间，北京利用30多台高性能大内存的服务器，以及光纤存储、虚拟带库等存储设备，建设了"北京市园林绿化局基础设施云平台"，形成了一个稳定、动态、坚固、安全的虚拟服务器集群，云平台具备高冗余、高弹性和高可靠性的强大能力，可提供几百台服务器的虚拟能力，突破了服务器等硬件设施资源对信息化建设的约束和限制，积极有效地满足了信息化建设对服务器和存储等硬件基础设施的增长需要，全面提升数据的存储能力和数据的计算能力。

通过新技术创新，深化政务信息资源利用。"十二五"期间，全局积极学习研究新技术，并应用到业务发展中。移动互联网的发展是近年信息化发展的突出特点。北京市园林绿化局顺应移动互联网发展趋势，利用移动应用技术开发建设了"移动监管小助手系统"，实现了北京市园林绿化资源空间分布、面积等信息在移动终端上的实时查询与调阅，每位领导只需携带一部PDA，即可随时查阅所需要的各类业务数据（图14-3）。

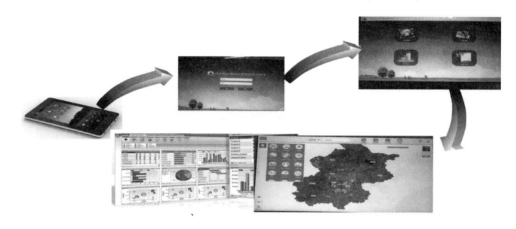

图14-3　北京园林绿化移动监管小助手

在现有的报表系统和短信报送平台的基础上，利用交互式语音应答技术，研制开发了自动语音报送系统，通过用户导向的语音目录，由客户根据电话语音提示输入相应的信息即可完成数据报送，实现了公园风景区、林木病虫害等数据的自动报送和入库统计，它最大的好处是可以实现无人值守的自动催报，信息报送人员也可以在任何地点无需借助电脑实时完成数据报送工作。

利用物联网技术，在北京园博会的北京园内，建设了中国第一片"智慧森林"——中国信息林，完成了信息林基础网络环境的搭建，布设了无线传感器，实时收集林内温湿度、光照、气体浓度、树木生长指标数据，构建起一整套微型气象站，并通过信息管理系统分析树木生长需要的土壤水分、养分、pH值等适宜的环境信息。设置了二维码电子身份证，为每株树木配置二维码标签，同时在后台布设一个Web网站，使管理人员通过扫描二维码，便可记录和查看树木的养护情况，公众也可以通过扫描二维码，实时了解每棵树木的详细信息，给树木留言，参与"互动"，达到了精细化管理的目的。中国信息林的建设，不仅集中展示了中国林业物联网的应用，也将进一步加快推动营造林实现标准化、数字化和网络化，推动管理实现信息化和现代化，为实现林业现代化科学发展提供有益探索和借鉴。

结合林业业务应用，实现政务信息资源共享。全局机关处室、中心站院、直属单位，在日常政务管理、跨部门业务协同、辅助决策支持等众多领域中，基于北京市园林绿化信息化建设整体框架，应用信息资源共享服务体系，快速、经济地搭建北京市国有苗圃管理信息系统、野生动物疫源疫病监控系统、档案管理、统一报表、公园人流量报送等19个业务系统，取得了一系列丰硕的应用成果，充分发挥了信息化辅助决策支撑的作用。

(三) 互联网 + 公众服务，营造良好的生态文化氛围

近年来，北京注重利用首都园林政务网这一公众服务平台，将政务信息资源应用到公众服务领域。应用大数据分析技术，采集了首都园林绿化政务网上千万网站访问数据及站内外搜索关键词，基于这些自动采集的海量数据，进行聚类分析，形成统计分析图表。通过分析，掌握了网民的访问行为，了解了网民的需求及关注热点，依据这些实时数据，不断改进首都园林绿化政务网的服务形式与内容，先后为公众提供了北京绿道、首都全民义务植树、林木绿地认建认养、平原造林专题、北京市公园风景区游览、保护湿地、第三届森林文化节等36个特色专题。通过问卷调查、领导信箱等形式收集市民的反馈信息，为市民参与首都园林绿化建设和管理提供网络媒介。

经过几年的努力，一个智慧的"首都园林绿化政务网"正在形成。同时还利用微博、微信等新媒体，为网民提供园林绿化环境与成果等方面的便捷查询与信息服务，较好满足了公众信息需要。

二、市级示范应用

为进一步将示范带动作用深入基层，2013年和2015年国家林业局相继开展并确定36个全国林业信息化示范市。内蒙古自治区鄂尔多斯市作为首批全国林业信息化示范市，按照"五个统一"的建设原则，努力融合创新，秉承智慧引领，在迎接挑战中前行，在克服困难中成长，林业信息化取得了一系列重大突破，结出了一串串丰硕成果，呈现出全面提升的良好态势，整体水平位列全国先进行列，对提升林业地位和影响力发挥了重要作用，为现代林业建设做出了重要贡献。

(一) 数字林业建设开启了鄂尔多斯林业现代化发展之路

基础数据设施建设不断完善。鄂尔多斯在完成森林草原防火监控系统建设和8.7万km^2全境数字信息采集的基础上，提出了数字林业核心平台建设方案，依托航拍数据制作的数字正射影像图、数字高程模型和具备地形图信息的六层数字高程图电子地图，构成鄂尔多斯数字林业基础地理空间体系，开发建设集林业基础信息管理、林业经营规划、林业防火监测及动态管理、森林资源管理、有害生物监测控制为一体的鄂尔多斯林业数字平台。目前，已整合改造地理空间数据库、林业系统内网和林业重点数据库，开发并投入使用森林资源监控与管理、造林作业设计与管理、采伐作业设计与管理系统、征占用林地作

业设计与管理系统、林权信息管理系统等 14 个应用系统，大大提高了工作效率。

硬件网络建设不断健全。建立了连通各县旗区林业主管部门和市局的鄂尔多斯市林业电子政务内网，架起了一条上传和下达的信息通道；建设了标准化传输机房，把政务网和互联网信号送到每个干部职工桌面上，实现了统一管理。后续建设的防火远程监控专线电路也统一规划整合到政务内网中，实现一体化管理，节省管理和运营成本。

数字林业核心平台建设更加完整。实施鄂尔多斯市林业局数字林业建设总体规划第一期工程，完成内网云计算基础平台、业务管理系统、资源监控与管理、资源信息发布等 14 个业务管理系统和林业基础数据库 1 个总库。实现了林业系统内各专业管理系统集成和数据集成。同时提供统一的查询分析统计功能，实现局内各种业务系统之间的数据共享，最大程度地利用现有与新生数据，有效地实行组织与管理（图 14-4）。

图 14-4　鄂尔多斯市征占用林地信息系统

（二）智慧林业建设助推林业新发展模式

鄂尔多斯市在 2013 年 8 月建设了大数据中心，旨在整合全市信息资源，统一规划建设鄂尔多斯智慧城市。按照《中国智慧林业发展指导意见》要求，以鄂尔多斯智慧城市建设为契机，积极开展智慧林业建设，通过利用云计算、物联网等新一代信息技术，通过感知化、物联化、智能化的手段，形成林业立体感知、管理协同高效、生态价值凸显、服务内外一体的林业发展新模式。将数字林业系统进行智能整合，主要整合远程监控、政务管理数据、公文交换、办公自动化系统，鄂尔多斯市的林业信息化建设发展进入了智慧发展新模式。

立体感知全面覆盖。通过智慧林业立体感知体系的建设，实现空中、地上、地下感知系统全覆盖，可以随时随地感知各种林业资源。实现林业信息实时采集、快速传输、海量存储、智能分析、共建共享。利用传感设备和智能终端，使林业系统中的森林、湿地、沙地、野生动植物等林业资源可以相互感知，能随时获取需要的数据和信息，改变以往"人为主体、林业资源为客体"的局面，实现林业客体主体化。

林业政务智慧化管理。依托鄂尔多斯市政务网资源打造市、县旗区一体化的林业政务体系，实现林业政务系统一体化、协同化，即上下左右信息充分共享、业务全面协同，并与其他相关行业政务系统链接。互联互通是智慧林业的基本要求，建立横向贯通、纵向顺畅，遍布各个末梢的网络系统，实现信息传输快捷，交互共享便捷安全，为发挥智慧林业的功能提供高效网络通道。通过智慧林业的工程管理和规划体系建设，实现林业重点工程等营造林的规划、计划、作业设计、进度控制、检查验收和统计等工作实现一体化管理。

信息资源高效融合。通过智慧林业管理服务体系的一体化、主动化建设，使林农、林沙企业等可以便捷地获取各项信息服务，达到时间更短、质量更高。要实现信息系统的高效整合，将林业信息化与生态化、产业化、城镇化融为一体，使智慧林业成为一个更多的功能性生态圈。

生态价值体系深入推进。通过智慧林业生态价值体系的建立及生态成果的推广应用，使生态文明的理念深入社会各领域、各阶层，使生态文明成为社会发展的基本理念。生态化是智慧林业的本质性特征，就是利用先进的理念和技术，进一步丰富林业自然资源、开发完善林业生态系统、科学构建林业生态文明，并融入到整个社会发展的生态文明体系之中，保持林业生态系统持续发展强大。

（三）大数据引领林业改革创新之路

鄂尔多斯实施林业信息化建设"存起来、动起来、用起来"战略，全面进入大数据分析、管理阶段。所谓"存起来"就是将林业建设取得的各种林地信息、森林资源、生物多样性、灾害信息、历年重点工程、林权档案等数据有效统一存储管理起来。所谓"动起来"就是，将存起来的数据进行实时更新、整理优化和分类归档。所谓"用起来"就是把林业各类数据真正落实到林业生态建设、决策和生态文明建设进程中，真正实现林业的改革与创新。鄂尔多斯市"十三五"重点开展林业大数据建设，着手做好以下几点。

做好顶层设计。分析大数据林业内涵与重要意义，确立大数据林业总体发展思路，明确大数据林业的主要任务与重点工程，制定大数据林业推进策略，包括大数据林业推进路线图、保障措施。

整合数据资源库。林业大数据首先要建立完整的数据库整合和林业政策法规库、历年统计数据库、林业年鉴库、林业发展报告库、自然资源和地理空间库、林业档案库等多个专题数据库，内容丰富，查询便捷，是信息化服务林业的重要成果(图14-5)。

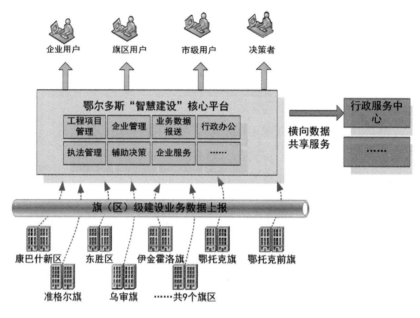

图14-5 鄂尔多斯数据整合框架图

建立数据计算模型。林业资源大数据分析的理论核心就是数据挖掘算法，各种林业资源数据挖掘的算法基于不同的物种数据类型和格式，才能更加科学地呈现出数据本身具备的特点，也正是因为林业资源变更数据被全世界统计学家所公认的各种统计方法才能深入数据内部，才能体现大数据分析的便利。

建立数据化评价体系。在生态林业资源动态变化中，数字化和数据化大相径庭。"数字化"指的是将生态林业资源变动中产生的信息、森林演替所产生的资源或环境变化的轨迹转换成电子数据存入数据库的过程；而"数据化"则是指在数字化的基础上，利用数据来对森林变更进行描述，使之能同时被人和计算机所理解的结果。生态林业资源信息大量数据来自于不同来源、数量庞大的结构化与非结构化数据群，大部分都不能直接用于预测和分析。而通过对数据有效的组织，能将大量来自不同源的异构数据量化组合，形成森林资源据化、森林类别数据化、生态资源使用量的数据化、森林属性数据化等在信息化服务中管理者比较关心的数据化形式。数据化是将数据从无序到有序的加工阶段，数据化的最终成果是将森林数据对象属性量化，构建数据挖掘和服务的基本对象，简化数据分析和利用过程。

三、县级示范应用

全国林业信息化示范县于2013年和2015年分两批确定了65个示范单位。湖北省老河口市林业局是第二批全国林业信息化示范县建设单位，"十二五"期间，老河口市始终把林业信息化建设作为实现林业治理能力和治理体系现代化的重要抓手，立足基层林业工作，加快信息资源整合，全力推进"林业一张图"建设，实现业务互联互通和信息资源共享交换，形成涵盖全业务、一体化、智能化的林业资源监测体系，极大地提升了林业资源监管水平（图14-6）。

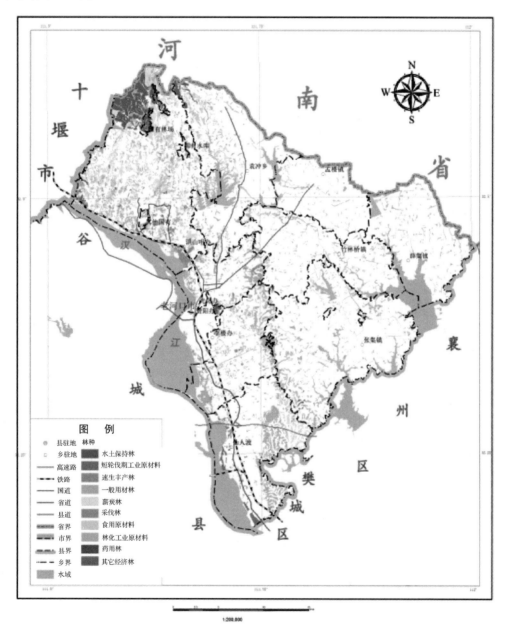

图14-6 湖北省老河口市林业一张图

(一)紧跟发展步伐，确立发展思路

1. 把握信息化发展趋势，明确示范建设方向。随着云计算、物联网、移动互联网、大数据等新一代信息技术的快速发展及广泛应用，湖北林业按照智慧林业建设要求，遵循"五个统一"的建设原则，开展了林业大数据支撑平台、林业资源数据管理平台、林业GIS公共服务三大平台试点建设，坚持"平台上移、应用下移"的发展思路，率先在老河口市试点应用，启动了"森林资源管理系统基础平台"项目，在统一的市级（襄阳）大数据平台上，以林业资源监管业务应用为重点，开展了林业资源基础数据融合工作，建立资源动态监测体系，在林业资源整合、业务模式创新、综合服务体系构建等方面取得了较大突破，为湖北智慧林业建设树立典型。

2. 结合现状需求，确立建设思路。老河口市以全国林业信息化建设示范县和智慧城市试点市为契机，以云计算、物联网、移动互联网、大数据等新一代信息技术为支撑，以林业资源动态监测为目标，林业资源数据整合为突破口，按照林业智慧建设总体架构，着力打造老河口市林业资源智慧监测体系，实现对"三个系统一个多样性"林业资源数量和质量及其动态变化进行有效监管，为强化林业资源管理，守住"生态红线"，全面掌握全市林业发展趋势，正确制定和调整林业方针政策，科学编制林业发展规划与国民经济和社会发展规划等提供依据。

3. 加快建设步伐，服务林业发展。以老河口市林业资源基础数据为本底，整合造林管理、公益林区划界定、森林采伐管理、森林灾害防治、林地保护管理、林业重点工程管理、湿地公园、沙化治理管理、古树名木管理等业务数据，开展林业资源大数据分析，形成"林业一张图"。依托互联网，为社会公众提供及时便捷的信息查询和互动交流服务。强化标准体系建设和应用推广，以统一的标准规范数据采集、融合、管理、更新和应用。建设林业立体感知、管理协同高效、服务内外一体化的林业资源智慧监测体系，服务林业发展。

(二)突出创新实践，注重建设成效

1. 整合资源数据，奠定林业大数据基础。整合以"三个系统一个多样性"为核心的林业资源数据，打破行业内部数据壁垒，以大数据技术、GIS技术等现代信息技术为支撑，统一标准规范，对林业资源数据进行整合，建设林业基础数据库，实现"一张图、一套数"（图14-7）。

完善公共基础数据库。通过与省林业厅、市测绘局、国土局、规划局等相关部门的沟通协调，收集整理行政区划、基础地形、卫星影像、道路交通、河流水系和数字高程模型（DEM）等各类公共基础数据，建立了完善的公共基础数据库。

融合森林资源核心数据。基于二类清查、林地更新、公益林等核心资源数据存在差异

示范应用
第十四章 在示范建设中的应用

图 14-7　湖北省老河口市林业 GIS 公共服务平台

的现象，老河口市对林地更新、公益林、二类清查等 5 类数据进行融合处理，通过数据清洗、差异核查、整理入库，规范了森林资源数据管理，统一了业务口径，避免了"数据烟囱"。

建设林业资源"一张图"。通过统一数据基础和标准，在融合森林资源核心数据的基础上，将老河口市所有的森林、湿地、石漠化、沙化资源按照统一标准全部落实到山头地块，共区划小班 35000 多个，实现"三个系统一个多样性"数据的叠加整合，建成了老河口市林业资源"一张图"。

2. 建设开放平台，推进信息资源共享。整合各类林业业务应用系统，推进跨部门业务协同，数据资源共享，林业 GIS 服务公用，强化林业资源数据的采集、更新、共享，提升林业大数据支撑和服务能力。

强化标准体系建设和应用。以国家、省标准体系为基础，结合自身业务需求，完善数据的采集、融合、更新、应用规程，细化业务应用流程，规范系统开发标准，保证业务系统的互联互通、数据的共享共用。

完善和健全林业大数据支撑平台。该平台集林业基础数据、公共数据、政务数据、业务管理系统数据（监测台站数据）、非结构化数据（视频数据、图片数据）为一体，依托全省统一的 8 个基础库、12 个共享库、21 个专题库，实现林业数据大集中，实现了数据的统一维护、统一处理和统一分析，并根据资源数据特点分别采用自动、定时、手动等方式实现资源动态更新，促进资源共享和交换，实现资源监测精确化、业务管理规范化、信息服务网络化。

全面构建林业数据资源管理平台。老河口市目前依托省厅及市局资源，采用数据仓库技术，实现"三个系统、一个多样性"等林业基础数据的入库、更新和管理，进行大数据分析，构建林业资源数据专题域，针对不同的业务需要提供数据的整理、处理、融合服务，实现数据挖掘、统计分析和辅助决策。

建设林业地理信息公共服务平台。依托省级林业地理信息公共服务平台，对老河口市森林、湿地、沙地、生物多样性数据进行矢量化，采用瓦片技术、SOA地图服务技术、高效存储管理技术和BS+CS架构，在为各类业务系统提供定位浏览、任意查询、实时更新等数据服务的同时，可实现数据图层叠加、抽取、调用和二三维展示，建成老河口市林业地理信息公共服务平台，为老河口市各类林业业务系统提供公共服务。

3. 完善业务系统，打造智慧监测体系。老河口市以林业资源"一张图"为基础，依托林业大数据支撑平台、林业资源管理平台、林业GIS公共服务平台，以数据的采集加工、管理、更新、应用为主线，以大数据、GIS技术和物联网等信息技术为支撑，加强核心业务系统的开发，不断完善林业感知体系，打造林业资源智慧化监测体系，实现对林业资源的有效监管。

不断完善智慧林业感知体系。按照全省"四网一平台"（即天网、地网、林网、人网和大数据平台）建设的总体思路，不断完善全市林业感知体系。建设了全市护林员巡护系统，为护林员配备北斗巡护终端，实现对全市森林资源的实时管护和森林灾害情况的及时反馈。启动了无人机巡护系统建设，实现无人机对全市森林资源、湿地、荒漠化巡护。建设了8个点的森林防火固定视频监控网络。正在建设3个集红外探测、温湿度监控、负氧离子监测、水质检测、气象监测、震动监测为一体的监测台站。建成了移动资源调查系统，用于二类清查、征占林地调查、采伐设计调查、湿地资源普查、荒漠化和野生动植物普查等外业调查。

建设智慧林业监测系统。以天网、地网、林网、人网的各类林业资源集中管理为目的，构建立体化的林业感知体系，通过与省级平台有效对接，建设老河口市智慧林业监管系统，实现对林业资源监管前端设备的共享，形成森林监管的智慧感知。目前，老河口市已实现森林防火智慧化管理，建设了森林防火预警系统和全市林业应急通讯指挥系统，主要包括火灾自动定位、烟火识别、预测预警、林火蔓延分析、火场态势标绘、火灾评估、三维展示等功能，能够进行扑火资源调派分析、最佳扑火路线选择及导航、飞行辅助决策、制定作战方案等，实现了森林灾害防护实时的应急指挥和智能调度。

完善生态林业管理体系。建设林业作业普查系统，实现征占用林地、采伐作业设计、森林资源资产调查评估设计等功能，利用人机交互方式进行快速作业设计，自动输出设计成果，提高了工作效率。利用普查数据实时更新数据源，实现对核心资源数据的实时更新，为林业大数据分析提供准确的依据。建设图文一体的林权管理系统，提供林权信息维护、更新、管理等功能，与省厅林权发证系统无缝对接，新增抵押登记、权证状态管理等功能，建立人、权、地、证一致的林权业务管理模式。建设公益林管理系统，提供公益林信息管理、补偿发放、年度检查等功能，实现了公益林的科学管护。建设营造林管理系统，提供项目管理、项目验收和档案管理等功能，实现了林业工程项目的智能管理(图14-8)。

图14-8　老河口生态林业管理体系

(三) 不断深化应用，助推能力提升

老河口市作为全国林业信息化建设示范县，积极开展业务应用试点，顺利完成了资源数据整合、数据开放平台建设，该系统平台提供40多项数据服务，100多个服务接口，13类林业业务应用，完成年度森林资源更新、林地更新任务，实现了公益林、营造林、林业产业、林权管理、作业设计等业务智能化、协同化办理，发挥大数据平台优势，打造了林业资源智慧监测体系。

四、示范基地应用

随着示范省、示范市建设成果的不断深入和扩大，2015年国家林业局开展了首批全国林业信息化示范基地建设，确定的25个示范基地充分利用新一代信息技术不断创新环境和条件，推出优秀的示范成果。四川省卧龙自然保护区是示范基地之一，卧龙以"立足实际，统一规划，紧密融合，资源共享，稳定安全"为指导，以实现卧龙智慧化管理为目标，先后投资8000多万元，运用物联网、云计算、大数据等新一代先进的信息化技术，建成了信息技术全面融合的"智慧卧龙"统一平台，基本实现了卧龙大熊猫保护、科研、社区发展的信息化、智慧化管理，成为全国首批林业信息化示范基地。

（一）统一平台筑基础，集中数据促应用

合抱之木，生于毫末；九层之台，起于垒土。卧龙把建设"高效、稳定、灵活、安全"的统一数据平台，作为实现大熊猫科研保护信息化的重要前提和基础。2012年，在管理面广、机构分散、共享程度低、基础设施薄弱的现实情况下，卧龙以打牢基础促应用为指导，建成了"一张网"+"两中心"+"大系统"的数据中心和网络基础硬件平台，为卧龙各管理机构及保护站点的互联互通，业务数据的落地生根、交互使用奠定了硬件基础，也为各项业务系统的全面融合、信息资源共享应用提供了强有力的保障。

1. 天地物联"一张网"。 采用光纤传输和微波传输相结合的"天地一体"物联网技术，搭建统一网络基础平台，将分布在保护区超过300km地域内的各办公机构和保护站点"一网打尽"，打破了信息交互传输的壁垒。结合GIS、卫星定位、无线传输等技术，采集、整理、挖掘、分析卧龙以大熊猫为主的保护及科研数据，支撑卧龙日常保护及科学研究工作的高效、顺利开展（图14-9）。

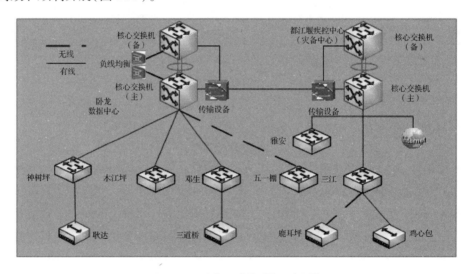

图14-9　卧龙天地物联"一张网"

2. 应用灾备"两中心"。 即卧龙数据中心和异地备灾中心。为了实现业务系统的高效应用，通过采用虚拟化、云计算的服务器部署方案和基于SAN的备份技术，建设了集中统一的机房，形成了"一体化、网络化、服务化、智能化、高可信"的卧龙数据中心。数据中心通过自动化管理、虚拟化资源整合、新能源管理技术，向公众提供更为便捷的用户接口，实现IT资源自动化部署，具备足够的可扩展计算容量和能力。同时，为了确保数据

中心的安全，"智慧卧龙"在都江堰建设了异地灾备中心，实现了数据全新应用及实时备份服务，在自然灾害影响到数据中心的数据安全时，灾备中心可安全保管数据，为业务数据的安全性提供了保障。

3. 系统整合"大统一"。利用网络及应用服务平台的开放性和可扩展性，集中整合保护区各行业的信息化系统，最大化地发挥信息化基础设施的作用，避免了重复建设和资源浪费。目前，平台集成了野外数据采集与巡护、大熊猫饲养管理、林火监测、山洪预警系统、大熊猫基础地理信息系统和环境监测系统，使各系统在前端设备数据采集、主干光缆数据传输、磁盘阵列数据存储、云平台交换以及监控大厅大屏展示等方面实现了资源共享。同时，系统采用云计算架构，搭建起了保护区的信息化资源服务云平台，使系统具备了规模部署软硬件系统、资源自动分配管理等功能。

（二）深广结合突重点，智慧管理促发展

卧龙智慧管理以深化大熊猫保护中心工作为重点，在栖息地保护、行为监测、野化培训、大熊猫科研和社区经济的协调发展方面广泛部署信息化应用，充分利用SOA系统架构与云计算的先进理念，综合采用J2EE体系，B/S模式，应用高效灵活的目录服务管理体系等信息技术，建成了集政务管理、监测保护、科研教育、公众服务、数据集成、安全保障等为一体的智慧化"大熊猫科研与保护平台"。平台包括大熊猫繁殖信息管理系统、大熊猫行为分析系统、大熊猫定位跟踪系统、基础地理信息系统、网络视频监控系统、可视化展现系统等多个相互关联、相互支撑的业务系统。随着这些信息化系统的投入使用和不断发展，卧龙的六大智慧管理初具雏形，原有的管理保护模式将逐渐隐退。

1. 野外巡护"联得通，呼得应"。根据野外巡护和监测工作的需求，卧龙定制建成了野外数据采集与巡护信息系统，结合无线语音对讲系统，使卧龙野外巡护工作实现了信息化时代的完美革新。巡护人员和科研人员携带PDA和对讲机，按照系统设定巡护线路进行巡护，并对巡护对象进行定点、定位，采集图像、视频、文字等信息，在网络覆盖范围内，实现数据的实时传递并自动导入后台数据库系统，实现了巡护路径和巡护信息的获取与保存，以及数据的无缝集成和可视化展现。同时，通过VOIP与公网PSTN互通技术的应用，在没有通信运营商覆盖的野外，巡护人员和科研人员可通过建设在野外的语音基站与网络内的任一用户以及指挥大厅进行通信，全面保证了野外巡护"联得通、呼得应"。

2. 繁殖信息可分析，能展示。大熊猫繁殖信息管理系统统一记录和存储了大熊猫的个体信息，借助视频监控系统，记录大熊猫各个周期行为，并根据记录的信息及数据，结合历史经验及其他研究资料，进行大熊猫繁殖各阶段和行为的分析与判断。系统支持对的统计分析，并以Web页面的形式进行展示，解决了数据记录、海量资料存储的问题，提供了以分项和累计数据进行统计分析的功能，极大提高了大熊猫科学研究工作的效率。

3. 行为数据全记录，重应用。通过大熊猫分布记录管理、大熊猫饲养记录管理、大

熊猫繁殖记录管理、大熊猫野外培训和放归记录管理5个子系统的数据采集，最终形成大熊猫基础行为记录数据库，并在此数据库上进行统计分析，结合卧龙多年来整理和积累的大熊猫行为基础信息，得出宝贵的大熊猫科学数据。

4. 定位跟踪助野化，全掌控。开展人工复壮大熊猫野生种群以来，卧龙圈养大熊猫野化培训取得了举世瞩目的成就，受到全球关注。建立大熊猫定位跟踪系统，率先和独家将信息化技术应用到野化大熊猫个体生态习性的研究中，改变了传统的野外无线电跟踪监测大熊猫的科研方式。卧龙采用"GPS+北斗"实时三维导航与定位技术，通过ISM频段无线传输，利用数字电台宽广的通讯范围和强大的单工收发数据功能，每天4次将大熊猫的活动点位发送到信息处理系统中，结合种群管理、栖息地管理、项圈管理及定位等功能，以及大熊猫分布、取食、繁殖、驯化记录管理系统，出具相应的统计报表，使科研人员足不出户就能开展野化培训大熊猫个体研究，创新了工作方法，提高了工作效率。

5. 视频监控全方位，实时采。野外监控探头主要承担森林防火、野生动物监测、栖息地保护管理监测等任务。监控信息管理系统由分布在野外的50个监控探头及相应的软件体系构成，采用NVR统一接入和存储视频资源，满足不同需求和类型的视频接入。监控信息管理系统集信息采集、信息存储、业务管理、数据共享和信息服务为一体，实现了实时共享监控信息资源、监测数据采集、统计、分析、查询和报告等功能，并能够对采集到的有价值的视频资源进行提取和管理。卧龙已利用监控信息管理系统，监测到水鹿、扭角羚、苏门羚等大熊猫伴生动物百余次，为大熊猫栖息地的监测和保护提供了基础数据。

6. 可视展现一张图，更直观。卧龙的可视化展现系统是一套基于基础地理信息、大熊猫野外定位跟踪信息、网络视频信息、野外巡护信息等基础信息，集二维、三维于一体的多角度多元化的大熊猫科研与保护展示平台。通过数据资源的提取和转化，使工作人员能以最快最直观的方式熟悉业务管理、提高决策分析水平，为保护区的建设和发展服务。

（三）互联网+创品牌，熊猫频道"网"全球

1. 大熊猫是卧龙的品牌，也是国家的名片。在全球信息化的大背景下，用信息技术带动产业发展，是运维智慧卧龙系统的主旨。借助全球最为丰富的大熊猫资源，世界瞩目的大熊猫野放基地，以及专业的大熊猫专家和管理团队，2014年初，基于智慧卧龙系统平台成熟的网络布局，卧龙与央视网合作，联手打造内容更丰富的"熊猫频道"（图14-10），为宣传卧龙和聚焦大熊猫品牌构建了最佳的互联网传播平台，为卧龙以大熊猫保护为主的各项社会事业与互联网深度融合缔造了纽带。

2. 世界看熊猫。将圈养大熊猫和偏远的野外大熊猫栖息地进行实况直播，是卧龙顺应信息化发展趋势，也是践行"互联网+"行动的具体体现。卧龙不仅把几十年来大熊猫科学研究的成果，还率先把大熊猫栖息地野外点位及伴生动物活动状况，通过24小时多路高清直播的方式，呈献给全球网民，并策划了张想放归、茜茜产仔等重大专题，通过直播

图 14-10　熊猫频道

和后续报道，产生了互联网传播卧龙大熊猫信息的轰动效应。"熊猫频道"开通以来，221个国家和地区上亿人观看了"熊猫频道"，在近亿人次的访问量中，超过 80% 的网友对卧龙给予了高度评价，同时，借助"熊猫频道"网络平台，卧龙也吸引了 CNN、BBC、路透社、美联社等国际主流媒体的广泛关注。

3. 产品销全球。为进一步贯彻落实"互联网+"行动计划，卧龙与央视网"熊猫频道"共同建设"熊猫商城"，将卧龙大熊猫栖息地的生态产品，包括农产品、手工制品等通过互联网向全球进行销售，进一步推动移动互联网、云计算、大数据、物联网等新技术与卧龙大熊猫保护事业的融合应用，促进卧龙电子商务建设与发展，实现信息产业与保护区发展的生态融合。

4. 智慧生态游。以保护区生态旅游转型和突破发展为契机，整合资源，利用云计算、物联网、移动通信等多种先进技术，着力建设和发展卧龙智慧生态旅游，构建智慧生态旅游体系，探索智慧生态旅游模式，拓展旅游生态链，带动区域经济发展，创建优质的生态旅游环境和提升服务品质，不断促进卧龙生态、社会、经济的可持续、跨越式发展。

第十五章
推动林业信息化发展展望

近年来，随着互联网的快速普及应用，互联网跨界融合创新模式进入林业领域，利用移动互联网、物联网、大数据、云计算等技术推动信息化与林业深度融合，开启了智慧林业大门，我国林业信息化建设逐步走上了快速发展的轨道，依托中国林业一张图的智慧林业建设将进入加速发展期。

一、林业一张图支撑智慧林业建设

智慧林业是指充分利用云计算、物联网、大数据、移动互联网等新一代信息技术，通过感知化、物联化、智能化的手段，形成林业立体感知、管理协同高效、生态价值凸显、服务内外一体的林业发展新模式。主要特征有以下几个方面。

林业信息资源数字化。实现林业信息实时采集、快速传输、海量存储、智能分析、共建共享。

林业资源相互感知化。利用传感设备和智能终端，使林业系统中的森林、湿地、沙地、野生动植物等林业资源可以相互感知，能随时获取需要的数据和信息，改变以往"人为主体、林业资源为客体"的局面，实现林业客体主体化。

林业信息传输互联化。互联互通是智慧林业的基本要求，建立横向贯通、纵向顺畅，遍布各个末梢的网络系统，实现信息传输快捷，交互共享便捷安全，为发挥智慧林业的功能提供高效的网络通道。

林业系统管控智能化。智能化是信息社会的基本特征，也是智慧林业运营基本要求，利用物联网、云计算、大数据等方面的技术，实现快捷、精准的信息采集、计算、处理等；应用系统管控方面，利用各种传感设备、智能终端、自动化装备等实现管理服务的智能化。

林业体系运转一体化。一体化是智慧林业建设发展中最重要的体现,要实现信息系统的整合,将林业信息化与生态化、产业化、城镇化融为一体,使智慧林业成为一个更多的功能性生态圈。

林业管理服务协同化。信息共享、业务协同是林业智慧化发展的重要特征,就是要使林业规划、管理、服务等各功能单位之间,在林权管理、林业灾害监管、林业产业振兴、移动办公和林业工程监督等林业政务工作的各环节实现业务协同,以及政府、企业、居民等各主体之间更加协同,在协同中实现现代林业的和谐发展。

林业创新发展生态化。生态化是智慧林业的本质性特征,就是利用先进的理念和技术,进一步丰富林业自然资源、开发完善林业生态系统、科学构建林业生态文明,并融入整个社会发展的生态文明体系之中,保持林业生态系统持续发展强大。

林业综合效益最优化。通过智慧林业建设,就是形成生态优先、产业绿色、文明显著的智慧林业体系,进一步做到投入更低、效益更好,展示综合效益最优化的特征。

林业一张图利用遥感影像反映的林地、湿地、沙地、自然保护区等信息,辅以现地核实,精准划定地块位置,逐块落实地块边界,标注了每块地的属性,使每块地都有了"身份证",在进行分层分类管理之后,最终形成包含遥感影像、地理信息、林地图斑与属性信息的全国林业"一张图",建成林业资源数据管理系统平台,集中展现全国林地、湿地、沙地、自然保护区分布和属性,产出了以"一张图"为基础的林业专题图产品库,系统展现了我国林业资源区域格局,多角度反映全国各类林地、湿地、沙地、自然保护区、天然林和人工林、公益林和商品林、五大林种和不同权属林地及森林的分布,为智慧林业的建设发展奠定坚实的基础。

随着物联网、云时代的到来,互联网时代开启,不断刷新人类对新兴科技、信息技术发展的定义。在这个"智慧的时代"里,人与花草树木不再是简单的"依赖"与"被依赖",也不再是简单的"改造"与"被改造",而是一种"对话协商",人与林业的关系,也因为信息技术的应用而变得和谐。

二、林业一张图推进数据开放共享

数据开放已成为全球趋势,引起了各国的广泛重视,基于互联网为社会公众提供数据服务,成为很多国家实施数据开放的重要手段。公共信息资源开放共享网站(以下简称"数据网站")是开放机构将公共信息资源(以下简称"数据")向社会进行开放的重要渠道和载体,数据网站对其按照不同属性进行展示,方便社会公众对数据进行利用,发挥数据潜在的经济与社会价值,推动形成"大众创业、万众创新"的良好局面。

数据网站不同于政府信息发布网站,它是政府主导的社会公益性大型网站,代表着公共信息资源以高效、透明的方式面向社会公众全面开放。在互联网上建设数据网站,应本着"以用户为中心"的原则,通过互联网形成无边界、时刻互联、实时互动的数据网络,为开放机构和社会公众提供一个方便、快捷、安全的数据开放、存储和获取的渠道,全面推进公共信息资源的开放和再利用进程。

从全球范围来看,各国的数据开放工作均由政府主导,并建立具有独立域名的数据网站,作为本国数据开放共享的核心渠道,以保证数据开放的权威性和严肃性。我国数据网站也应使用Data.gov.cn作为顶级域名,作为我国数据开放独立的网站,此网站有别于政府门户网站,它不是为各政务部门提供服务,也不是政府信息公开的网站,而是基于互联网面向各级数据开放机构和使用机构、个人提供服务,是具有全社会参与性质的、功能专一的数据网站。

我国地域广阔,开放机构众多,公共信息资源体量庞大,应在国家和省分别建立数据网站,采取分级负责的方式,降低组织、管理和运维的复杂度,提高工作效率,加快公共信息资源开放共享的推进。具体来讲,我国数据网站体系由一个国家级网站和31个省级网站共同构成,国家级网站为国家各部委等本级开放机构和使用机构提供数据开放共享服务;各省级网站为本省及下属市、县提供服务;各省级网站与国家网站互联互通,实现全网搜索,属地下载。各级开放机构利用数据网站建立自身的虚拟网站,通过互联网自行将需开放的数据发布至虚拟网站,并对其进行管理和维护。

数据网站由"前端"和"后端"两部分构成。"前端"由面向社会公众的数据网站首页和面向开放机构的虚拟网站组成,"后端"是服务商进行网站管理和服务的界面。网站"前端"面向社会公众提供数据获取服务,网站按照不同分类对数据进行展示,并提供全属性模糊检索。实现社会公众对开放数据的检索、查询和获取,同时还为其提供行业内新闻信息服务、数据统计服务、常用工具服务和互动交流服务,满足社会公众的个性需求。网站"前端"面向开放机构提供独立的数据开放虚拟网站,使其能够自主掌控数据,机构虚拟网站包括数据展示、数据上传、数据下载、数据检索、数据统计和回复反馈等功能,为开放机构提供方便、快捷的数据开放界面。网站"后端"是服务商进行网站管理和服务界面。服务商可对用户进行管理、对数据进行审核、对开放指标进行统计分析,可对网站运行情况进行实时监控。

我国将利用1~2年时间建成全国数据网站体系,为开放机构提供一个便捷、稳定、安全的开放渠道,为社会公众提供方便、快速的获取渠道。利用3~5年时间建设完善国家公共信息资源体系,相关管理制度和发展机制逐步健全,数据开放工作有序进行,服务能力和服务水平明显提升,全社会范围的信息共享基本实现,信息应用创新快速发展,推动信息经济持续增长。

绘制全国林业"一张图",是林业有史以来可及时动态监测、及时决策的最全面、最细致、最先进的一张图,是高分辨率的遥感影像。"一张图"总揽了我国林业资源区域格局,可以从国家—省—市—县到地块不同范围直观查看全国林地、湿地、沙地、自然保护区；也可以查看公益林和商品林的分布，防护林、特用林、用材林等五大林种的分布；还可以查看不同权属的林地和森林分布。将大大促进林业数据开放的进程。

三、林业一张图演进路线

针对目前形势和现状，推进中国林业一张图战略的实施，要坚持"积极、稳步、有序"的总方针。

加快工程全面推进。中国林业一张图以辽宁为试点，取得明显成效。中国林业一张图的建设将以点带面全面推进，辐射面积、建设成果将扩大到更多的省，随着中国林业一张图的逐步推进，林地、湿地、沙地和生物多样性数据将会覆盖全国，真正落实到山头地块。

重视省、市、县的公众推介。民众了解、熟悉林业一张图带来的普惠利益，加大在全国的推介力度，特别要突出如何能够使民众受益，同时邀请地方民众积极献言献策，增进与民间交流。

选择恰当的模式，扩大典型示范。对于一些先行先试的地区和单位，综合考虑其所在地区的禀赋条件、发展环境，因地制宜，做好示范工作，为保证有代表性，示范地区不能太少，示范等级可分为省级、市级和县级等。

加强云计算物联网大数据等信息技术的普及。信息技术是林业资源监管的核心，充分利用云计算、物联网、移动互联网、大数据、智慧地球等核心技术，做到全国、省、市、县等级别的普及和应用。

将林业决策置于可视化现实场景。可及时、迅速、直观地了解和掌握林地和森林状况，总揽我国林地资源区域格局，直观查看全国有林地分布，每块林地的现状包括空间位置、地类、面积、蓄积、林种、树种等属性信息，将林业决策置于可视化现实场景。

"三个系统一个多样性"全面推进。叠加林地、湿地、沙地以及生物多样性等专项调查监测信息，搭建满足国家宏观决策、林业管理和生产经营等多种信息需求的林业一体化监管体系，加强林业资源保护管理，推动现代林业"三个系统一个多样性"建设，提高林业应对气候变化能力，促进经济社会可持续发展。

附 录

林业数据库设计总体规范[①]

(LY/T 2169-2013,国家林业局 2013 年 10 月 17 日发布,2014 年 1 月 1 日实施)

1 范围

本标准规定了关系数据库和对象关系数据库的林业数据库设计的总体要求、数据库设计内容和要求、数据库设计说明书提交。

本标准适用于非涉密林业数据库的设计。

2 术语和定义

GB/T 5271.1-2000、GB/T 5271.4-2000、GB/T 5271.6-2000、GB/T 5271.17-2010 中确立的术语和定义,以及下列术语、定义和缩略语适用于本标准。

2.1 局部概念模型 local conceptual model

用概念方法或 UML 描述的面向部分应用的局部数据的内容和相互关系。

2.2 全局概念模型 global conceptual model

用概念方法或 UML 描述的面向全部应用的全局数据的内容和相互关系,是局部概念模型的综合。

2.3 逻辑数据库模型 logical database model

由概念模型变换而成的,独立于任何物理存储结构的关于数据的数据类型,以及它们之间的结构构成关系的形式。描述关系数据库系统中的逻辑数据模型简称为关系模型(E-R),借鉴面向对象的设计方法而建立的逻辑数据模型称为面向对象模型(UML)。

2.4 对象标识 object identifier

每一个对象都有它唯一的标识,称为对象标识(OID),它具有系统全局唯一性。

2.5 对象类 object class

所有具有相同属性和方法集的对象构成一个对象类(简称类),任何对象都是某一对象类的一个实例(instance)。

[①] 本标准按照 GB/T 1.1-2009 给出的规则起草。本标准由全国林业信息数据标准化技术委员会(SAC/TC 386)提出并归口。本标准起草单位:国家林业局调查规划设计院。本标准主要起草人:彭松波、徐泽鸿、李应国、白降丽。

2.6 林业数据库 forestry database

根据林业生产、经营和管理特点所建立的数据库。根据《全国林业信息化建设纲要》的要求，林业数据库分为公共基础数据库[基础地理信息(非涉密)、遥感影像数据库(非涉密)等]、林业基础数据库(森林、湿地、沙地和生物多样性等资源数据库)、林业专题数据库(森林培育、生态工程、防灾减灾、林业产业、国有林场、林木种苗、竹藤花卉、森林公园、政策法规、林业执法、科技、人事、教育、党务管理、国际交流等数据库)、林业综合数据库(根据综合管理、决策的需要由基础、专题数据综合分析所形成的数据库)、林业信息产品库(为各类应用服务生成的信息产品)等。

2.7 地理空间基础数据表 geography and space based table

用来表示空间实体的位置、形状、大小及其分布特征等方面信息的数据表。

2.8 基础数据表 based table

记录林业生产、经营和管理等过程和结果的数据表，如：森林资源连续清查调查数据表。

2.9 汇总统计数据表 tabulate statistics table

基于基础数据表进行汇总或统计形成的数据表。如：森林资源统计数据表等。

2.10 代码数据表 code table

描述基础数据表和汇总统计数据表中所涉及的代码的数据表。如：行政区划代码、林种代码、树种代码等数据表。

2.11 系统信息表 system information table

存储与系统操作、业务控制有关参数的数据表。如：用户信息、权限、用户配置信息等数据表。

3 总体要求

3.1 基本要求

林业数据库设计应符合以下基本要求：

a) 数据的共享性。林业数据库设计和建设要强调各级林业主管部门、多种应用、业务单位共建共用，共享数据服务。

b) 数据的整体观念。数据库存储、管理和操作的对象是数据，必须具有整体的观念。

c) 结构特性和行为特性密切结合。要充分了解对数据的处理和使用两个层面的特性，在整个设计过程中要把结构(数据)设计和行为(处理)设计紧密结合起来，同时考虑数据及其处理，便于达到整体最优。

d) 设计"主题数据库"，而不是"应用数据库"。"主题数据库"是共享的、一致的、本来意义的数据库，它面向业务主题，而不是面向应用程序，所以数据独立于程序，数据本身基本稳定，不会随应用系统的变化而改变。"主题数据库"强调分析各业务层次上的数据源，要求数据从源头就地采集、处理、使用和存储，以及必要的电子传输、汇总，必须保证数据一次一处录入，杜绝数据多次录入，造成数据重复。"主题数据库"应由多个"基本表"组成，"基本表"具有原子性、演绎性和规范性。

e）关系模型规范化。对于关系模型而言，要尽可能满足第三范式的要求。

f）按照统一的时空框架、统一的林业信息分类编码体系、统一的数据交换平台、统一的林业信息资源目录体系、统一的面向对象数据组织等五个统一的要求，采用面向对象的设计和分析方法进行数据库设计。

g）数据模型设计采用面向对象的数据建模方法，采用统一建模语言 UML 作为模型描述方法，采用统一的时空模式和地理空间信息分类编码等数据标准。

3.2 数据库范式要求

林业数据库要求达到第三范式的要求。根据实际情况，若达到第三范式确有困难，不能低于第二范式。

3.3 设计阶段要求

林业数据库的设计包括以下六个阶段。

a）需求分析阶段。确定数据库的目标和范围，了解和分析用户需求，可行性分析。编制需求分析规格说明书。

b）概念设计阶段。在需求分析成果的基础上，对用户需求进行综合、归纳与抽象，形成一个独立于具体 DBMS 的概念模型。

c）逻辑设计阶段。将概念模型转换为某个 DBMS 所支持的数据模型，并对其进行优化，形成逻辑数据模型。

d）物理设计阶段。为逻辑数据模型选取一个最适合应用环境的物理结构，包括存储结构和存取方法，形成物理模型。

e）数据库实施阶段。运用 DBMS 提供的数据语言及其宿主语言，根据逻辑设计和物理设计的结果建立数据库，编制与调试应用程序，组织数据入库，并进行试运行。

f）数据库运行维护阶段。数据库正式投入运行后，要不断地对其进行评价、调整和修改。

3.4 数据库对象命名规范

3.4.1 命名约定

数据库、数据表、视图、存储过程、字段等数据库对象的名称应按照一定意义命名，在名称的字符之间不应留有空格，达到"见名知义"的效果。

3.4.2 命名规则

林业数据库各数据库对象命名规则按照表 1 规则命名，数据库对象名称格式为：{前缀}{类别_}<名称>，其中前缀和类别为可选的。

表 1　数据库对象命名规则

对象	前缀	类别	名称	备注
数据库	LYDB_	公共基础数据库（FCB） 林业基础数据库（FB） 林业专题数据库（FS） 林业综合数据库（FC） 林业信息产品库（FIP） ……	直观、简短	源于《全国林业信息化建设纲要》
数据表	T_	地理空间基础数据表（GBO） 业务数据表（BO） 汇总统计数据表（TOT） 代码数据表（COD） 系统信息表（SYS） ……	直观、简短	建议按照林业信息分类以及作用进行分类
视图	V_		直观、简短	
主键	PK_	数据表名称_ 主数据表名称	直观、简短	
外键	FK_		直观、简短	
索引	IX_	数据表名称	直观、简短	
字段名			直观、简短	
存储过程	P_		直观、简短	
函数	F_		直观、简短	
触发器	TR_ TI_	表名称	I，U，D 的任意组合	After 触发器以 TR 作为前缀，Instead of 触发器以 TI 作为前缀。触发器名为相应的表名加上后缀，Insert 触发器加"_ I"，Delete 触发器加"_ D"，Update 触发器加"_ U"

4　数据库设计内容和要求

4.1　需求分析

4.1.1　目标

通过了解原有系统（手工或计算机系统）的工作概况，分析实际（功能、数据）需求，并结合信息技术发展前景来考虑今后的功能扩充和改变，最终确定数据库的需求，形成业务流程图、数据流图和数据字典等成果，为后面的概念设计、逻辑设计、物理设计奠定坚实的基础，为未来的数据库优化提供可靠依据。

4.1.2　任务概述

a）确定数据库的名称、范围、目标、功能；

b）确定数据库建设所需要的资源（如人员、设备、资金等）；

c）形成业务流程图；

d）形成数据流图；

e）构建数据字典；

f) 编写需求分析规格说明书。

4.1.3 实施步骤

如图 1 所示,需求分析按照以下步骤进行。

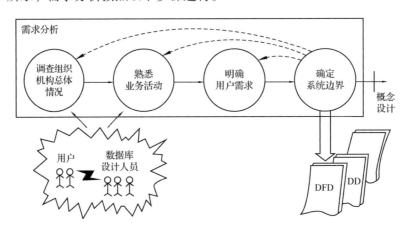

图 1　需求分析实施步骤

a) 调查组织机构情况。调查组织由哪些部门组成,各部门的职责是什么,为分析信息流程做准备,明确数据采集、产生、处理的单位。为 UML 用例模型建模提供活动者信息。

b) 熟悉业务活动。调查各部门输入和使用什么数据,如何加工处理这些数据。输出什么信息,输出到什么部门,输出的格式等。在调查活动的同时,要注意对各种资料的收集,如票证、单据、报表、档案、计划、合同等,要特别注意了解这些报表之间的关系,各数据项的含义等,为数据流分析提供资料。

c) 明确用户需求。在熟悉了业务活动的基础上,协助用户明确各种要求,包括信息要求、处理要求、安全性与完整性要求等。主要工作任务和成果如下:

①通过分析各部门的业务活动,识别出业务活动的使用者、事件、输入信息、业务处理、输出信息,建立业务流程图并通过文字和报表进行描述,使用图 2 中的图形元素描述业务流程;

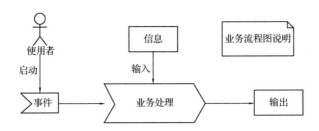

图 2　业务流程图及其主要组成元素

②通过分析业务活动及其涉及到的数据,建立数据流图并通过文字和报表进行描述,使用表 2 中的元素绘制数据流图;

③通过分析各种数据,依据林业数据字典编制规范建立数据字典;

④确定功能性需求，利用 UML2.0 规范构建用例模型(功能需求模型)；

⑤确定非功能性需求，如性能、安全、软硬件环境、设计原则、技术路线、时间等要求。

d) 需求分析的结果以需求规格说明书的形式给出，其内容要求见本规范附录 A。

注1：在调查过程中，根据不同的问题和条件，可采用的调查方法很多，如跟班作业、咨询业务权威、设计调查问卷、查阅历史记录等。无论采用哪种方法，都必须有用户的积极参与和配合。

注2：收集用户需求的过程实质上是数据库设计者对各类管理活动进行调查研究的过程。设计人员与各类管理人员通过相互交流，逐步取得对系统功能的一致的认识。但由于用户缺少软件设计方面的专业知识，而设计人员往往又不熟悉业务知识，要准确地确定需求很困难，特别是某些很难表达和描述的具体处理过程。针对这种情况，设计人员在自身熟悉业务知识的同时，帮助用户了解数据库设计的基本概念。对于那些因缺少现成的模式、很难设想新的系统、不知应有哪些需求的用户，可应用原型化方法帮助用户确定需求，先构建一个比较简单的、易调整的真实数据库及其系统，让用户在熟悉使用它的过程中不断发现自己的需求，而设计人员则根据用户的反馈调整原型，反复验证最终协助用户发现和确定真实需求。

注3：调查了解用户的需求后，进一步分析和抽象用户的需求，使之转换为后续各设计阶段可用的形式。建议采用结构化分析(structured analysis，SA)，用数据流图(data flow diagram，DFD)(表2)、数据字典(data dictionary，DD)描述系统。

表2 数据流图的基本元素及其图示表达

元素符号	元素名称	描述
〈外部实体名称〉	外部实体	指系统以外又和系统有联系的人或事物，它说明了数据的外部来源和去处，属于系统的外部和系统的界面。外部实体支持系统数据输入的实体称为源点，支持系统数据输出的实体称为终点
〈数据处理名称〉	数据处理	它用来改变数据值。而每一种处理又包括数据输入、数据处理和数据输出等部分
D〈编号〉 〈数据存储名称〉	数据存储	数据存储表示数据保存的地方，它用来存储数据。系统处理从数据存储中提取数据，将处理的数据返回数据存储。与数据流不同的是数据存储本身不产生任何操作，它仅仅响应存储和访问数据的要求
〈数据流名称〉	数据流	指数据处理的输入或输出。它用来表示中间数据流值，但不能用来改变数据值。数据流是模拟系统数据在系统中传递过程的工具

4.2 概念设计

4.2.1 概述

通过对需求分析的成果进行综合、归纳与抽象，形成一个独立于具体数据库管理系统的概念模型，并用 E-R 图或 UML 类图表示，建议使用 UML 类图。

概念模型独立于数据库的逻辑结构，也独立于支持数据库的 DBMS。它是现实世界和机器世界的中介，是现实世界的一个真实模型，易于理解，便于和不熟悉计算机的用户讨论交流意见，并能很容易地进行调整来适应现实世界的需求改变。概念模型设计是整个数据库设计的关键。

4.2.2 目标

以需求分析阶段的成果（主要是用例图、业务流程图、数据流图和数据字典）为基础，对现实世界进行抽象，采用实体关系模型（E-R 图）或面向对象模型（UML 图）来描述现实林业业务应用领域的信息结构，建立一个既可为最终用户理解，又可在多种数据库管理系统上实现的概念模型。

4.2.3 设计策略

概念设计采用以下设计策略。

a) 自顶向下。首先定义全局概念结构的框架，然后逐步细化。

b) 自底向上。首先定义各局部应用的概念结构，然后将它们集成，得到全局概念结构。

c) 逐步扩张。首先定义核心的概念结构，然后逐步向外扩充，以滚雪球的方式逐步生成其他概念结构，直至总体概念结构。

d) 混合策略。用自顶向下策略设计一个全局概念结构框架，并以此为骨架集成自底向上策略中设计的各局部概念结构。

4.2.4 实施步骤

采用 4.2.3 的设计策略和 UML2.0 规范进行概念设计[①]，最终按照本规范附录 B 的要求形成概念模型设计文档。如图 3 所示，概念模型的设计主要包括以下步骤：

a) 进行数据抽象，确定实体、属性和联系；

b) 设计局部概念模型，形成 UML 类图或分 E-R 图；

c) 集成局部概念模型，形成全局 UML 类图或 E-R 图；

d) 进行全局 UML 类图或 E-R 图的优化。

4.2.4.1 进行数据抽象

概念模型设计的第一步就是抽象，对需求阶段收集到的数据进行分类、组织和聚集，

[①] 注：概念设计采用基于 UML 的面向对象方法的具体做法是通过查找类、类与类的关系（关联、聚合、组合、依赖、继承），建立类图，确定类属性，最终形成面向对象模型。

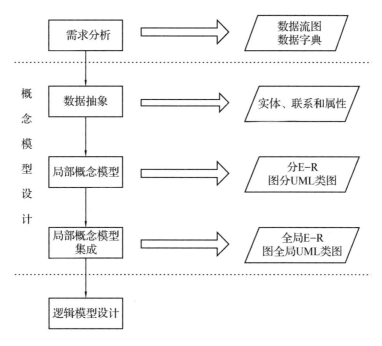

图 3 概念模型设计过程

形成实体、属性和标识,然后确定实体之间的联系。数据抽象分为三类。

a)分类。定义某一组对象的类型,这些对象具有某些共同的特性和行为。它抽象了对象值和实体之间的"is member of"的语义。通过分类抽象形成实体。

b)聚集。定义某一类型的组成成分。它抽象了对象内部类型和成分之间的"is part of"语义。若干属性的聚集组成了实体。

c)泛化。定义类型之间的一种子集联系,它抽象了类型之间的"is subset of"的语义。

附录1示例:职工是一个实体,管理人员和领导干部也是实体,它们都是职工实体的子类实体,称职工为超类。泛化的一个很重要特性是继承性,子类继承超类的所有特性,还可增加自己的属性。

4.2.4.2 设计局部概念模型

设计局部概念模型分为以下几步。

a)选择局部应用。在数据流图中选择适当层次的子数据流图,作为设计局部概念模型的出发点。

b)确定实体。从基本数据资料中直接或间接标识出数据库的大部分实体,找出潜在的实体,形成初步实体表。一般按照自然习惯来划分确定实体,如人员、管护记录、小班等,这些都是自然存在的实体。

c)确定联系。根据子数据流图和数据字典,考虑实体之间是否存在联系,确定一对一、一对多、多对多的联系,同时消除冗余的联系。

d) 确定继承。分析实体间的分类关系与包含关系。

e) 确定嵌套。分析实体对属性的依赖关系，确认是否存在聚合与分解关系。

f) 确定属性。分析子数据流图，将属性合理地分配给实体和联系，确定实体的关键字属性；定义属性的数据类型、长度、精度、非空、缺省值、约束规则等。定义触发器、存储过程、视图、角色等数据库对象信息。

g) 消除属性冗余。对于在多个实体中出现的属性，应将它分配给其中的一个实体，以避免数据冗余，影响数据的一致性和完整性。

h) 区分实体和属性遵循以下三条基本准则：

① 描述性原则。一般实体需要有进一步的性质描述，而属性则无，属性一般不能再具有需要描述的性质，即属性不能是另一些属性的聚集。

② 依赖性原则。一般属性仅单向依赖于某个实体，且这种依赖是包含性依赖。

③ 一致性原则。一个实体由若干个属性组成，这些属性间有内在的关联性与一致性。

4.2.4.3 集成局部概念模型，形成全局概念模型

——从全局的观点出发，进行局部概念模型的综合和归并，并消除不一致和冗余，形成一个完整的、能支持各个局部概念模型的全局概念模型。

——集成局部概念模型可以分步完成，先归并联系较紧密的两个或多个局部模型，形成中间局部模型，再将中间局部模型归并，最终形成全局概念模型。

局部模型归并主要采用三种方法。

① 等同。指两个或多个数据对象有相同的语义，包括属性等同、实体等同和联系等同。

② 聚集。将不同实体聚合为合成对象。

③ 泛化。将相似对象提取成一个新实体，并构成具有继承关系的结构。

局部模型归并分为实体类的合并和联系的合并。实体类合并重点解决以下问题。

① 命名冲突。包括实体类型名、联系类型名之间同名异义或异名同义等命名冲突。

② 标识符冲突。同一实体类的标识符应一致。

③ 属性冲突。包括属性域冲突、取值单位冲突、取值范围冲突等。

④ 约束冲突。不同局部模型存在不同的约束。

⑤ 结构冲突。如既作为实体又作为联系或属性，同一实体的属性不同等。

联系的合并用于消除合并后的冗余联系和属性。

4.2.5 实体、联系、属性的图形表达

实体、联系、属性的图形表达方法可使用 E-R 图和 UML 图进行表达，E-R 图使用见表3，可采用 Microsoft Office Visio 等工具绘制，UML 图按照 UML2.0 规范的类图进行表达，如图4所示，可采用支持 UML2.0 规范的任何工具绘制。

表3 实体、联系和属性的 E-R 图表示

概念	E-R 图元素	描述
实体	实体名称	实体(Entity):实体是首要的数据对象,常用于表示一个人、地方、某样事物或某个事件。一个特定的实体被称为实体实例(entity instance 或 entity occurrence)。实体用长方形框表示,实体的名称标识在框内
联系	联系名称	联系(Relationship)表示一个或多个实体之间的关系,依赖于实体,一般没有物理概念上的存在。用来表示实体之间,一对一,一对多,多对多的关系。联系用一个菱形表示,联系的名称一般为动词。联系的端点联系着角色(role)。一般情况下角色名可以省略,因为实体名和联系名已经能清楚的反应角色的概念,但有些情况下我们需标出角色名来避免歧义
属性	属性名称	属性(Attribute):属性为实体提供详细的描述信息。一个特定实体的某个属性被称为属性值。属性一般以椭圆形表示,并与描述的实体连接。Identifier 可以唯一标识实体的一个实例(key),可以由多个属性组成,E-R 图中通过在属性名下加下划线来标识。复合属性(Complex attribute)本身还有其他属性
标识符(键)	属性名称	
复合属性	属性名称	

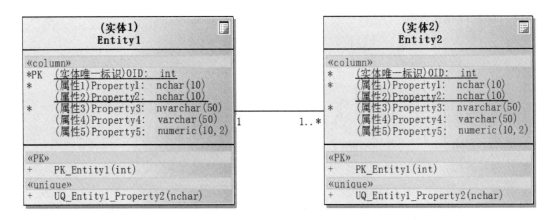

图4 实体、关联、属性的 UML 图

全局 E-R 图或 UML 图除了能反映用户功能需求外,还应满足下列条件:
a)实体类型个数尽可能少;
b)实体类型所含属性尽可能少;

c) 实体类型间关联无冗余；

d) 合并相关实体类型，一般把一对一关联的两个实体类型合并，合并具有相同键的实体类型，消除冗余属性，消除冗余关联，但有时为提高效率，根据具体情况可存在适当冗余。

4.3 逻辑设计

4.3.1 目标

将概念模型转换为某个关系型数据库管理系统所支持的数据模型，并对其进行优化。设计数据库逻辑结构应选择最适于描述与表达相应概念结构的数据模型，然后选择最合适的数据库管理系统。

4.3.2 任务

林业数据库逻辑模型设计的主要任务包括：

a) 选择最合适的数据库管理系统（DBMS）；

b) 将概念模型转换为选定数据库管理系统所支持的数据模型；

c) 数据库逻辑模型的优化。

4.3.3 设计要求

逻辑结构设计产生的逻辑数据模型应符合下列要求：

a) 选用的数据库管理系统（DBMS）完全支持；

b) 满足完整性和安全性要求；

c) 支持高效率的数据操作要求；

d) 具有较高的存储空间利用率。

4.3.4 设计过程和内容

林业数据库逻辑模型设计过程如图 5 所示，主要设计内容：

a) 将概念模型转换为一般的关系数据模型；

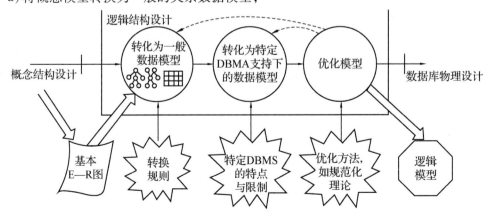

图 5　林业逻辑模型设计的过程

b) 将关系数据模型转换为特定的 DBMS 支持的关系数据模型;

c) 对关系数据模型进行优化;

d) 对关系数据模型规范化;

e) 设计用户子模式;

f) 定义数据完整性和安全性约束;

g) 性能估计与评价;

h) 按照附录 B 的要求,编写逻辑模型设计文档。

4.3.4.1 E-R 图向数据表转换

将 E-R 图转换成数据表实际上就是将实体、实体的属性和实体间的关联转换成数据表。要求遵循如下规则。

a) 一个实体型转换为一个数据表。实体的属性就是数据表的列,实体的关键字就是数据表的主键。

b) 一对一关联转换为数据表,按以下方式转换。

① 作为一个数据表。两个实体之间的关联是真正的一对一关联时,将两个实体组合成一个数据表,选择任意实体的主键作为数据表的主键,这是本规范强烈建议的方式。

② 作为两个数据表。在实体之间具有父子(parent-child)关系且子实体需要父实体的存在时,将父实体和子实体分别转换为数据表,并将父实体的主键作为子实体的外键。

c) 一对多关联转换为数据表,按以下方式转换。

① 作为两个数据表。将每个实体分别转换为数据表,一对多中的"一"方的数据表的主键为"多"方数据表的外键,这是本规范强烈建议的方式。

② 作为一个数据表。将两个实体组合成一个数据表并使用它们的主键作为数据表的复合主键。

d) 多对多关联转换为数据表,每个实体转换为相应数据表,假设分别为数据表 A 和数据表 B,创建一个交叉数据表,数据表 A 和数据表 B 的主键都是交叉数据表的外键,交叉数据表的主键可以是单独的特殊的一列,也可以是来自数据表 A 和数据表 B 的外键的组合。

4.3.4.2 UML 类图向数据表转换

将 UML 图转换成关系数据模型实际上就是将对象类、对象类的属性和对象类间的关联转换成数据表。通过下列转换规则将面向对象类模型转换成关系数据模型。

a) 将对象类映射为数据表,对象类的属性映射为数据表的列,对象类的唯一标识码映射为数据表的主键。

b) 一对一关联转换为数据表,按以下方式转换。

① 作为一个数据表。两个对象类之间的关联是聚合、组合关联时,将两个对象类组合成一个数据表,选择任意对象类的唯一标识码作为数据表的主键,这是本规范强烈建议的

方式。

②作为两个数据表。对象类之间的关联是一般关联或依赖时,将对象类分别转换为数据表 A 和数据表 B,并将数据表 A 的主键作为数据表 B 的外键。

c)一对多关联转换为数据表,按以下方式转换:

①作为两个数据表。将每个对象类分别转换为数据表,一对多中的"一"方的数据表的主键为"多"方数据表的外键,这是本规范强烈建议的方式。

②作为一个数据表。将两个对象类组合成一个数据表并使用它们的唯一标识码作为数据表的复合主键。

d)多对多关联转换为数据表,每个对象类转换为相应数据表,假设分别为数据表 A 和数据表 B,创建一个交叉数据表,数据表 A 和数据表 B 的主键都是交叉数据表的外键,交叉数据表的主键可以是单独的特殊的一列,也可以是来自数据表 A 和数据表 B 的外键的组合。

e)泛化(继承)关系类转换为数据表,按以下方式映射:

①单表继承,每个类分层结构一张数据表,该数据表拥有该继承树中各类的所有属性。

②类表继承,每个子类一张数表,子类数据表通过主键关联到超类数据表(实际上是一对一关联)。

③具体表继承,每个具体类一张数据表,每张数据表为对应类的所有属性(包括从父类继承的属性)定义相应字段。

4.3.4.3 关系数据模型优化

对关系数据模型要求至少从以下方面进行优化。

a)分割数据表:

①垂直分割。把关系模式 R 的属性分解为若干个子集合,形成若干个关系模式。经常在一起使用的属性从 R 中分解出来形成子关系模式。垂直分割可以提高某些事务的效率。例如,将一个二类调查小班分割为:小班基本信息、林分因子、植被等。

②水平分割。把关系的元组分为若干子集合,定义每个子集合为一个关系模式,以提高系统的效率。例如,将一个二类调查小班按照年度分割为不同关系模式。

b)关系数据模型规范化,对生成的关系模型进行规范化,以期进一步优化模型,消除异常,改善完整性、一致性和存储效率,让一个关系模式描述一个概念。具体方法包括:

①确定关系模式的动态或静态性;

②确定静态关系模式的规范化级别,确保为第二范式(2NF);

③将动态关系模式转换为第三范式(3NF)。

c)反规范化。规范化是基本设计目标,但是不能过头,应根据实际应用需求在规范化和性能之间进行权衡,有些处理由应用程序完成。

4.3.4.4 数据完整性

a) 域完整性。可通过实现有效性检查和限制数据类型、格式、或列中允许值的变化范围来实现域完整性。

b) 实体完整性。要求数据表的每一行有一个唯一的标识符，即主键值。

c) 引用完整性。当一个关联的两个实体都必须存在，并且一个与另一个之间必须有一个有效连接时，需要引用完整性。引用完整性保证主键(在父实体数据表中)和外键(在子实体数据表中)之间的关联得到长期维护。引用完整性作为一种施加到数据表上的限制，重要的是要考虑当一个主键必须被更新或删除时应采取什么操作。如果在父实体中的主键值被改变或删除，实体的实例也将被修改。因此，所有引用父实体的子实体都将被适当修改。通过遍历所有相关子数据表并根据需要更新或删除数据，数据库可以保持引用完整性。

4.3.4.5 设计用户子模式

用户子模式是应用程序与数据库的接口，允许有效访问数据库而不破坏数据库的安全性。应根据局部应用的需求，结合具体 DBMS 的特点，设计用户的外模式。一般利用 DBMS 提供的视图、存储过程、触发器等功能来完成用户子模式的设计工作。步骤包括：

a) 根据实际局部需求和使用情况进行应用划分；

b) 根据具体应用确定子模式的信息结构。

4.3.4.6 性能估计与评价

对关系模式进行性能估计与评价的目的是检查关系模式是否满足用户的要求。一般采用以下评价方法：

a) 定量分析，处理频率和数据容量及其增长情况；

b) 性能测算，逻辑记录访问的数目，一个应用程序传输的总字节数和数据库的总字节数等。

4.4 物理设计

4.4.1 目标

在概念模型设计和逻辑模型设计的基础上，结合特定的数据库管理系统和计算机软硬件环境，确定一个最适合应用环境的数据库的物理结构，包括数据的存储结构和存取方法。

4.4.2 设计过程和内容

数据库的物理设计过程如图 6 所示，主要设计内容包括：

a) 确定数据库的物理结构；

b) 评价数据库的物理结构；

c) 安全性和完整性考虑；

d) 相关程序设计；

e）按照附录 B 的要求形成物理模型设计文档。

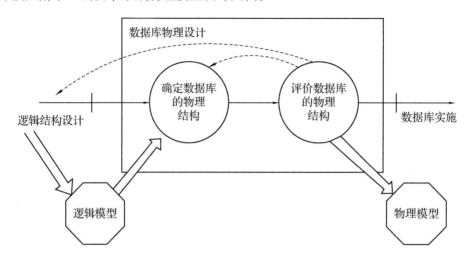

图 6　数据库物理模型设计过程

4.4.2.1　确定数据库的物理结构

结合给定的计算机系统，在充分了解所用 DBMS 的内部特征后，确定数据库的以下几方面内容：

a）确定数据的存储结构。确定存储结构时，要综合考虑存取时间、存储利用率和维护代价三方面的因素。确定存储结构一般包含索引设计、聚簇设计和分区设计等三方面。

b）确定数据的存放路径。主要是确定建立哪些索引来提高访问效率。

c）确定数据的存放位置。分析数据的稳定性，分盘或分区存储数据，以加快存取速度。

d）确定系统配置。按照 DBMS 提供的配置参数，结合数据情况，对包括数据库大小、使用缓冲区个数与大小、时间片大小、锁数目、用户数等参数进行合理配置，以使系统性能最优。

4.4.2.2　评价数据库的物理结构

从时间效率、安全性、完整性、有效性、维护代价和其他各种用户要求等方面对数据库物理结构进行权衡，以便对设计方案进行细致的评价，优化数据库的物理结构的设计。

评价数据库物理结构的方法依赖于所选用的 DBMS，主要是从定量估算各种方案的存取空间、存取时间和维护代价入手，对估算结果进行权衡、比较，选择出一个较优的、合理的物理结构。

4.4.2.3　完整性和安全性考虑

根据逻辑设计说明书中提供的对数据库的约束条件、DBMS 的性能特征和软硬件环境，设计数据库的完整性和安全措施。

4.4.2.4 相关程序设计

包括人机接口设计,如菜单、屏幕设计、I/O 格式设计、代码设计、处理加工设计等。

4.4.2.5 形成物理模型设计文档

按照附录 B 的要求形成物理模型设计的文档,即物理设计说明书。

4.4.2.6 数据库物理结构的优化设计

建议对林业数据库物理结构进行优化设计,使得在林业数据库上运行的事务响应时间最小,存储空间利用率高,事务吞吐率大。

可以采用合理设置数据库主键、外键,减少数据查询和磁盘输入输出时间的方式,实现对林业数据库物理结构的优化设计,提高数据库的运行速度;也可以采用对常用的查询字段建立索引的方式,提高数据查询效率。

4.4.2.7 数据库部署说明

林业数据库部署至少包括如下内容。

a) 数据库部署方式(分布式/集中式);当涉及地市级、省级、国家级林业数据逐级传输、上报,可以采用分布式数据库部署的方式,分别在地市级、省级、国家级部署林业数据库系统;各级林业主管部门相对独立的业务系统所对应的数据库系统可以采用集中式数据库部署方式。

b) 数据库存储空间安排。

c) 数据库表的分配。

4.4.2.8 数据库基础支撑环境

林业数据库主管单位应提供满足林业数据库系统运行条件的基础支撑环境,包括基础硬件系统和基础软件系统。

a) 基础硬件系统

①网络设备。林业数据库系统的网络设备应符合国家和林业相关规定要求。

②服务器。林业数据库系统所配置的服务器,应在充分考虑用户数、使用频率等指标的基础上选用。各级林业数据库系统主管单位可以根据自身情况配备相应的服务器。

③存储设备。各级林业数据库系统主管单位可以根据自身情况配备相应容量的存储设备。国家级、省级林业数据库系统主管单位可以配备 TB 级的数据存储设备。存储介质可以选择硬盘、磁盘阵列、磁带等。

b) 基础软件系统

①操作系统。各级林业数据库系统主管单位应配备能够满足数据库平稳运行的主流操作系统,如 windows、linux、Unix 等。

②数据库。各级林业数据库系统主管单位应配备安全、稳定、高效的主流数据库系统软件,如 Oracle、SQL Server、DB2 等。

4.5 数据库实现

4.5.1 目标

根据逻辑设计和物理设计阶段的成果,在目标计算机上建立起实际的数据库结构、装载数据,并实际测试和运行数据库系统。

4.5.2 实施步骤

数据库实施步骤如图7所示,包括以下实施步骤。

a)定义数据库结构。用DBMS提供的DDL,根据数据库的逻辑结构与物理结构设计结果,就可以用所选用的DBMS提供的数据定义语言(DDL)来严格描述数据库结构。

b)数据装载。数据库结构建立好后,就可以向数据库中装载数据了。数据装载的主要步骤包括:

①筛选数据。原始数据可能存在于各个部门的文件或凭证中,首先将需要入库的数据进行筛选。

②输入数据。借助系统提供的输入界面,将原始数据输入到计算机中。

③校验数据。系统应采用多种检验技术,来保证输入数据的正确性,防止非法的、不一致的错误数据进入到数据库。

④转换数据。对于不符合数据库要求的数据,往往需要进行数据格式转换。

⑤综合数据。对转换好的数据根据系统的要求进一步综合成最终数据。

c)编制与调试应用程序。数据库应用程序的设计应与数据库设计并行进行,数据库构建好后,就可以编制与调试数据库应用程序。编制与调试应用程序可以与组织数据入库同步进行,调试应用程序可先使用模拟数据。

d)数据库试运行。应用程序调试完成,并已有小部分数据入库后,就可以开始数据库试运行。主要工作包括:

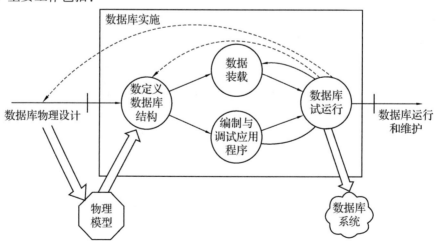

图7 林业数据库实施步骤

①功能测试。实际运行应用程序，执行各类数据库操作，检验各种功能是否正确无误，满足设计要求。

②性能测试。测量系统的性能指标，检验是否符合设计指标。

③备份和恢复。在数据库试运行阶段，由于系统还不稳定，软硬件故障随时都可能发生，因此，必须做好数据库的备份和恢复工作。

4.6 数据库运行与维护管理

4.6.1 概述

各级林业主管部门应设立林业数据库系统主管单位，负责林业数据库系统的运行管理与维护工作。包括制定林业数据库系统运行任务计划、定期对林业数据库系统进行升级，以提高系统性能。

根据不同的林业数据库系统运行要求确定数据库系统的连续运行时间，保持24小时连续运行的数据库，建议采用双机热备等保护措施。

对数据库维护人员，每年提供数据库系统运行管理培训。

4.6.2 目标

当数据库试运行结果符合设计目标后，数据库就可以真正投入运行并进入维护阶段了。数据库运行维护将针对应用环境和物理存储的不断变化，对数据库设计进行评价、调整、修改等维护工作，是数据库设计的继续和提高。

4.6.3 人员要求

数据库的维护工作主要由DBA来完成。

4.6.4 工作任务

a）数据库备份和恢复。DBA要针对不同的应用要求制定不同的数据备份计划，定期对数据库和日志文件进行备份，以保证一旦发生故障，能利用数据库备份和日志文件备份，尽快将数据库恢复到某种一致性状态，并尽可能减少对数据库的破坏。

b）数据库安全性和完整性控制。DBA必须根据用户的实际需要授予其不同的操作权限，并在数据库运行过程中，根据环境的变化适当调整原有的安全性控制。同样由于应用环境的变化，数据库的完整性约束也会变化，需要DBA不断修正，以便满足用户要求。

c）数据库性能的监控、分析和改进。DBA应借助DBMS系统性能监测工具，来监督系统运行状态，并仔细分析监测数据，判断当前系统是否处于最佳运行状态；如果不是，则需要通过调整某些参数来进一步改进数据库性能。

d）数据库的重组和重构。在数据库运行一段时间后，由于数据记录的不断增、删、改，会使数据库的物理存储变坏，从而降低数据库存储空间的利用率和数据的存取效率，使数据库性能下降，这时DBA需要借助DBMS提供的实用程序对数据库进行重组织，或部分重组织，数据库重组织不会改变原设计的数据逻辑结构和物理结构，只是按原设计要求重新安排存储位置，回收垃圾，减少指针链，提高系统性能。同样随着数据库的应用环境的变化，可能会导致实体或对象发生变化，从而不得不适当调整数据库的模式和内模式，这时 DBA 需要对数据库进行重新构造，例如增加数据项，改变数据项的类型，增加或删除索引等。

4.6.5 用户管理

a）为了确保林业数据库系统及数据的安全，林业数据库系统主管单位应对林业数据库系统用户进行统一的管理。

b）林业数据库系统应提供明确的用户权限分级。

4.6.6 日志管理

林业数据库系统主管单位应建立林业数据库系统运行日志管理制度，包括系统运行日志管理和用户操作日志管理，并定期对日志进行归档、统计分析，保证林业数据库系统的安全稳定运行。

4.6.7 数据安全管理

为保证林业数据安全，林业数据库系统主管单位应采用适当的防病毒措施及防火墙技术，并定期升级相关软件，确保林业数据库系统所使用网络安全防护软件为最新版本。各级林业数据库系统主管单位可以根据自身情况采用适合的网络安全防护软件。

4.6.7.1 数据库备份与恢复管理

a）数据备份方式。林业数据库采用正常关闭数据库后进行备份的方式、实时备份方式。

b）数据备份操作。林业数据库选择全盘备份、增量备份。

c）数据恢复方式。林业数据库选择全盘恢复、个别文件恢复、重定向恢复。

4.6.7.2 安全保护措施

建议采用以下安全保护措施：

a）重要部分的冗余或备份；

b）计算机病毒防治；

c）网络攻击防范、追踪；

d）运行和用户操作日志记录保存 60 日以上；

e）记录用户网络地址；

f）身份登记和识别确认。

4.6.7.3 运行维护制度建立

a）日常管理制度。林业数据库系统主管单位应制定以下日常管理细则：

1）林业数据库系统维护人员的任务、权限和责任；

2）林业数据库系统日常运行记录管理，包括值班记录、系统故障及排除记录；

3）处理林业数据库系统紧急情况的预案。

b）系统维护制度。系统维护的操作流程建议按照以下顺序执行：

1）提出系统修改或维护要求；

2)批准系统修改或维护要求;

3)分配系统维护任务并执行;

4)检查系统维护工作成果。

5 数据库设计说明书提交

林业数据库设计单位在完成林业数据库设计之后,应遵循附录B的要求,提交相应的林业数据库设计说明书。其中,数据字典设计参照国家和林业的数据字典规范,安全保密设计参照本标准林业数据库运行维护管理内容。

附录 A(资料性附录) 需求分析说明书

A.1 引言

A.1.1 编写目的

说明编写这份需求分析说明书的目的,指出预期的读者。

A.1.2 背景

说明:

a)说明待开发的数据库的名称和使用此数据库的软件系统的名称;

b)列出该软件系统开发项目的任务提出者、用户以及将安装该软件和这个数据库的计算站(中心)。

A.1.3 术语和定义

列出本文件中用到的专门术语的定义、外文首字母组词的原词组。

A.1.4 参考资料

列出有关的参考资料:

a)本项目的经核准的计划任务书或合同、上级机关批文;

b)属于本项目的其他已发表的文件;

c)本文件中各处引用到的文件资料,包括所要用到的软件开发标准,列出这些文件的标题、文件编号、发表日期和出版单位,说明能够取得这些文件的来源。

A.2 系统概述

概述系统名称、任务提出、系统范围等。

系统特性:

a)复杂性(系统是否设计空间信息、多媒体、实时检索等复杂技术内容);

b)连续性(系统与现行系统关系、投资保护、可扩展性等);

c)移植性(不同计算机系统环境下的应用情况)。

A.2.1 系统目标

系统总目标、分目标(子目标),并逐层分解,以求目标明确具体。

A.2.2 设计原则

用户第一原则,系统开发的各个阶段尽可能吸收用户参加,倾听用户意见,交流问题,以便统一认识,提高设计质量。

A.2.3 需求调查

需求调查从以下方面进行调查,主要通过表格和相应文字描述。

A.2.3.1 业务处理流程(表A.1)

表A.1 业务处理流程表

部门名称	岗位名称	本岗职责	业务处理流程	备注

A.2.3.2 信息及其处理(表A.2~表A.6)

表A.2 信息输入表

部门名称	岗位名称	输入表名称	信息提供者	提供方式	提供周期	原始资料简单说明

表A.3 XXX输入表数据项一览表

输入表名称	数据项说明

表A.4 信息处理表

部门名称	岗位名称	输入表名称	信息处理名称	信息处理描述	输出名称	输出方式

表A.5 信息输出表

部门名称	岗位名称	输出表名称	信息处理名称	接收者部门名称	接收者部门名称	接收者信息处理名称

表A.6 XXX输出表数据项一览表

输出表名称	数据项说明

A.2.3.3 功能要求(表A.7)

表A.7 功能要求说明表

功能分类	功能	简短描述

A.2.3.4 系统资源

现有情况、系统需求和落实情况。

A.3 需求分析

A.3.1 功能性需求分析

从功能要求出发,并使用 UML 从粗到细逐步构建用例模型(use case model)。

用例模型是使用 UML 描述的系统功能集合,它描述了系统所执行动作序列集合,并为执行者产生可观察的结果,用例图表示了系统的功能,一个用例是系统功能的一个通用描述。

可以将用例应用到整个系统,也可以应用到系统的一部分,一个系统通常需要多个用例图来描述系统功能。

用例图描述了系统和外部环境的关系和提供的功能,包含系统、活动者、用例以及元素之间的各种关系(泛化、关联、依赖)等。

A.3.1.1 业务流程分析

列出各业务部门的各业务流程,识别出事件、处理、输入、输出、资源,并使用 UML 从粗到细逐步构建业务流程模型(business process model)。

A.3.1.2 数据流分析

在需求分析阶段,采用结构化分析方法(SA),用数据流图(data flow diagram)来描述系统的组成及各部分之间的关系。数据流图表达了数据和处理过程之间的关系。

A.3.1.3 数据字典

数据字典是各类数据描述的集合它是进行详细的数据收集和数据分析所获得的主要结果;是关于数据库中数据的描述,即元数据,而不是数据本身;数据字典是在需求分析阶段建立,在数据库设计过程中不断修改、充实、完善的。因此在数据库设计中占有很重要的地位。

数据字典通常包括数据流、数据存储和处理过程、数据结构、数据项 5 个部分。其中数据项是数据的最小组成单位。若干个数据项可以组成一个数据结构,数据字典通过对数据项和数据结构的定义来描述数据流、数据存储的逻辑内容(表 A.8~表 A.12)。

表 A.8 数据流一览表

数据流名	数据流来源	数据流去向	组成:{数据结构}	平均流量	高峰期流量	说明

注:其中数据流来源是说明该数据流来自哪个过程。数据流去向是说明该数据流将到哪个过程去。平均流量是指在单位时间里的传输次数。高峰期流量是指在高峰时期的数据流量。

表 A.9　数据存储一览表

数据存储名	编号	流入的数据流	流出的数据流	组成：{数据结构}	数据量	存取方式	说明

注：其中数据量是指每次存取多少数据，每单位时间存取多少次等信息。存取方法包括是批处理还是联机处理，是检索还是更新，是顺序检索还是随机检索等。

表 A.10　数据处理一览表

处理过程名	输入：{数据流}	输出：{数据流}	处理：{简要说明}	说明

注：其中简要说明中主要说明该处理过程的功能及处理要求，功能是指该处理过程用来做什么，处理要求包括处理频度要求。这些要求是后面物理设计的输入及性能评价标准。

表 A.11　数据结构一览表

数据结构名	组成：{数据项或数据结构}	含义说明

表 A.12　数据项表

数据项名	别名	数据类型	长度	取值范围	取值含义	数据项含义说明	与其他数据项的逻辑关系

注：其中取值含义、与其他数据项的逻辑关系数据结构定义了数据的完整性约束条件，是设计数据检验功能的依据。

A.3.2　非功能性需求分析

A.3.2.1　数据性能分析

主要分析数据库的共享、访问、效率、性能等进行描述。

A.3.2.2　可行性分析

技术可行性涉及硬软件问题和其他技术性问题；系统开发和运行环境的可行性包括需求的迫切性，领导与职工的支持，现行管理体制和管理水平能否保证系统顺利开发和实现。

A.3.2.3　技术路线

尽可能采用较为成熟的先进技术和产品，尽可能采用国际和国家及林业行业的标准代码，尽可能保护现有投资（包括信息投资），尽可能与周边环境相适应等。

A.3.2.4　成本估算和效益评估

A.3.2.4.1　成本估算

分期估算是成本估算常采用的方法，其内容涉及各工期中的人力资源，包括不同水平的人员所要花费的时间及应花费的费用，必要的物质资源消耗即总的成本是人员投入成本和物资投入成本的总合。

A.3.2.4.2 效益评估

效益包括社会效益和经济效益。

附录 B （资料性附录） 数据库设计说明书

B.1 引言

B.1.1 编写目的

说明编写这份数据库设计说明书的目的，指出预期的读者。

B.1.2 背景

说明：

a) 说明待开发的数据库的名称和使用此数据库的软件系统的名称；

b) 列出该软件系统开发项目的任务提出者、用户以及将安装该软件和这个数据库的计算站(中心)。

B.1.3 定义

列出本文件中用到的专门术语的定义、外文首字母组词的原词组。

B.1.4 参考资料

列出有关的参考资料：

a) 本项目的经核准的计划任务书或合同、上级机关批文；

b) 属于本项目的其他已发表的文件；

c) 本文件中各处引用到的文件资料，包括所要用到的软件开发标准，列出这些文件的标题、文件编号、发表日期和出版单位，说明能够取得这些文件的来源。

B.2 外部设计

B.2.1 标识符和状态

详细说明用于唯一地标识该数据库的代码(按照 LY/T XXXX-XXXX《林业信息分类与编码》进行编码)、名称(按照本规范 4.5 进行命名)或标识符，附加的描述性信息亦要给出。如果该数据库属于尚在实验中、尚在测试中或是暂时使用的，则要说明这一特点及其有效时间范围。

B.2.2 使用它的程序

列出将要使用或访问此数据库的所有应用程序，对于这些应用程序的每一个，给出它的名称和版本号。

B.2.3 约定

陈述一个程序员或一个系统分析员为了能使用此数据库而需要了解的建立标号、标识的约定，例如：用于标识数据库的不同版本的约定和用于标识库内各个文卷、记录、数据项的命名约定等。

B.2.4 专门指导

向准备从事此数据库的生成、测试、维护人员提供专门的指导，例如：将被送入数据库的数据的格式和标准、送入数据库的操作规程和步骤，用于产生、修改、更新或使用这些数据文卷的操作指导。如果这些指导的内容篇幅很长，列出可参阅的文件资料的名称和章条。

B.2.5 支持软件

简单介绍同此数据库直接有关的支持软件，如数据库管理系统、存储定位程序和用于装入、生成、修改、更新数据库的程序等。说明这些软件的名称、版本号和主要功能特性，如所用数据模型的类型、允许的数据容量等。列出这些支持软件的技术文件的标题、编号及来源。

B.3 模型设计

B.3.1 概念模型设计

说明本数据库将反映的现实世界中的实体、属性和它们之间的关系等的原始数据形式，包括各数据项、记录、系、文卷的标识符、定义、类型、度量单位和值域，建立本数据库的每一幅用户视图。

其主要内容包括：

B.3.1.1 实体和属性定义（表 B.1）

表 B.1 实体属性一览表

实体名称	属性	是否关键字属性	备注
实体 1	属性 1		
	属性 2		
	……		
	属性 n		
实体 2	属性 1		
	属性 2		
	……		
	属性 n		

B.3.1.2 关联定义（包括继承和嵌套，表 B.2）

表 B.2 关联定义表

关联名称	关联类型 (1:1、1:n、n:m)	实体	实体
关联 1		实体 1	实体 2
……			
关联 n		实体 1	实体 2

B.3.1.3 域定义

规定字段的取值范围、代码等。

B.3.1.4 实体关系图(E-R 图或 UML 图)

B.3.2 逻辑模型设计

说明把上述原始数据进行分解、合并后重新组织起来的数据库全局逻辑结构,包括所确定的关键字和属性、重新确定的记录结构和文卷结构、所建立的各个文卷之间的相互关系,形成本数据库的数据库管理员视图。

其主要内容包括(表 B.3～表 B.6):

表 B.3 数据表(关系模式)一览表

数据表名称	范式	实体	约束	说明

表 B.4 XXX 数据表字段定义一览表

字段名称	数据类型	长度(精度)	小数位	是否主键	是否可空	约束		代码(域)	备注
						外键	值约束		

表 B.5 用户子模式定义表(视图)

视图名称	字段名称	数据表		关联	备注(SQL 语句)
		名称	字段名称		

表 B.6 性能评价表

任务名称	存取字节数	占用磁盘空间字节数	备注

B.3.3 物理模型设计

物理模型设计文档的内容视选用的 DBMS 的不同而存在差异,本规范规定了比较通用的一些文档内容和要求。物理设计文档主要内容包括:

——数据库对象命名及编程规范约定表。

——数据库表空间定义表。

——数据库文件说明表:包括服务器名称、数据库名称、使用网络协议、库文件初始大小、日志文件初始大小、备份策略等。

——索引定义表:包括表名称、索引名称、索引代码、说明等。

——聚簇定义表。

——分区定义表。

——数据库用户定义,包括用户名称、代码、权限、说明等,并通过表 B.7 和适当文字描述。

表 B.7　数据库用户定义

角色	用户名称	代码	权限	说明

B.4　数据库实现

按照本规范 4.5 的要求编写数据库的创建、数据加载、测试等内容。

B.5　数据库管理维护

按照本规范 4.6 的要求制定数据库的运行维护策略。

林业生态工程信息分类与代码[①]

(LY/T 2178-2013，国家林业局2013年10月17日发布，2014年1月1日实施)

1 范围

本标准规定了林业生态工程及生态工程信息分类与代码的术语和定义、分类和编码原则、林业生态工程及信息的分类和代码。

本标准适用于林业生态工程信息分类编码以及林业生态工程数据的组织、建库、存储和交换。

2 规范性引用文件

下列文件对于本文件的应用是必不可少的。凡是注日期的引用文件，仅注日期的版本适用于本文件。凡是不注日期的引用文件，其最新版本(包括所有的修改单)适用于本文件。

GB/T 7207 信息分类和编码的基本原则与方法

GB/T 10113 分类与编码通用术语

GB/T 26424 森林资源规划设计调查技术规程

GB/T 17296 中国土壤分类与代码

GB/T 14721 森林类型

GB/T 15778 林业资源分类与代码 自然保护区

LY/T 1812 林地分类

LY/T 2012 林种分类

3 术语和定义

下列术语和定义适用于本文件。

3.1 线分类法 method of linear classification

将分类对象按所选定的若干个属性(或特征)逐次地分成相应的若干个层级的类目，并排列成一个有层次的、逐渐展开的分类方法。[GB/T 10113-2003，术语2.1.5]

[①] 本标准按照 GB/T 1.1-2009 给出的规则起草。本标准由全国林业信息数据标准化技术委员会(SAC/TC 386)提出并归口。本标准起草单位：中国林业科学研究院资源信息研究所。本标准主要起草人：刘鹏举、高开通、侯瑞霞、谢阳生、黄水生、唐小明。

3.2 编码 encoding

给事物或概念赋予代码的过程。[GB/T 10113-2003，术语2.2.1]

3.3 代码 code

表示特定事物或概念的一个或一组字符。[GB/T 10113-2003，术语2.2.5]

3.4 林业生态工程 forestry ecological project

根据生态学、林学及生态控制论原理，设计、建造与调控以木本植物为主体的人工复合和保护自然。

生态系统的工程。其目的在于保护、改善与持续利用自然资源与环境。

4 分类与编码原则

4.1 科学性、系统性

通过分析林业各生态工程本身的特征进行分类编码，形成林业生态工程及信息的分类编码体系。

4.2 唯一性

各类信息所包含的对象与代码一一对应，以保证信息存储和交换的一致性、语义的唯一性。

4.3 实用性

以我国现有基础地理信息和林业各生态工程信息的常规分类为基础，结合林业各生态工程及信息的特点，以适应业务数据的组织、建库、存储及交换等为目标，对林业各生态工程及信息进行科学的分类编码。

4.4 兼容性

与国际、国家及行业相关标准相协调，充分吸纳地方标准，利用已有成果，保持类别与代码的继承性和延续性。

4.5 完整性和可扩展性

充分考虑目前林业生态工程及信息的类别、范围与深度，同时也为今后信息分类编码的增加、升级留出扩展空间。

5 林业生态工程分类

5.1 分类

根据林业生态工程的生态功能和经济功能，将林业生态工程分为：生态保护型林业生态工程、生态防护型林业生态工程、生态经济型林业生态工程和环境改良型林业生态工程。

生态保护型林业生态工程：主要解决天然林资源的休养生息和恢复发展；解决生物多样性保护、自然保护、湿地保护等生态问题。生态保护型林业生态工程可分为天然林资源保护工程、次生林改造工程、水源涵养林营造工程、野生动植物保护及自然保护区建设工程、湿地保护恢复工程、森林公园建设工程、特种用途林建设工程等。

生态防护型林业生态工程：主要解决防沙治沙、防治荒漠化、农田防护、河岸河滩防护、护路等生态问题。生态防护型林业生态工程可分为农田防护林工程、防风固沙林工程、河岸河滩防护林工程、护路林工程、盐碱地造林工程等。

生态经济型林业生态工程：主要解决与生态建设密切相关的木材和林产品的供应等问题。生态经济型林业生态工程可分为农林复合生态工程、竹林基地建设工程、用材林基地建设工程、薪炭林基地建设工程、经济林基地建设工程、能源林基地建设工程等。

环境改良型林业生态工程：主要是对因各种人为活动破坏或自然原因造成退化的土地，采取各种整治及弥补措施，使其因地制宜地恢复到可供利用的期望状态的行动或过程。环境改良型林业生态工程可分为城市林业建设工程、工矿区恢复与重建工程、劣地改良建设工程等。

5.2 代码结构

根据上述林业生态工程分类依据，按线分类法将林业生态工程分为大类、小类及工程。工程可根据具体业务需要扩充，即扩展码。具体林业生态工程代码结构如图1所示。

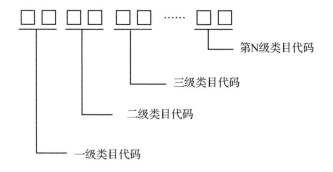

图1 林业生态工程代码结构

5.3 分类与代码表（表1）

表1 林业生态工程分类与代码表

大类	小类	工程	扩展码	名称
01000000				生态保护型林业生态工程
	01010000			天然林保护类工程
		01010100		天然林资源保护工程
			01010111	长江上游地区天然林资源保护一期工程
			01010112	长江上游地区天然林资源保护二期工程
			01010121	黄河中上游地区天然林资源保护一期工程
			01010122	黄河中上游地区天然林资源保护二期工程

(续)

大类	小类	工程	扩展码	名称
			01010131	东北、内蒙古等重点国有林区天然林资源保护一期工程
			01010132	东北、内蒙古等重点国有林区天然林资源保护二期工程
	01020000			次生林改造类工程
	01030000			水源涵养林营造类工程
	01040000			野生动植物保护及自然保护区类工程
		01040100		野生动植物及自然保护区工程
	01050000			湿地保护类工程
		01050100		湿地公园工程
	01060000			森林公园建设类工程
	01070000			特种用途林建设类工程
		01070100		重点公益林经营工程
		01070200		珍贵树种培育工程
	01990000			其他生态保护型林业生态工程
02000000				生态防护型林业生态工程
	02010000			农田防护林类工程
		02010100		全国农田林网化建设工程
	02020000			防风固沙林类工程
		02020100		京津风沙源治理工程
		02020200		全国石漠化治理工程
		02020300		全国防治沙漠化工程
		02020400		防沙治沙林工程
		02020500		三北及长江流域等重点防护林体系工程
			02020511	三北防护林一期工程
			02020512	三北防护林二期工程
			02020513	三北防护林三期工程
			02020514	三北防护林四期工程
			02020515	三北防护林五期工程
			02020516	三北防护林六期工程
			02020517	三北防护林七期工程
			02020518	三北防护林八期工程
			02020521	长江流域防护林一期工程
			02020522	长江流域防护林二期工程
			02020531	沿海防护林一期工程
			02020532	沿海防护林二期工程

(续)

大类	小类	工程	扩展码	名称
			02020533	沿海防护林三期工程
			02020541	珠江流域防护林一期工程
			02020542	珠江流域防护林二期工程
			02020543	珠江流域防护林三期工程
			02020551	太行山绿化一期工程
			02020552	太行山绿化二期工程
			02020561	平原绿化一期工程
			02020562	平原绿化二期工程
			02020571	淮河太湖流域防护林工程
		02020600		松花江嫩江流域防护林工程
		02020700		黄河下游及海河流域防护林工程
	02030000			河岸河滩防护林类工程
	02040000			护路林类工程
	02050000			盐碱地造林类工程
	02990000			其他生态防护型林业生态工程
		02990100		退耕还林工程
03000000				生态经济型林业生态工程
	03010000			农林复合类工程(含林粮、林药、林渔等复合)
		03010100		林业血吸虫病防治工程
	03020000			竹林基地建设类工程
	03030000			用材林(含速生丰产林、短轮伐期纸浆林)基地建设类工程
		03030100		速生丰产林基地建设工程
	03040000			薪炭林建设类工程
		03040100		重点地区薪炭林基地建设工程
	03050000			经济林(含果园、经济林园等)基地建设类工程
	03990000			其他生态经济型林业生态工程
		03990100		生物质能源林基地建设工程
04000000				环境改良型林业生态工程
	04010000			城市林业建设类工程
	04020000			工矿区恢复与重建类工程
		04020100		工矿废弃地复垦林业工程
	04030000			劣地(含裸盐裸土、陡崖等)改良类工程
	04990000			其他环境改良型林业生态工程

6 林业生态工程信息分类与代码

6.1 林业生态工程信息

林业生态工程建设过程主要包括组织、规划设计、实施、监管（包括：进度、质量、资金及其他）、评价和验收管理等环节。林业生态工程信息分类见表2。

表2　林业生态工程管理信息分类

序号	林业生态工程管理类别	林业生态工程管理具体内容
1	组织	组织管理信息
2	规划设计	工程规划信息
		组织管理信息
3	实施	工程建设技术信息
		工程进度信息
4	监管	工程质量信息
		工程资金管理信息
		工程监理信息
5	评价	工程效益评价信息
		工程绩效评价
6	验收管理	检查验收信息
		工程档案信息
		工程验收信息

林业生态工程信息可分为基础信息、设计信息和验收管理信息。具体各类信息的数据项见表3。

表3　林业生态工程信息数据项内容表

林业生态工程信息类别	数据项
基础信息	地类
	林种
	生态公益林事权等级
	国家生态公益林保护等级
	权属
	植被类型
	湿地类型
	湿地保护等级
	荒漠化类型
	沙化类型
	地貌

(续)

林业生态工程信息类别	数据项
基础信息	坡位
	坡向
	坡度级
	土壤类型
	优势树种(组)
	龄组
	沙漠沙地
	森林类型
	自然保护区类型
设计信息	设计情况
	整地方式
	混交类型
	工程建设措施
	林带结构
	造林类别
	造林方式
	治理方式
	防风固沙类型
	沙漠化防治方式
	封育类型
	封育方式
	封山(沙)育林(草)措施
	防风固沙型
	防风固沙林带的类型
	沙化土地类型区划
	保护类型
验收管理信息	不合格(未保存)原因
	验收情况
	档案情况
	管护情况
	补植情况
	沙障固沙效果评定等级
	防风固沙林网合格技术等级

6.2 林业生态工程基础信息代码表

林业生态工程基础信息的具体数据项和代码见表4～表21。

表4 地类代码表

代码	名称	代码	名称
1000	林地	1630	其他无立木林地
1100	有林地	1700	宜林地
1110	乔木林	1710	宜林荒山荒地
1111	纯林	1720	宜林沙荒地
1112	混交林	1730	宜林沼泽地
1120	红树林	1740	其他宜林地
1130	竹林	1800	林业辅助生产用地
1200	疏林地	2000	非林地
1300	灌木林地	2100	耕地
1310	国家特别规定的灌木林地	2200	牧草地
1320	其他灌木林地	2300	水域
1400	未成林地	2400	未利用地
1410	未成林造林地	2500	建设用地
1420	未成林封育地	2510	工矿建设用地
1500	苗圃地	2520	城乡居民建设用地
1600	无立木林地	2530	交通建设用地
1610	采伐迹地	2540	其他用地
1620	火烧迹地		

表5 林种分类代码表

代码	名称	代码	名称
100	生态公益林	122	实验林
110	防护林	123	母树林
111	水源涵养林	124	环境保护林
112	水土保持林	125	风景林
113	防风固沙林	126	名胜古迹和革命纪念林
114	农田牧场防护林	127	自然保护林
115	护岸林	200	商品林
116	护路林	230	用材林
117	其他防护林	231	短轮伐期用材林
120	特种用途林	232	速生丰产用材林
121	国防林	233	一般用材林

（续）

代码	名称	代码	名称
240	薪炭林	253	林化工业原料林
250	经济林	254	药用林
251	果树林	255	其他经济林
252	食用原料林		

表6 生态公益林事权等级代码表

代码	名称	代码	名称
10	国家公益林	21	省
11	补偿	22	地区（市）
12	未补偿	23	县
20	地方公益林		

表7 国家生态公益林保护等级代码表

代码	名称	代码	名称
1	一级	3	三级
2	二级		

表8 权属代码表

代码	名称	代码	名称
10	林地所有权	32	集体使用
11	国家所有	33	个人使用
12	集体所有	34	合作使用
19	林地所有权未定	35	其他使用权
20	林所有权	39	林地使用权未定
21	国家所有	40	林木使用权
22	集体所有	41	国家使用
23	个人所有	42	集体使用
24	其他	43	个人使用
29	林木所有权未定	44	合作使用
30	林地使用权	45	其他使用权
31	国有使用	49	林木使用权未定

表 9　植被类型代码表

代码	名称	代码	名称
100	自然植被	150	荒漠（包括肉质刺灌丛）
110	针叶林	151	荒漠
111	寒温性针叶林	152	肉质刺灌丛
112	温性针叶林	160	冻原
113	温性针阔混交林	161	高山冻原
114	暖性针叶林	170	高山稀疏植被
115	暖性针阔混交林	171	高山垫状植被
116	热性针叶林	172	高山流石滩稀疏植被
117	热性针阔混交林	180	草甸
120	阔叶林	181	草甸
121	落叶阔叶林	190	沼泽与水生植被
122	常绿落叶阔叶混交林	191	沼泽
123	常绿阔叶林	192	水生植被
124	硬叶常绿阔叶林	200	人工植被
125	季雨林	210	草本类型
126	雨林	211	大田作物型
127	珊瑚岛常绿林	212	蔬菜作物型
128	红树林	213	草皮绿化型
129	竹林	220	木本类型
130	灌丛和灌草丛	221	针叶林型
131	常绿针叶灌丛	222	针阔混交林型
132	常绿革叶灌丛	223	阔叶林型
133	落叶阔叶灌丛	224	灌木林型
134	常绿阔叶灌丛	225	其他木本类型
135	灌草丛	230	草本木本间作类型
140	草原和稀树草原	231	农林间作型
141	草原	232	农果间作型
142	稀树草原	233	草本绿化型

表 10　湿地类型代码表

代码	名称	代码	名称
100	近海及海岸湿地	103	珊瑚礁
101	浅海水域	104	岩石性海岸
102	潮下水生层	105	潮间沙石海滩

(续)

代码	名称	代码	名称
106	潮间淤泥海滩	403	沼泽化草甸
107	潮间盐水沼泽	404	灌丛沼泽
108	红树林沼泽	405	森林沼泽
109	海岸性咸水湖	406	内陆盐沼
110	海岸性淡水湖	407	地热湿地
111	河口水域	408	淡水泉或绿洲湿地
112	三角洲湿地	500	人工湿地
200	河流湿地	501	蓄水区
201	永久性河流	502	运河、输水河
202	季节性或间歇性河流	503	淡水养殖池塘
203	泛洪平原湿地	504	海水养殖场
300	湖泊湿地	505	农用池塘
301	永久性淡水湖	506	灌溉用沟、渠
302	季节性淡水湖	507	稻田、冬水田
303	永久性咸水湖	508	盐田
304	季节性咸水湖	509	采矿性积水区
400	沼泽湿地	510	废水处理场所
401	藓类沼泽	511	城市性景观和娱乐水面
402	草本沼泽		

表 11 湿地保护等级代码表

代码	名称	备注
1	Ⅰ	湿地类型落在国家级自然保护区内
2	Ⅱ	湿地类型落在省级自然保护区内
3	Ⅲ	湿地类型落在地(市)级自然保护区内
4	Ⅳ	湿地类型落在县级自然保护区内
5	Ⅴ	湿地类型落在非自然保护区内

表 12 荒漠化类型要素代码表

代码	名称	代码	名称
1	风蚀	4	冻融
2	水蚀	0	非荒漠化土地
3	盐渍化		

表 13　沙化类型要素代码表

代码	名称	代码	名称
100	沙化土地	140	露沙地
110	流动沙地(丘)	150	沙化耕地
120	半固定沙地(丘)	160	非生物治沙工程地
121	人工半固定沙地(丘)	170	风蚀残丘
122	天然半固定沙地(丘)	180	风蚀劣地
130	固定沙地(丘)	190	戈壁
131	人工固定沙地(丘)	200	有明显沙化趋势的土地
132	天然固定沙地(丘)	300	非沙化土地

表 14　地貌代码表

代码	名称	代码	名称
1	极高山	5	丘陵
2	高山	6	平原
3	中山	7	其他地貌
4	低山		

表 15　坡位代码表

代码	名称	代码	名称
1	脊部	5	谷部
2	上部	6	平地
3	中部	7	全坡位
4	下部		

表 16　坡向代码表

代码	名称	代码	名称
1	北	6	西南
2	东北	7	西
3	东	8	西北
4	东南	9	无坡向
5	南		

表 17 坡度级代码表

代码	名称	代码	名称		
1	平坡	<5 度	4	陡坡	25~34 度
2	缓坡	5~14 度	5	急坡	35~44 度
3	斜坡	15~24 度	6	险坡	≥45 度

表 18 土壤类型代码表

代码	名称	代码	名称
100	铁铝土纲	152	水稻土
101	砖红壤	160	半水成土纲
102	赤红壤	161	黑土
103	红壤	162	白浆土
104	黄壤	163	潮土
110	淋溶土纲	164	砂姜黑土
111	黄棕壤	165	灌淤土
112	棕壤	166	绿洲土
113	暗棕壤	167	草甸土
114	灰黑土	170	盐碱土纲
115	漂灰土	171	盐土
120	半淋溶土纲	172	碱土
121	燥红土	180	岩成土纲
122	褐土	181	紫色土
123	塿土	182	石灰土
124	灰褐土	183	磷质石灰土
130	钙层土纲	184	黄绵土
131	黑垆土	185	风沙土
132	黑钙土	186	火山灰土
133	栗钙土	190	高山土纲
134	棕钙土	191	山地草甸土
135	灰钙土	192	亚高山草甸土
140	石膏盐层土纲	193	高山草甸土
141	灰漠土	194	亚高山草原土
142	灰棕漠土	195	高山草原土
143	棕漠土	196	亚高山漠土
150	水成土纲	197	高山漠土
151	沼泽土	198	高山寒冻土

表19 优势树种(组)代码表

代码	名称	代码	名称
100	阔叶树种(组)	603	水、胡、黄
101	杨类	700	针叶树种(组)
102	柳类	701	落叶松类
103	桉类	702	冷杉类
104	樟类	703	云杉类
105	楠类	704	松类
106	栎类	705	国外松类
107	榆类	706	铁杉、油杉类
108	榉类	707	柏类
109	石楠类	708	杉类
110	檀类	800	针叶其他树种(组)
111	桦类	801	针叶混交树种组
112	椴类	900	特殊树种(组)
113	山槐类	910	竹林
114	桐类	911	毛竹
115	刺槐类	912	杂竹
116	栲类	920	经济树种(组)
117	越橘类	921	果树类
118	槭类	922	食用原料类
119	楝类	923	药材类
600	阔叶其他树种(组)	924	林化工业原料类
601	阔叶混交树种组	925	其他经济类
602	杂木		

表20 龄组代码表

代码	名称	代码	名称
1	幼龄林	4	成熟林
2	中龄林	5	过熟林
3	近熟林		

表21 沙漠沙地代码表

代码	名称	代码	名称
01	塔克拉玛干沙漠	03	鄯善库姆塔格沙漠
02	古尔班通古特沙漠	04	库木塔格沙漠

(续)

代码	名称	代码	名称
05	乌苏沙漠	13	巴音温都尔沙漠
06	库木库里沙漠	14	科尔沁沙地
07	柴达木盆地沙漠	15	毛乌素沙地
08	巴丹吉林沙漠	16	浑善达克沙地
09	河西走廊沙漠	17	呼伦贝尔沙地
10	腾格里沙漠	18	嫩江沙地
11	乌兰布和沙漠	19	乌珠穆沁沙地
12	库不齐沙漠		

数据项森林类型及自然保护区的代码分别参见：GB/T 14721 森林类型、和 GB/T 15778 林业资源分类与代码自然保护区。

6.3 林业生态工程设计信息代码表

林业生态工程设计信息的具体数据项和代码见表22～表37。

表22 设计情况代码表

代码	名称	代码	名称
1	图、表齐全	2	图、表不全

表23 整地方式代码表

代码	名称	代码	名称
01	全面整地	07	反坡梯田
02	水平带整	08	台田整地
03	撩壕整地	09	高垄整地
04	穴状整地	10	畦状整地
05	鱼鳞坑整地	11	带状整地
06	块状整地	12	未整地

表24 混交类型代码表

代码	名称	代码	名称
1	针叶纯林	4	阔叶混交
2	针叶混交	5	针阔混交
3	阔叶纯林	6	乔灌混交

表 25 工程建设措施代码表

代码	名称	代码	名称
10	管护	41	退耕地造林
20	封育	42	荒山造林
30	飞播	50	其他
40	造林	51	防火隔离带

表 26 林带结构代码表

代码	名称	代码	名称
1	紧密	3	疏透
2	透风		

表 27 造林类别代码表

代码	名称	代码	名称
10	人工造林	30	人工促进天然更新
11	退耕地还林	40	疏林地补植
12	荒山荒地造林	50	非规划林地造林
20	人工更新	60	生物防护林(防火隔离带)

表 28 造林方式代码表

代码	名称	代码	名称
10	植苗造林	21	直播
11	裸根苗造林	22	散播
12	容器苗造林	23	飞播
20	播种造林	30	封山(滩)育林

表 29 治理方式代码表

代码	名称	代码	名称
1	封山(沙)育林(草)	3	人工造林治沙
2	飞播造林治沙		

表 30 防风固沙类型代码表

代码	名称	代码	名称
1	阻沙型	3	输导型
2	固沙型		

表31 沙漠化防治方式代码表

代码	名称	代码	名称
1	植苗造林治沙	4	造林地抚育管理
2	直播造林治沙	5	新造林地管保
3	扦插造林治沙		

表32 封育类型代码表

代码	名称	代码	名称
1	乔木型	3	灌木型
2	乔灌型	4	灌草型

表33 封育方式代码表

代码	名称	代码	名称
1	全封	3	轮封
2	半封		

表34 封山(沙)育林(草)措施代码表

代码	名称	代码	名称
1	封禁	3	森防
2	培育		

表35 防风固沙林带的类型代码表

代码	名称	代码	名称
1	纯林	2	混交林

表36 沙化土地类型区划代码表

代码	名称	代码	名称
1	极端干旱、干旱沙化土地类型区	4	黄淮海平原半干旱、半湿润沙化
2	北方干旱、半干旱沙化	5	南方湿润沙化
3	高原高寒沙化		

表 37　保护类型代码表

代码	名称	代码	名称
01	森林生态系统	06	内陆湿地及水系生态系统
02	野生动物	07	地质遗迹
03	野生植物	08	古生物遗迹
04	海洋和海岸生态系统	09	草原草甸
05	荒漠生态系统	10	高山冰川

6.4　林业生态工程验收管理信息代码表

林业生态工程验收管理信息的具体数据项和代码见表38~表44。

表 38　不合格(未保存)原因代码表

代码	名称	代码	名称
1	自然因素	4	造林技术
2	人畜破坏	5	其他原因
3	种苗质量		

表 39　验收情况代码表

代码	名称	代码	名称
1	有验收单	2	无验收单

表 40　档案情况代码表

代码	名称	代码	名称
1	有档案	2	无档案

表 41　管护情况代码表

代码	名称	代码	名称
1	有管护措施	2	无管护措施

表 42　补植情况代码表

代码	名称	代码	名称
1	补植造林	2	未补植

表 43　沙障固沙效果评定等级代码表

代码	名称	代码	名称
1	优	3	差
2	良		

表 44　防风固沙林网合格技术等级代码表

代码	名称	代码	名称
1	成活率	3	完整度
2	保存率	4	林网化程度

森林火灾信息分类与代码[①]

（LY/T 2180-2013，国家林业局2013年10月17日发布，2014年1月1日实施）

1 范围

本标准规定了森林火灾信息分类的基本框架、分类和代码。

本标准适用于森林火灾信息采集、处理、管理和相关信息系统建设，为森林防火教学科研提供参考依据。

2 规范性引用文件

下列文件对于本文件的应用是必不可少的。凡是注日期的引用文件，仅所注日期的版本适用于本文件。凡是不注日期的引用文件，其最新版本（包括所有的修改单）适用于本文件。

GB/T 2260-2007 中华人民共和国行政区划代码

GB/T 10114-2003 县以下行政区划代码编制规则

GB/T 7027-2002 信息分类和编码的基本原则与方法

GB/T 10113-2003 分类与编码通用术语

GB/T 26424-2010 森林资源规划设计调查技术规程

LY/T 1627-2005 中国森林火灾编码

LY/T 1846-2009 森林火灾成因和森林资源损失调查方法

LY/T 1679-2006 森林火灾扑救技术规程

LY/T 2013-2012 森林可燃物的测定

《森林防火条例》中华人民共和国国务院 2008

3 术语和定义

下列术语和定义适用于本标准。

3.1 森林火灾 forest fire

发生在《中华人民共和国森林法实施条例》第二条规定的"林地"上的非控制性燃烧。[LY/T 1846-2009，术语和定义3.1]

[①] 本标准按照 GB/T 1.1-2009 给出的规则起草。本标准由全国林业信息数据标准化技术委员会（SAC/TC 386）提出并归口。本标准起草单位：中国林业科学研究院资源信息研究所。本标准主要起草人：黄水生、罗鹏、刘鹏举、谢阳生、侯瑞霞、唐小明。

3.2 森林火灾信息 forest fire information

森林火灾发生、发展、扑救和损失情况的信息,包括文字、数字、符号、图形、图像、影像和声音等各种表达形式。

3.3 森林火灾信息分类 forest fire information classification

根据森林火灾信息的属性或特征,按一定的规则对其进行区分和归类的过程。通过分类可以对森林火灾信息建立起一定的分类系统和排列顺序,有利于管理和使用信息。

3.4 森林火灾信息代码 forest fire information code

表示森林火灾信息类目的一个或一组字符。

3.5 森林火灾信息编码 forest fire information coding

给森林火灾信息赋予代码的过程。

3.6 类目 class

一组具有共同属性的事物的集合,又称类。

3.7 分类体系 classification system

分类后所形成的相互关联的类目的整体。

4 分类原则

4.1 科学性

选择森林火灾信息最稳定的本质属性或特征及其中存在的逻辑关联作为分类的基础和依据。

4.2 系统性

将森林火灾信息包含的属性和特征按其内在规律系统化地排列,以形成一个逻辑层次清晰、结构合理、类目明确的分类体系。

4.3 可扩展性

通过设置收容类目,以保证增加新的事物或概念时,不打乱已建立的分类体系,同时为下级信息管理系统在本分类框架体系的基础上进行延拓细化创造条件。

4.4 兼容性原则

与国内已有的相关信息分类标准相协调,保持继承性和实际使用的延续性,同时也与相关国际标准相符。

4.5 综合实用性原则

从森林火灾息管理的实际需求出发,分类体系要突出重点、方便检索、便于操作,同时还应考虑到森林资源管理、营造林等相关业务,适应这些业务对森林火灾信息管理的实际需要。

5 分类方法

本标准中的分类方法遵循 GB/T 7027-2002 规定和要求。采用线分类方法进行分类。

6 代码与编码

6.1 代码结构

本标准中编码代码类目层次为四个层级,即一级、二级、三级和四级类目。代码结构如图1所示。

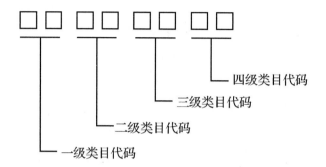

图1 森林火灾信息代码结构图

6.2 编码方法

a)森林火灾信息编码方法采用层次码,每级类目代码均采用2位阿拉伯数字(即01-99)表示,隶属于同一类目名称下的同级类目采用递增顺序码编码;

b)森林火灾信息分类的各级类目如果有收容类目时,其编码通常采用末尾数字为"99"的代码;

c)代码自左至右表示的层级由高至低,代码的左端为最高位级代码,右端为最低级代码,如04030102,表示该森林火灾信息是第四层信息,其一级类目代码为04,二级类目代码为03,三级类目代码为01,四级类目代码为02。

7 森林火灾管理信息分类与代码表

7.1 二级类目表

表1列出了森林火灾信息第一、二级类目的名称、代码及对应的备注。

表1 森林火灾信息二级类目表

代码	一级类目名称	二级类目名称	备注
01	基本信息		
0101		名称	
0102		种类	
0103		等级	
0104		发生	
0105		火行为	

(续)

代码	一级类目名称	二级类目名称	备注
0106		可燃物	
0107		气象	
0108		地形地貌	
0109		重点保护对象	
02	处置信息		
0201		发现	
0202		报告	
0203		接警	
0204		响应级别	
0205		扑救方法	
0206		扑救人员	
0207		出动飞机	
0208		出动车辆	
0209		扑火机具	
0210		专用通讯与定位设备	
0211		扑救指挥	
0212		扑救时间	
0213		问责处理	
03	损失信息		
0301		调查基本信息	
0302		火烧迹地	
0303		人员伤亡	
0304		受害森林	
0305		经济损失	
0399		其他	

7.2 四级类目表

表2列出了森林火灾信息的所有四级类目的名称和代码及对应的备注。

表2 森林火灾信息四级类目表

代码	一级/二级/三级类目名称	四级类目名称	备注
01	基本信息		
0101	名称		
010101	编码		采用 LY/T 1627-2005
010102	火灾名称		
0102	种类		树冠火、地表火和地下火

(续)

代码	一级/二级/三级类目名称	四级类目名称	备注
0103	等级		一般、较大、重大和特别重大
0104	发生		
010401	发生时间		
010402	发生地点		
01040201		行政区划	
01040202		小地名	
01040203		坐标	
010403	发生原因		
0105	火行为		
010501	火场形状		
010502	火头		
01050201		火头位置	
01050202		火头前进方向	
010503	燃烧火焰		
01050301		火焰颜色	
01050302		火焰高度	
010504	烟		
01050401		颜色	
01050402		高度	
01050403		形态	
010505	火强度		低、中、高
010506	蔓延速度		
01050601		蔓延类型	稳进、速进
01050602		火线速度	
01050603		面积速度	
01050604		周长速度	
010507	特殊火行为		
0106	可燃物		
010601	林分		
01060101		地类	采用 GB/T 26424-2010 中 5.1
01060102		林种	采用 GB/T 26424-2010 中 5.3.1
01060103		起源	采用 GB/T 26424-2010 中 5.7.2
01060104		郁闭度等级	采用 GB/T 26424-2010 中 5.7.10.1
01060105		树种组成	采用 GB/T 26424-2010 中 5.4.3
01060106		龄组	采用 GB/T 26424-2010 中 5.5.1
010602	灌木优势种		

(续)

代码	一级/二级/三级类目名称	四级类目名称	备注
010603	草本优势种		
010604	枯落物数量		
010605	腐殖质		
01060501		厚度	厚、中、薄
01060502		组成	
01060503		结构	
01060504		性质	
010606	可燃物		
01060601		种类	
01060602		易燃程度	易燃、可燃、难燃
01060603		可燃物含水率	
01060604		可燃物载量	
0107	气象		
010701	天气		
010702	气温		
010703	风力		
010704	风速		
010705	风向		
010706	湿度		
010707	降水量		
0108	地形地貌		
010801	地貌类型		极高山、高山、中山、低山、丘陵、平原
010802	海拔		
010803	坡度		
010804	坡向		东、南、西、北、东北、东南、西北、西南、无
010805	坡位		脊、上、中、下、谷、平地
010806	小地形		
010807	土壤		
01080701		类型	
01080702		土层厚度	
01080703		质地	
0109	重点保护对象		
010901	村屯		
010902	工矿企业		
010903	仓库		
010904	学校		

(续)

代码	一级/二级/三级类目名称	四级类目名称	备注
010905	部队营房		
010906	重要设施		
010907	名胜古迹		
010908	革命纪念地		
010909	森林公园		
010910	自然保护区		
010999	其他		
02	处置信息		
0201	发现		
020101	发现时间		
020102	发现途径		
020103	发现人		
02010301		姓名	
02010302		性别	
02010303		年龄	
02010304		职业	
02010305		工作单位	
02010306		住址	
0202	报告		
020201	报告时间		
020202	报告途径		
020203	报告信息内容		
020204	报告人		
02020401		姓名	
02020402		性别	
02020403		年龄	
02020404		职业	
02020405		工作单位	
02020406		住址	
0203	接警		
020301	接警时间		
020302	接警人		
02030201		姓名	
02030202		性别	
02030203		年龄	
02030204		职务	

（续）

代码	一级/二级/三级类目名称	四级类目名称	备注
02030205		工作单位	
02030206		联系方式	
0204	响应级别		Ⅰ级、Ⅱ级、Ⅲ级
0205	扑救方法		地面直接灭火、地面间接灭火、以火灭火、航空灭火、人工增雨灭火、其他
0206	扑救人员		
020601	专业/半专业扑火队		
02060101		名称	
02060102		人数	
020602	武警森林部队		
02060201		名称	
02060202		人数	
020603	军队		
02060301		名称	
02060302		人数	
020604	武警		
02060401		名称	
02060402		人数	
020605	林业职工		
02060501		名称	
02060502		人数	
020606	其他人员		
02060601		名称	
02060602		人数	
0207	出动飞机		
020701	机降		
02070101		机型	
02070102		架次	
02070103		人次	
02070104		飞行时间	
02070105		飞行费用	
020702	化学灭火		
02070201		机型	
02070202		架次	
02070203		飞行时间	
02070204		飞行费用	

(续)

代码	一级/二级/三级类目名称	四级类目名称	备注
02070205		灭火剂种类	
020703	吊桶次数		
02070301		机型	
02070302		架次	
02070303		飞行时间	
02070304		飞行费用	
020799	其他		
02079901		机型	
02079902		架次	
02079903		飞行时间	
02079904		飞行费用	
0208	出动车辆		
020801	指挥车		
02080101		车型	
02080102		数量	
020802	运输车		
02080201		车型	
02080202		数量	
020803	装甲车		
02080301		车型	
02080302		数量	
020804	消防车		
02080401		车型	
02080402		数量	
020899	其他		
02089901		车型	
02089902		数量	
0209	扑火机具		
020901	风力灭火机		
02090101		品牌型号	
02090102		数量	
020902	水泵		
02090201		品牌型号	
02090202		数量	
020903	高压细水雾灭火机		
02090301		品牌型号	

(续)

代码	一级/二级/三级类目名称	四级类目名称	备注
02090302		数量	
020904	水枪		
02090401		品牌型号	
02090402		数量	
020905	二、三号工具		
02090501		品牌型号	
02090502		数量	
020906	割灌机水泵		
02090601		品牌型号	
02090602		数量	
020907	油锯		
02090701		品牌型号	
02090702		数量	
020999	其他		
02099901		品牌型号	
02099902		数量	
0210	专用通讯与定位设备		
021001	中继		
02100101		品牌型号	
02100102		数量	
021002	卫星电话		
02100201		品牌型号	
02100202		数量	
021003	卫星定位设备		
02100301		品牌型号	
02100302		数量	
021004	短波电台		
02100401		品牌型号	
02100402		数量	
021005	超短波电台		
02100501		品牌型号	
02100502		数量	
021099	其他		
02109901		品牌型号	
02109902		数量	
0211	扑救指挥		

(续)

代码	一级/二级/三级类目名称	四级类目名称	备注
021101	森林防火指挥机构		
02110101		机构名称	
02110102		负责人	
021102	火场指挥员		
02110201		姓名	
02110202		性别	
02110203		职务	
02110204		工作单位	
02110205		联系方式	
0212	扑救时间		
021201	开始时间		
021202	扑灭时间		
0213	问责处理		
021301	肇事者		
02130101		姓名	
02130102		性别	
02130103		年龄	
02130104		职业	
02130105		工作单位	
02130106		住址	
02130107		肇事事由	
02130108		行政处分	
02130109		刑事处罚	
021302	责任人员		
02130201		姓名	
02130202		性别	
02130203		年龄	
02130204		职业	
02130205		工作单位	
02130206		所负责任	
02130207		行政处分	
02130208		刑事处罚	
03	损失信息		
0301	调查基本信息		
030101	调查人		
03010101		姓名	

(续)

代码	一级/二级/三级类目名称	四级类目名称	备注
03010102		性别	
03010103		年龄	
03010104		职业	
03010105		工作单位	
030102	火因调查方法		
030103	调查时间		
03010301		开始时间	
03010302		结束时间	
0302	火烧迹地		
030201	行政区划		
030202	过火面积		
0303	人员伤亡		
030301	死亡人数		
030302	重伤人数		
030303	轻伤人数		
0304	受害森林		
030401	面积		
03040101		天然林	
03040102		人工林	
03040103		灌木林地	
030402	蓄积		
03040201		烧毁木	
03040202		烧死木	
03040203		烧伤木	
03040204		未伤木	
0305	经济损失		
030501	扑火经费支出		
030502	损失折款		
0399	其他		

湿地信息分类与代码[①]

(LY/T 2181-2013,国家林业局2013年10月17日发布,2014年1月1日实施)

1 范围

本标准规定了湿地信息分类与编码规则。

本标准适用于湿地信息采集、交换、加工、使用以及湿地信息系统建设等管理工作。

2 规范性引用文件

下列文件对于本文件的应用是必不可少的。凡是注明的引用文件,仅注日期的版本适用于本文件。凡不注日期的引用文件,其最新版本(包括所有的修改单)适用于本文件。

GB/T 10113-2003 分类与编码通用术语

GB/T 7027-2002 信息分类和编码的基本原则与方法

GB/T 24708-2009 湿地分类

GB/T 27648-2011 重要湿地监测指标体系

3 术语和定义

下列术语和定义适用于本标准。

3.1 湿地 wetland

湿地是指天然的或人工的,永久的或间歇性的沼泽地、泥炭地、水域地带,带有静止或流动、淡水或半咸水及咸水水体,包括低潮时水深不超过6米的海域。

3.2 湿地信息 wetland information

有关湿地自然环境、湿地功能与利用、湿地保护管理等,以及其相关动态变化信息,包括文字、数字、符号、图形、图像、影像和声音等各种表达形式。

3.3 湿地信息分类 classification of wetland information

根据湿地信息的属性或特征,按一定的规则对其进行区分和归类的过程。通过分类可以为湿地信息建立起一定的分类系统和排列顺序,有利于管理和使用信息。

3.4 湿地信息代码 wetland information code

表示湿地信息类目的一个或一组字符。

[①] 本标准按照 GB/T 1.1-2009 给出的规则起草。本标准由全国林业信息数据标准化技术委员会(SAC/TC 386)提出并归口。本标准起草单位:中国林业科学研究院资源信息研究所。本标准主要起草人:张怀清、鞠洪波、凌成星、赵峰、刘华、黄建文。

3.5 湿地信息编码 wetland information coding

在湿地信息分类的基础上给湿地信息赋予代码的过程。

3.6 类目 class

一组具有共同属性的事物的集合，又称类。

4 分类原则

4.1 科学性原则

选择湿地信息最稳定的本质属性或特性及其中存在的逻辑关联作为分类的基础和依据。

4.2 系统性原则

将选定的湿地信息中包括的事物、概念、属性、特征按完备的排列顺序予以系统化，形成合理的分类体系。

4.3 稳定性原则

根据国际通用的分类标准，参考我国行业工作需求和行业部门正在采用的分类与编码，增强湿地信息分类体系的稳定性与完备性。

4.4 可扩展性原则

在类目的扩展上预留空间，保证分类体系有一定弹性，可在本分类体系上进行延拓细化。在保持分类体系的前提下，保证基本框架稳定的前提下，允许在最后一级分类下制定适用的分类细则。

4.5 兼容性原则

与国内已有的相关信息分类标准相协调，保持继承性和实际使用的延续性，同时也与相关国际标准相符。

4.6 实用性原则

在进行湿地信息分类时，类目设置要全面、实用。

5 分类方法

5.1 基本方法

本标准中的基本分类方法遵循 GB/T 7027-2002 规定和要求。

5.2 湿地信息分类方法

湿地信息采用线分类方法进行分类，具有层次分明、隶属关系的明确特点，对于一些特殊类别的湿地信息，采用面分类方法进行补充，构成湿地信息分类体系。

6 编码

6.1 编码方法

1)编码方法采用层次码,每层中则采用顺序码,每级代码均采用两位阿拉伯数字表示,即 01~99。顺序码采用递增的数字码;

2)湿地信息分类的各层级类目如果有收容类目时,其编码通常采用末尾数字为"99"的代码;

3)代码自左至右表示的层级由高至低。

6.2 代码结构

本标准中代码类目层次结构为三级,类目层次可根据发展需要增加。代码结构如图1所示。

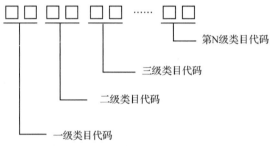

图1 代码结构图

7 湿地信息类别与代码表

7.1 湿地信息三级类目表

表1列出了湿地信息一、二、三级类目的名称、代码及对应的备注。

表1 湿地信息三级类目表

代码	一级类目名称	二级类目名称	三级类目名称	备注
01	湿地自然环境信息			
0101		自然资源		
010101			地理	包括位置、地形、地貌、地质、海拔
010102			土壤	包括土壤类型、泥炭厚度(沼泽湿地)等
010103			气候	包括气温、降水、蒸发量、光照、大气等
010104			水文	包括水域、水源补给、流出状况、积水状况、水位、水深、蓄水等
010105			水质	包括地表水水质、地下水水质等
0102		生物多样性		

(续)

代码	一级类目名称	二级类目名称	三级类目名称	备注
010201			野生动物	包括兽类、鸟类、两栖类、爬行类、鱼类、无脊椎类等
010202			植被与植物	包括沼生植物、湿生植物、水生植物、湿地植被等
0103		其他		
02	湿地功能与利用信息			
0201		资源功能与利用		
020101			生态	包括水资源、环境净化、调蓄、固碳等
020102			经济	包括天然产品、人工养殖与种植、矿产品及工业原料、航运、灌溉、水利发电等
020103			社会	包括休闲、旅游、疗养、体育运动等
020104			文化	包括文学、摄影、书法、绘画等
0202		周边社会经济		
020201			产业结构与产值	包括国民生产总值、产业结构、产业分布等
020202			工业	包括主要原材料消耗、产品产量、总产值等
020203			农林牧渔业	包括种植、捕捞、养殖、放牧等
020204			其他行业	包括运输、休闲旅游业等
0203		受威胁状况		
020301			自然威胁	包括泥沙淤积、盐碱化、沙化、外来物种入侵、赤潮、火灾等
020302			人为威胁	包括城镇化、围垦、污染、承载人口、采集和捕捞、偷猎、水利工程和引排水、放牧、森林采伐等
0204		其他		
03	湿地保护管理信息			
0301		湿地保护状况		
030101			湿地重要性	包括国际重要湿地、国家重要湿地等
030102			自然保护区	包括国家级、省级、地(市)级、县级级别自然保护区
030103			湿地公园	包括国家湿地公园、国家城市湿地公园、地方湿地公园等
030104			湿地保护小区	包括湿地保护区域级别
030105			湿地保护工程	包括工程规划、工程实施、工程效果、湿地保护利用示范区等
030106			社区共管	包括湿地信访、建议提案、公众监督、公众调查、听证会、政务信息公开等

(续)

代码	一级类目名称	二级类目名称	三级类目名称	备注
030107			宣传教育	包括湿地宣传、湿地教育与培训、湿地保护典范及表彰等
0302		湿地规划		
030201			国家规划	
030202			区域规划	
030203			流域规划	
030204			地方规划	
0303		湿地治理与恢复		
030301			水污染防治	包括工业废水防治、生活污水防治、农田排水防治、地表径流污染防治、养殖污染防治等
030302			大气污染防治	包括空气污染防治、酸雨防治、臭氧层保护、温室气体排放控制等
030303			固体废物与化学品污染防治	包括普通固体废物污染防治、危险废物污染防治、危险化学品污染防治等
030304			污染事故应急管理	包括污染事故管理、事故应急管理等
030305			水资源配置	
030306			废水处理	包括物理处理、光化学处理、氧化塘处理、电源非电源处理等
030307			土地处理	
030308			沉积物抽取	
030309			先锋物种引入	
030310			土壤种子库引入	
030311			生物技术	包括生物操纵、生物控制、生物获取等
030312			种群动态调控与行为控制	
030313			物种保护	
0304		湿地监测		
030401			类型监测	
030402			面积监测	
030403			气象要素监测	
030404			水文监测	
030405			水质监测	
030406			土壤监测	
030407			植被及其群落监测	
030408			野生动物监测	
030409			外来物种监测	

（续）

代码	一级类目名称	二级类目名称	三级类目名称	备注
030410			影响因子监测	
0305		湿地科技		
030501			湿地科学研究	包括科研项目管理、科研交流、科研机构等
030502			湿地科技成果管理	包括论文、专著、专利、软件、标准等
030503			湿地科技引进	
030504			湿地科技奖励	包括科学技术奖和其他科技奖励
030505			湿地保护科普	
0306		湿地政务管理		
030601			机构人事管理	
030602			文档管理	
030603			日常政务信息	
030604			政务督查	
030605			资产管理	
030606			个人办公	
030607			会议管理	
030608			财务管理	
030609			后勤管理	
0307		合作与交流		
030701			国际合作	包括国际湿地公约、国际组织合作、湿地履约工作、湿地保护组织交流
030702			区域合作	
030703			双边合作	
030704			国际贸易	
0308		湿地工程		
030801			湿地工程设计	
030802			湿地工程技术管理	
0309		其他		

荒漠化信息分类与代码

(LY/T 2182-2013，国家林业局 2013 年 10 月 17 日发布，2014 年 1 月 1 日实施)

1 范围

本标准规定了荒漠化信息代码编写原则与方法，制定荒漠化地区自然环境信息、荒漠化地区社会经济信息、荒漠化综合管理信息等相关信息的分类体系和代码表。

本标准适用于荒漠化信息管理，为各级荒漠化管理与应用部门进行信息采集、应用、交换和共享提供依据。

2 规范性引用文件

下列文件对于本文件的应用是必不可少的。凡是注日期的引用文件，仅注日期的版本适用于本文件。凡是不注日期的引用文件，其最新版本(包括所有的修改单)适用于本文件。

GB/T 10113—2003 分类与编码通用术语

GB/T 7027—2002 信息分类和编码的基本原则与方法

GB/T 20001.3—2001 标准编写规则第 3 部分：信息分类编码

GB/T20483—2006 土地荒漠化监测方法 2006-08-28 2006-11-01

3 术语和定义

下列术语和定义适用于本标准。

3.1 荒漠化 desertification

由于气候变异和人类活动等因素造成的干旱、半干旱和亚湿润干旱地区的土地退化。

3.2 荒漠化信息 desertification information

表现荒漠化地区自然环境信息、荒漠化地区社会经济信息、荒漠化综合管理信息等方面的数据；包括文字、数字、符号、图形、图像、影像和声音等各种表达形式。

3.3 荒漠化信息分类 classification of desertification information

根据荒漠化信息的属性或特征，按一定的规则对其进行区分和归类的过程。通过分类可以为荒漠化信息建立起一定的分类系统和排列顺序，有利于管理和使用。

3.4 荒漠化信息代码 codes of desertification information

表示荒漠化信息类目的一个或一组字符。

本标准按照 GB/T 1.1-2009 给出的规则起草。

本标准由全国林业信息数据标准化技术委员会（SAC/TC 386）提出并归口。

本标准起草单位：中国林业科学研究院资源信息研究所。

本标准主要起草人：侯瑞霞、孙伟、刘鹏举、黄水生、罗鹏、唐小明。

3.5 荒漠化信息编码 coding for desertification information

在荒漠化信息分类的基础上，给荒漠化信息赋予代码的过程。

3.6 类目 class

一组具有共同属性的事物的集合，又称类。

3.7 分类体系 classification system

分类后所形成的相互关联的类目的整体。

4 分类原则

在荒漠化信息分类与编码过程中，应遵循科学性、系统性、稳定性、可扩延性、兼容性、实用性等基本原则。

4.1 科学性原则

依据分类的目的，选择荒漠化信息最稳定的本质属性或特性及其中存在的逻辑关联作为分类的基础和依据。

4.2 系统性原则

将选定的荒漠化信息中包括的事物、概念、属性、特征按完备的排列顺序予以系统化，形成逻辑层次清晰、结构合理、类目明确、科学的分类体系。

4.3 稳定性原则

分类时，结合我国多年来荒漠化各项工作积累成果，考虑行业部门正在采用的分类与编码，增强荒漠化信息分类体系的稳定与完备。

4.4 可扩延性原则

在类目的扩展上预留空间，保证分类体系有一定弹性，可在本分类体系上进行延拓细化。在保持分类体系的前提下，允许在最后一级分类下制定适用的分类细则。

4.5 兼容性原则

与国内已有的相关信息分类标准相协调，保持继承性和实际使用的延续性，同时也与相关国际标准相符。若有相关的国家标准，则应执行国家标准；其次，若没有相关的国家标准，则执行相关的行业标准；若二者均不存在，则应参照相关的国际标准。这样，才能保证不同分类体系间的协调一致和转换。

4.6 实用性原则

在进行荒漠化资源管理信息分类时，从荒漠化信息管理的实际需求出发，综合各种因素来确立具体的分类原则，类目设置要全面、实用。

5 分类方法

5.1 基本方法

本标准中的基本分类方法遵循 GB/T 7027 规定和要求。

5.2 荒漠化信息分类方法

本标准充分考虑荒漠化信息分类的应用需求、各级编码对象的特征和性质、拟定的分类原则，采用线分类方法进行分类，将荒漠化信息按三级划分，构成荒漠化信息分类体系。具有层次分明、隶属关系明确特点，对于一些特殊类别的荒漠化信息，采用线分类与面分类方法进行补充。

6 荒漠化信息编码

6.1 编码的原则

1）简单唯一性：在一个分类体系中，每一个荒漠化信息类目仅有一个代码，一个代码只唯一表示一个信息类目；代码结构应尽量简单，长度尽量短，以便节省机器存贮空间和减少代码的出错率。

2）规范合理性：代码结构要与分类体系相适应；代码的类型、结构以及编写格式必须统一。

3）稳定性：荒漠化信息类目的代码一旦被确定，只要名称没有发生变化，就应保持不变。

4）可扩充性：留有适当的后备容量，以便适应不断扩充的需要。

6.2 编码代码结构

本标准中编码代码类目层次为三级，类目层次可根据发展需要增加。代码结构如图1所示。

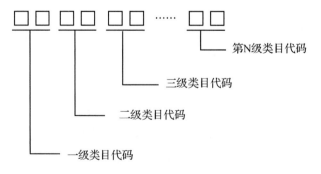

图1 编码代码结构图

6.3 编码方法

a）采用层次码，每层中则采用顺序码，每层代码均采用两位阿拉伯数字表示，即01～

99；采用固定递增格式；

b) 各层级类目如果有收容类目时，其编码通常采用末尾数字为"99"的代码；

c) 代码自左至右表示的层级由高至低。

7 荒漠化信息类别与代码表

荒漠化信息按类别划分列出了各级级类目的名称、代码及对应的备注。

表 1 荒漠化信息三级类目表

代码	一级类目名称	二级类目名称	三级类目名称	备注
01	荒漠化地区自然环境信息			
0101		分布信息		
010101			地理分布	行政区划信息、生态区划、流域区划等
010199			其他分布信息	
0102		自然资源信息		
010201			地质信息	
010202			土壤信息	
010203			水文信息	
010204			气象信息	
010299			其他自然资源信息	
0103		生物多样性信息		
010301			动物信息	
010301			植物信息	
010399			其他生物多样性信息	
0104		自然灾害信息		
010401			地质灾害	水土流失、滑坡、崩塌、盐碱化等方面的类别、发生状况等
010402			水文灾害	洪水、涝渍、融雪、冰凌灾害状况
010403			气象灾害	干旱、风沙、酸雨、降雪等灾害
010404			动植物病虫害	
010499			其他自然灾害信息	
0199		其他自然环境信息		
02	荒漠化地区社会经济信息			
0201		人文信息		
020101			人口承载	
020102			动态变迁	历史变迁、社会发展等

(续)

代码	一级类目名称	二级类目名称	三级类目名称	备注
020103			教育程度	
020199			其他人文信息	
0202		经济信息		
020201			耕作开发	农垦、矿产等
020202			种植和养殖	经济树木、牲畜、渔业
020203			旅游	
020299			其他经济信息	
0203		产业发展信息		
020301			荒漠化产业项目	
020302			荒漠化产业工程	
020303			荒漠化产业技术	
020399			其他产业发展信息	
0204		社会灾害信息		
020401			社会灾害类别	砍伐、污染、过垦等信息
020402			社会灾害影响	
020403			灾害应急	预案管理、应急培训和演练、灾害应急流程
020499			其他社会灾害信息	
0299		其他社会经济信息		
03	荒漠化综合管理信息			
0301		科技管理信息		
030101			科研技术	技术研发、技术引进、研究成果等
030102			标准规范	调查规范、监测规范、技术规程等
030103			科技推广	
030199			其他科技管理	
0302		政务管理信息		
030201			事务管理	
030202			政策法规	与荒漠化有关法律、法规、政策等
030203			工程管理	
030299			其他政务管理	
0303		监测信息		
030301			自然信息监测	气候、地质、动植物活动等方面的监测

（续）

代码	一级类目名称	二级类目名称	三级类目名称	备注
030302			专项信息监测	类型变化、区域变迁、课题研究等
030399			其他监测	
0304		治理与恢复		
030401			生态环境保护与修复	
030402			社会规划治理	国家规划、区域规划、地方规划等
030499			其他治理与恢复	
0305		合作与交流		
030501			国际合作	国际公约、国际论坛、国际项目等
030502			社会组织合作	
030503			民众参与	
030599			其他合作	
0399		其他综合管理信息		

野生动植物保护信息分类与代码

(LY/T 2179-2013，国家林业局2013年10月17日发布，2014年1月1日实施)

1 范围

本标准规定了野生动植物保护信息分类的基本框架、分类和代码。

本标准适用于野生动植物保护信息采集、处理、管理等工作。

2 规范性引用文件

下列文件对于本文件的应用是必不可少的。凡是注日期的引用文件，仅注日期的版本适用于本文件。凡是不注日期的引用文件，其最新版本(包括所有的修改单)适用于本文件。

GB/T 10113—2003 分类与编码通用术语

GB/T 7027 信息分类和编码的基本原则与方法

GB/T 10114—2003 县以下行政区划代码编码规则

GBT 15778—1995 林业资源分类与代码 自然保护区

GB/T 15628.1—1995 中国动物分类代码 脊椎动物

GB/T 14467—1993 中国植物分类与代码

3 术语和定义

GB/T 10113-2003 和 GB/T 7027 中确立的术语和定义，以及下列术语和定义适用于本标准。

3.1 野生动物 wild animals

野生动物是指珍贵、濒危的陆生野生动物和有益的或者有重要经济、科学研究价值的陆生野生动物。

3.2 野生植物 wild plants

野生植物指原生地天然生长的珍贵植物和原生地天然生长并具有重要经济、科学研究、文化价值的濒危、稀有植物。

3.3 野生动植物保护 wildlife conservation

野生动植物保护包括野生动物保护和野生植物保护，是指根据《中华人民共和国野生动物保护法》和《中华人民共和国野生植物保护条例》规定，由林业行政主管部门主管的陆生野生动物和植物的保护、发展和合理利用活动。

3.4 野生动植物保护信息 wildlife conservation information

以适合于通信、存储或处理的形式来表示野生动植物保护、发展和合理利用情况的知识或消息，包括以下内容。

本标准按照 GB/T 1.1—2009 给出的规则起草。

本标准由全国林业信息数据标准化技术委员会(SAC/TC 386)提出并归口。

本标准起草单位：中国林业科学研究院资源信息研究所。

本标准主要起草人：刘鹏举、高开通、侯瑞霞、谢阳生、黄水生、唐小明。

括文字、数字、符号、图形、图像、影像和声音等各种表达形式。

3.5 野生动植物保护信息分类 Classification of wildlife conservation information

根据野生动植物保护信息的属性或特征，按一定的规则对其进行区分和归类的过程。通过分类可以为野生动植物保护信息建库管理起一定的分类系统和排列顺序，有利于管理和使用信息。

3.6 野生动植物保护信息代码 code of wildlife conservation

表示野生动植物保护信息类目的一个或一组字符。

3.7 野生动植物保护信息编码 coding for wildlife conservation

在野生动植物保护信息分类的基础上，给野生动植物保护信息赋予代码的过程。

3.8 类目 class

一组具有共同属性的事物的集合，又称类。

3.9 分类体系 classification system

分类后所形成的相互关联的类目的整体。

4 分类原则

4.1 科学性

选择分类对象最稳定的本质属性或特征作为分类的基础和依据。

4.2 系统性

将选定的事物、概念的属性或特征按一定顺序予以系统化，并形成一个科学合理的分类体系。

4.3 可扩充性

通常设置收容类目，以保证增加新的事物或概念时，不打乱已建立的分类体系，同时还应为下级信息管理系统在本分类系统的基础上进行延拓细化创造条件。

4.4 兼容性

应与相关标准(包含国际标准)协调一致。

4.5 实用性

分类要从系统工程角度出发，把局部问题放在系统整体中处理，达到系统最优。即在满足系统总任务、总要求的前提下，尽量满足系统内各相关单位的实际需求。

5 分类方法

本标准中的基本分类方法遵循 GB/T 7027—2002 规定和要求。采用线分类法与面分类法相结合的混合分类法。

6 野生动植物保护信息编码

6.1 编码原则

编码原则遵循 GB/T 7027—2002 规定和要求。

6.2 编码方法

在本标准中，野生动植物保护信息的编码方法采用层次编码法，每层均采用数字顺序编码法。

层次编码法是依据编码对象的分类层级将代码分成若干层级，并与分类对象的分类层次相对应。代码自左至右表示的层级由高至低，代码的左端为最高位层级代码，右端为最低层级代码。

数字顺序编码法是按照数字的顺序对编码对象编写。本分类中采用的数字顺序编码为递增的数字顺序编码。

6.3 代码组成

保护信息代码组成：本标准中编码代码类目层次为四级，即第一级类目、二级类目、三级类目、四级类目。类目层次可根据发展需要增加。

类目代码用阿拉伯数字表示。每层类目采用两位阿拉伯数字表示，即 01~99。采用固定递增格式。顺序码采用递增的数字码。代码结构如图 1 所示。

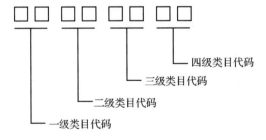

图 1　编码代码结构图

7 野生动植物保护信息类别与代码表

7.1 二级类目表

表 1 列出了野生动植物保护信息一、二级类目的名称、代码及对应的备注。

表 1 野生动植物保护信息二级类目表

代码	一级类目	二级类目	备注
01	基本信息		
0101		物种信息	
0102		分类与编码信息	
0103		地理分布	
0104		栖息地	
0199		其他	
02	价值信息		
0201		经济价值	
0202		生态价值	
0203		观赏价值	
0204		药用价值	
0299		其他	
03	受威胁信息		
0301		干扰类型	
0302		干扰强度	
0303		干扰影响	
0399		其他	
04	保护措施信息		
0401		就地保护	
0402		迁地保护	
0403		离体保护	
0499		其他	
05	开发利用信息		
0501		产业开发	
0502		生态旅游	
0599		其他	

7.2 四级类目表

表 2 列出了野生动植物保护信息的所有四级类目的名称和代码及对应的备注。

表 2 野生动植物保护信息四级类目表

代码	一/二/三级类目	四级类目	备注
01	基本信息		
0101	物种信息		包括保护物种的名称、数量面积、保护级别等信息

（续）

代码	一/二/三级类目	四级类目	备注
010101	名称信息		
01010101		学名	
01010102		中文名	
01010103		英文名	
01010104		别名	
010102	数量与面积		
01010201		总数量	
01010202		总分布面积	
010103	保护级别		
01010301		CITES濒危等级	
01010302		IUCN濒危等级	
01010303		国家濒危等级	
01010304		国家保护等级	
01010305		地方保护等级	
01010399		其他	
010104	形态特征		
010105	生活习性		
010199	其他		
0102	分类与编码信息		
010201	野生动物		
01020101		脊椎动物	参见中国动物分类代码 脊椎动物
01020102		无脊椎动物	
010202	野生植物		参见中国植物分类与代码
0103	地理分布		
010301	分布范围		
01030101		行政区域	
01030102		气候带	
010302	各分布区数量		动物用活体数量描述，植物可用面积描述，特别稀有的用株数描述
010303	各分布区面积		
0104	栖息地		
010401	基本信息		
01040101		栖息地类型	栖息地为天然植被或人工林，记录其植被类型；栖息地为无植被水面的，依据《湿地公约》，描述到类，即沼泽、湖泊、河流、河口、滩涂、浅海湿地、珊瑚礁、人工湿地；栖息地为农田的，记录到水田或旱地

(续)

代码	一/二/三级类目	四级类目	备注
01040102		行政归属	
01040103		地理坐标范围	
01040104		面积	
01040105		海拔范围	
010402	主要动物种群		指栖息地内主要保护动物种群
01040201		数量	
01040202		种群结构	
01040203		种群发展趋势	
010403	主要植物种群		指栖息地内主要保护植物种群
01040301		株数	
01040302		蓄积量	
01040303		分布	
01040304		生长状况	
01040305		种群结构	
01040306		种群发展趋势	
010404	自然环境信息		
01040401		气象信息	包括温度、降水、光照等
01040402		地形信息	坡度、坡位、坡向等信息
01040403		地貌信息	地貌类型
01040404		植被信息	
01040405		土壤信息	
01040406		水环境信息	
01040499		其他	
010405	同域分布物种信息		除了主要保护物种外的其他动植物
01040501		动物	包括种类与数量
01040502		植物	包括种类与数量
01040503		与主要物种关系	分竞争、共生、捕食、无明显关系
010406	行政区域社会经济信息		
01040601		行政区面积	
01040602		总人口	
01040603		国内生产总值	
01040604		农民人均纯收入	
01040605		农林牧生产状况	
01040606		教育状况	
01040607		卫生状况	
01040608		劳动社会保障状况	

(续)

代码	一/二/三级类目	四级类目	备注
01040699		其他	
010407	受干扰状况		
01040701		干扰类型	分为人为干扰(盗伐、盗猎、采集、割竹、采伐)、牲畜干扰、建筑干扰、其他干扰
01040702		干扰强度	分为强、中、弱、无
010408	受保护现状		
01040801		种群保护	
01040802		栖息地保护设施及面积	
01040803		救护繁育	
01040804		野化放归	主要指动物
01040899		其他	
010499	其他		
0199	其他		
02	价值信息		
0201	经济价值		
020101	类型		燃料、食物、原材料
020102	评估价值		
020199	其他		
0202	生态价值		
020201	类型		防止自然灾害、调节气候、净化空气、消除噪音
020202	评估价值		
020299	其他		
0203	观赏价值		
020301	观赏动物特性		
02030101	类型		奇特性、珍稀性、驯化性、造园性
02030102	评估价值		
020302	观赏植物特性		
02030201	类型		观叶、观花、观果实、观干形
02030202	评估价值		
020399	其他		
0204	药用价值		
020401	类型		
020402	评估价值		
020499	其他		
0299	其他		

(续)

代码	一/二/三级类目	四级类目	备注
03	受威胁信息		
0301	干扰类型		
030101	人为干扰信息		
03010101		乱捕滥猎	
03010102		乱采滥挖	
03010103		倒卖走私	
03010104		工程建设	
03010199		其他	
030102	自然干扰		
03010201		林业病害虫害	
03010202		野生动物疫源疫情	
03010203		有害生物入侵	
03010204		森林火灾	
03010205		气象灾害	干旱、雪害、暴雨
03010206		洪水灾害	
03010207		气候变化	
03010299		其他	
0302	干扰强度		
0303	干扰影响		
030301	物种		
030302	数量		
030303	程度		
030399	其他		
0399	其他		
04	保护措施		
0401	就地保护		
040101	自然保护区		
04010101		名称	
04010102		级别	
04010103		位置	
04010104		面积	
04010105		概况	
04010199		其他	
040102	自然保护小区		
04010201		名称	
04010202		地点	

（续）

代码	一/二/三级类目	四级类目	备注
04010203		面积	
04010203		概况	
040103	监测点		
04010301		名称	
04010302		地点	
04010303		概况	
040104	禁猎（伐）区		
04010401		名称	
04010402		类型	永久性禁猎区，有禁猎期限的禁猎区
04010403		地点	
04010404		面积	
04010405		概况	
04010499		其他	
040105	鸟类环志中心（站）		
04010501		名称	
04010502		地点	
04010503		概况	
0402	迁地保护		
040201	野生动植物种源繁育		
04020101		珍稀植物种源基地	种质资源中心、植物园、树木园
04020102		野生动物种源繁育中心	
040202	野生动物驯养繁殖		
04020201		动物园	
04020202		野生动物园	
04020203		规模化养殖基地	
04020299	其他		
040203	野生动植物救护		
04020301		救护中心	
04020302		救护站	
0403	离体保护		
040301	基因资源库		
040302	标本展示馆		
0499	其他		
05	开发利用信息		
0501	产业开发		
050101	野生资源利用		
05010101		植物资源采集	

（续）

代码	一/二/三级类目	四级类目	备注
05010102		现代狩猎	
050102	人工培育产业		
05010201		动物养殖	
05010202		植物培植	
050103	产品加工与利用		
05010301		动物产品	
05010302		植物产品	
050199	其他		
0502	生态旅游		
0599	其他		

林业信息 WEB 服务应用规范

（LY/T 2176–2013，国家林业局 2013 年 10 月 17 日发布，2014 年 1 月 1 日实施）

1 范围

本标准规定了林业信息 WEB 服务提供、服务注册、服务发布、服务使用和服务管理必须遵循的技术和管理要求。

本标准适用于国家和地方各级林业信息 WEB 服务的开发、管理和使用的各个工作环节。

2 规范性引用文件

下列文件对于本文件的应用是必不可少的。凡是注日期的引用文件，仅注日期的版本适用于本文件。凡是不注日期的引用文件，其最新版本（包括所有的修改单）适用于本文件。

GB/T 25597 地理信息 万维网地图服务接口

GB/T 2260 中华人民共和国行政区划代码

3 术语、定义和缩略语

3.1 术语和定义

3.1.1 WEB 服务 web Service

一个通过 URL 识别的软件应用程序，其界面及绑定能用 XML 文档来定义、描述和发现，使用基于 Internet 协议上的消息传递方式与其他应用程序进行直接交互。WEB 服务采用了大量的标准化技术，充分利用了现有的网络技术、标准或者协议，建立在 HTTP、WSDL、SOAP 和 UDDI 等标准以及 XML 等技术之上。

3.1.2 服务提供者 service provider

提供 WEB 服务资源的机构或个人。提供 WEB 服务资源的机构主要包括国家和各省（自治区、直辖市、森工集团公司）的林业部门和信息技术支撑单位、有条件的市县林业部门以及社会企业等。

3.1.3 服务使用者 service user

使用 WEB 服务资源的机构、个人或软件系统。

3.1.4 服务注册中心 service registry

实现已注册 WEB 服务资源管理和服务的软件系统。

3.1.5 服务注册中心管理者 service registry manager

本标准按照 GB/T 1.1－2009 给出的规则起草。

本标准由全国林业信息数据标准化技术委员会（SAC/TC 386）提出并归口。

本标准起草单位：国家林业局调查规划设计院。

本标准主要起草人：高金萍、徐泽鸿、陈健、白降丽。

管理服务注册中心的机构。服务注册中心管理者主要为国家和省两级林业信息化主管部门。

3.2 缩略语

  XML 可扩展标记语言（eXtensible Markup Language）
  SOAP 简单对象访问协议（Simple Object Access Protocol）
  WSDL WEB 服务描述语言（Web Service Description Language）
  UDDI 统一描述、发现与集成（Universal Description Discovery and Integration）
  URL 统一资源标识符（Uniform Resource Identifier）
  HTTP 超文本传输协议（Hypertext Transfer Protocol）
  W3C 万维网联盟（The World Wide Web Consortium）
  OGC 开放地理信息联盟（Open Geospatial Consortium）
  WFS Web 要素服务规范（Web Feature Service）
  WCS Web 栅格服务规范（Web Coverage Service）
  WMS Web 地图服务规范（Web Map Service）

4 总体框架

4.1 概述

  林业信息 WEB 服务是基于网络的、分布式的林业应用程序或组件，它是由林业部门、其他部门、企业或个人发布的在线林业信息应用服务，林业用户或应用软件能够通过 Internet 来访问并使用这项应用服务。

4.2 技术要求

  林业信息 WEB 服务基于 W3C 定义的 WEB 服务技术框架，应充分利用现有的网络技术、标准或者协议，建立在 HTTP、WSDL、SOAP 和 UDDI 等标准以及 XML 等技术之上。并要求使用标准的技术，包括服务描述、通讯协议以及数据格式等，使开发者能开发出平台独立、编程语言独立的 Web 服务，以便充分利用现有的软硬件资源和人力资源。

4.3 体系架构

4.3.1 体系框架

  林业信息 WEB 服务采用面向服务的体系结构，将各种异构林业信息系统应用集成起来并组成更大的分布式应用，最后通过服务接口的形式将整个应用支撑起来。体系结构如

图 1 所示。

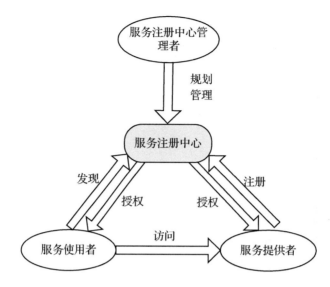

图 1　林业信息 WEB 服务应用体系框架

林业信息 WEB 服务体系结构从应用的角度看，涉及三个角色和六项活动。三个角色分别是服务提供者、服务使用者和服务注册中心管理者。六项活动包括规划、管理、注册、授权、发现、访问。

4.3.2　角色

服务提供者、服务使用者和服务注册中心管理者，共同实现林业信息 WEB 服务的发布、注册、管理、查询和使用。三个角色职责分配如下：

a）服务提供者负责本部门林业信息 WEB 服务的规划、调查、收集、整理，根据有关标准、规范，开发部署服务以实现特定功能，在服务注册中心注册、授权，并负责及时更新和升级。应鼓励林业信息化服务的社会化，让社会组织和企业单位加入服务提供者行列；

b）服务使用者为实现特定的应用系统功能，在服务注册中心检索服务，在授权范围内使用服务；

c）服务注册中心管理者负责林业信息 WEB 服务的总体规划和服务注册中心的管理运行，进行服务标识符的分配、管理和使用，负责服务注册和服务分类，提供服务资源搜索和定位服务。

4.3.3　活动

4.3.3.1　主要活动环节

林业信息 WEB 服务注册、管理和使用过程可分为以下几个环节，如图 2 所示。

4.3.3.2　规划

服务注册中心管理者征集服务使用者的需求，制定本部门林业信息 WEB 服务的总体

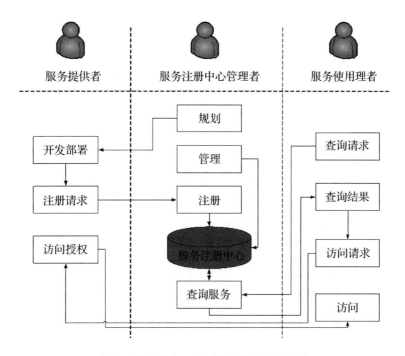

图 2 林业信息 WEB 服务注册管理活动

规划，在运行过程中根据使用者的需求进行调整。

4.3.3.3 管理

服务注册中心管理者负责服务注册中心的运行、管理和维护。服务注册中心管理者分为国家和省两级，分别管理国家级林业信息服务注册中心和省级服务注册中心。

应建立相应的维护管理机制来确保服务注册中心的高可用性。

4.3.3.4 注册

服务提供者将服务元数据提交至服务注册中心，服务注册中心管理者对服务元数据进行审核校验，接受符合规范的服务进入服务注册中心，未通过审查的返回提供者修改。注册服务信息的更新维护由服务提供者负责，应确保信息的及时性。

服务注册有手工或程序化两种方式：

a) 手工由服务提供者手动在服务注册中心系统界面下操作，填写并提交有关服务元数据信息；

b) 程序化由系统程序调用服务注册中心的标准接口进行注册。

4.3.3.5 授权

服务注册中心在建立、管理和运行中，应建立相应权限管理机制，以此对提供者、管理者和使用者的操作权限进行范围界定，保证服务注册中心和注册服务信息的安全性。

权限管理应满足多层次多用户多种权限组合方式，灵活配置调整权限。

4.3.3.6 发现

服务注册中心提供服务信息的分类导航、查询服务，服务使用者在分布的、异构环境中也能通过服务描述信息发现所需的服务资源。

4.3.3.7 访问

服务使用者从服务描述信息中获得服务的定位及访问信息，如：服务的网络地址，通讯协议，消息格式等。通过手工或程序化方式构造服务访问请求，并连接服务地址，发送服务请求消息，以实现服务的绑定和互操作。

4.4 应用模式

4.4.1 应用框架

林业信息 WEB 服务的应用框架如图 3 所示。

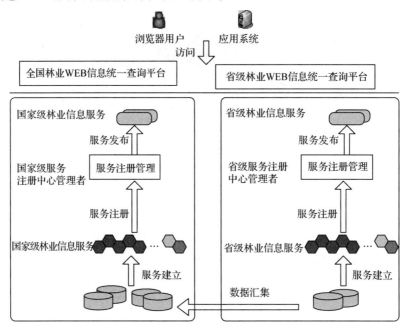

图 3 林业信息 WEB 服务应用框架

4.4.2 应用服务分级

林业信息 WEB 服务分为两级：国家级林业信息 WEB 服务和省级林业信息 WEB 服务。两级结构如下：

a) 建立两级服务注册中心。国家级林业信息 WEB 服务统一注册到国家服务注册中心，国家服务注册中心管理者可根据需要组合不同的服务，建立多种形式的应用，供用户访问。省级林业信息 WEB 服务统一注册到本省服务注册中心，省级服务注册中心管理者通过组合不同的服务，建立多种形式的应用，供用户访问。国家服务注册中心和各省级服务注册中心之间互联互通，下级注册服务中心的注册服务信息通过交换机制同步到上级服务注册中心。

b) 通过本级数据库提供服务。国家级林业信息 WEB 服务主要基于国家级林业数据库，提供多种类型的信息服务；省级林业信息 WEB 服务主要基于省级林业数据库，提供多种类型的信息服务。国家级林业数据库的部分数据可从各省级林业数据库汇集获取。

c）同步建立一个全国统一林业 WEB 信息服务平台和各省林业 WEB 信息服务平台。国家服务注册中心管理者依据本级服务注册信息以及同步交换得到的各省级服务注册信息，建立全国统一的林业 WEB 信息服务查询平台。省级服务注册中心管理者依据本级服务注册信息建立省级林业 WEB 信息服务查询平台。服务使用者通过国家查询平台，实现对国家和各省林业信息 WEB 服务的访问，通过省级查询平台，实现对该省级平台提供的林业信息 WEB 服务的访问。

5 服务分类和命名规则

5.1 服务分类

5.1.1 服务分类原则

服务分类采用半开放式的管理，在一级和二级分类固定的基础上，允许各部门根据本部门的特点进一步细分三级类别，然后上报本级服务注册中心。各级服务注册中心对上报的三级类别进行统计归并，形成细分后的三级类别，供服务提供者使用。

5.1.2 服务分类框架

本标准按照服务资源形态，将林业信息 WEB 服务划分为数据服务和应用服务两大类（一级分类）。数据服务按照数据的功能划分为 6 个二级类：公共基础数据服务、林业基础数据服务、林业专题数据服务、林业综合数据服务、林业信息产品服务、其他类数据服务。应用服务按照应用系统或组件的性质划分为 4 个二级类：业务类应用服务、综合类应用服务、公用类应用服务、其他类应用服务。

林业信息 WEB 服务一级和二级分类框架如图 4 所示。

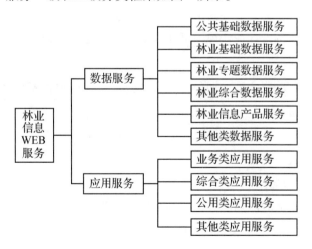

图 4 林业信息 WEB 服务分类框架图

5.1.3 数据服务
5.1.3.1 公共基础数据服务

公共基础数据反映林业资源的各类自然、社会、经济信息，是林业基础共享数据，如基础地理数据、遥感影像数据等。公共基础数据服务提供这类数据信息服务。

5.1.3.2 林业基础数据服务

林业基础数据反映林业经营对象的基础信息，为各专题应用提供林业资源的现状及变化信息，包括林地、湿地、沙地和生物多样性等林业资源基础数据。林业基础数据服务提供这类数据信息服务。

5.1.3.3 林业专题数据服务

林业专题数据是与各林业部门工作直接相关的业务数据，包括森林培育、生态工程、防灾减灾、综合办公、林业产业、国有林场、林木种苗和森林公园、林业政策、林业法规、林业执法、科技、人事、教育、党务管理、国际交流等数据。

5.1.3.4 林业综合数据服务

林业综合数据是在以上三类数据基础上进行整合、集成生成的数据，如各种由基础、专题数据综合分析所形成的、满足综合管理和决策需要的数据。

5.1.3.5 林业信息产品服务

林业信息产品是根据用户需要制作的，直接为最终用户服务。

5.1.3.6 其他类数据服务

无法划分到以上 5 类的数据服务，应划分到其他类数据服务。

5.1.4 应用服务
5.1.4.1 业务类应用服务

业务类应用服务根据林业业务的不同，划分为林业资源监管、森林培育经营、防灾减灾、森林公安、林业政策、林业法规、林业执法监督等多种类型。

5.1.4.2 综合类应用服务

综合类应用服务从功能角度，划分为综合办公、公文传输和视频会议等多种类型。

5.1.4.3 公用类应用服务

公用类应用服务从业务分工不同，划分为林业计划、财务、科技、教育、人事、党务、国际交流等应用服务类型。

5.1.4.4 其他类应用服务

无法划分到以上 3 类的应用服务，应划分到其他类应用服务。

5.2 服务命名规范
5.2.1 统一命名要求

为避免不同服务提供者提供的 WEB 服务命名冲突，同时能表达"见名知义"的效果，要求所有 WEB 服务按照一定规则命名。服务名不推荐中文命名，字符之间不应留有空格。

5.2.2 服务对象命名约定

林业信息 WEB 服务对象名称的格式为：{服务类别前缀_}{服务提供者前缀_}{服务发布时间前缀_}<名称>，前缀均为可选。

a）服务类别前缀

通过服务类别前缀标识服务所属的二级类别。服务类别前缀约定为两位大写字母，具体见表1。

表 1 服务分类前缀表

一级分类	二级分类	前缀名
数据服务	公共基础数据服务	BD
	林业基础数据服务	FD
	林业专题数据服务	TD
	林业综合数据服务	CD
	林业信息产品服务	PD
	其他类数据服务	OD
应用服务	业务类应用服务	BA
	综合类应用服务	CA
	公用类应用服务	PA
	其他类应用服务	OA

b）服务提供者前缀

通过服务提供者前缀，标识服务服务提供者。本前缀主要区分以下三类服务提供者：国家林业主管部门、各省级林业主管部门、其他提供者。

服务提供者前缀由两位数字组成。对于各省（自治区、直辖市）来说，直接使用国家统一规定的各省六位行政代码的前两位数字。森工集团需要单独编码，其中：内蒙古森林工业集团公司用"91"表示，吉林森林工业集团公司用"92"表示，龙江森林工业集团公司用"93"表示，大兴安岭林业集团公司用"94"表示。具体见表2。

表 2 服务提供者前缀表

服务提供者	所属地区	前缀名
国家林业主管部门		00
地方林业主管部门	北京	直接采用《中华人民共和国行政区划代码》中省（自治区、直辖市）编码的前2位，如北京市行政区划代码为110000，前缀就为11。
	河北	
	天津	
	……	
	海南	

(续)

服务提供者	所属地区	前缀名
林业森工集团	内蒙古森林工业集团公司	91
	吉林森林工业集团公司	92
	龙江森林工业集团公司	93
	大兴安岭林业集团公司	94
其他提供者		99

c）服务发布时间前缀

通过服务发布时间前缀，标识服务发布的年份。本前缀只做发布年度的初步区分，不区分具体的月份和日期。服务发布时间前缀约定为四位年度数字。如 2010 年发布的服务，时间前缀为"2010"。

5.2.3 服务对象命名实例

按照以上规则，以 2010 年国家林业局湿地监测中心提供的"全国湿地分布信息服务"命名为例。该服务属于林业专题数据服务，服务类别前缀为 TD；服务提供者为国家林业主管部门，服务提供者前缀为 00；服务发布时间为 2010 年，服务发布时间前缀为 2010；服务名称为"WebLandInfo"，形成的服务对象命名为：TD_ 00_ 2010_ WebLandInfo。

6 服务注册

6.1 服务注册内容

服务注册内容与 7.1 服务描述要求基本一致，以下为服务注册关键内容。

6.1.1 注册服务标识符

注册服务标识符由服务注册中心管理者统一分配管理。注册服务标识符应采用统一规则进行标识，满足完整性、唯一性，在服务的生命周期内保持不变。

注册服务标识符编码方式，由服务注册中心管理者统一制定，要求满足完整性和唯一性规则。

6.1.2 服务分类信息

服务提供者应至少提供 WEB 服务的一级、二级分类信息，方便服务使用者对服务进行识别、导航和定位。

6.2 服务注册中心

6.2.1 服务注册中心功能要求

a）应提供分类管理能力，实现对服务的搜索；

b）应提供服务审批功能，保证对敏感注册数据的任何变动都能够传递到适合的审批流程中；

c）应提供服务变更管理功能，支持变更的通知和订阅，能够实现将注册数据的变动主动地通知到管理员或者相应的流程。

6.2.2 服务注册中心技术要求

为保证能够在开放、异构的环境中运行，服务注册中心应满足以下技术要求。

a）遵循WEB服务标准协议：林业信息WEB服务注册应遵循WEB服务标准协议，支持标准WEB服务接口，可以从任何平台或语言进行访问，确保服务注册中心的开放性和互操作性。

b）应支持服务注册中心之间的互联互通：通过建立关联关系，实现对服务注册中心之间的注册服务信息进行交换同步。

6.2.3 服务注册中心性能要求

服务注册中心在运行、维护和管理过程中，应满足以下性能要求。

a）高可用性：应防止各种系统错误、故障、停机事件发生，保证长期运行。

b）稳定性：保证系统正常稳定运行。

c）安全性：保证数据、系统安全。

6.2.4 服务注册中心的部署方式

林业信息服务注册中心分为公共部署和行业部署两种模式。林业信息WEB服务根据国家相关信息安全管理规定，选择不同模式的服务注册中心。

a）行业部署模式：采用国家、省两级分级部署方式，由国家林业局、各省林业主管部门建设管理；省级服务注册中心与国家级服务注册中心保持互联互通，实现注册信息交换，形成层次化服务注册中心管理体系架构(图5)。

b）公共部署模式：社会其他机构或个人自行组建的服务注册中心，也可以直接利用市场成熟的商业服务注册中心，实现服务注册管理、查询和使用。

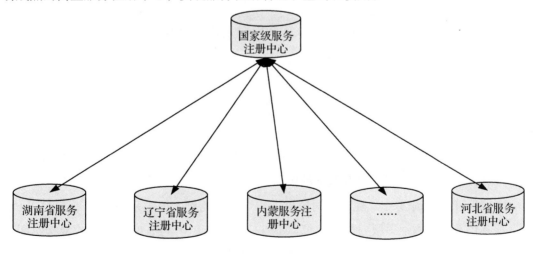

图5 林业服务注册中心分级部署方式

7 服务描述

7.1 描述要素

服务描述是对服务资源的详细描述信息，主要描述服务提供者的基本信息、服务基本信息、服务定位和访问信息。服务描述是WEB服务的基本特征，通过服务描述，服务屏蔽了其实现细节，使服务提供者和服务使用者能以一种松耦合方式协作。

主要由以下各部分组成。

7.1.1 服务提供者的基本信息

至少包含服务提供者名称、描述、联系人、提供者服务类别、所在业务领域等信息。

7.1.2 服务的基本信息

至少包含服务名称、描述、服务分类、注册服务标识符、用途、发布日期、关键字、在线资源链接地址、服务地址、服务类型、版本等信息。

7.1.3 服务访问接口的描述

至少包含接口标识、支持的操作、数据类型、绑定规则以及访问协议等信息。

7.1.4 服务约束

包括时间、地点和用户群范围及权限等。还包括服务是否收费，如何收费等信息。

7.2 描述要求

林业信息WEB服务采用WEB服务描述语言WSDL描述服务提供的功能和调用方法信息，包括其使用的抽象消息操作、具体的网络协议和端点地址。

服务使用XML模式（XML Schema）描述其接收和发送的基于XML的消息的结构和内容。

服务使用WEB服务策略（Web Services Policy）规范描述WEB服务的能力、需求和一般特征，包括但不限于安全性策略。

8 服务调用

8.1 调用协议

推荐使用SOAP协议进行服务调用，在服务提供者和服务使用者之间通过SOAP请求消息和SOAP响应消息实现WEB服务的调用。

林业WEB信息服务中，地理空间信息占相当大的比例，推荐采用OGC提供的WFS、WCS服务以及万维网地图服务接口规范（GB/T 25597—2010）等，实现分布式异构空间数据的共享。

8.2 交换格式

服务间数据交换的格式包含但不限于使用可扩展标记语言（XML）。

9 服务安全

9.1 数据安全要求

数据安全对象主要针对 WEB 服务提供的数据，安全措施包括数据存储、数据传输以及数据应用等方面。

a）数据存储安全：要求数据存储介质稳定可靠，保证数据完整并不丢失，数据要有分级管理，对于重要数据要有备份机制，长期保存；对于一般重要数据最少保存 1 年（根据业务需要而定）；对于非重要数据根据存储能力和业务需要暂时保存，一般为 1 周左右。

b）数据传输安全：要求数据传输不丢失，重要机密数据要求加密传输，参考服务接口安全要求。

c）数据应用安全：要求根据权限范围严格控制面向系统和用户的数据，不能对外部系统或用户展现不在权限范围内的机密数据和非必要数据。

9.2 认证体系要求

认证体系是保证数据安全和系统安全的重要措施与保证，林业信息 WEB 服务根据安全要求，分为国家林业局内网和互联网两种发布和注册方式。对于重要 WEB 服务，通过 CA 认证模式进行访问和使用。

9.3 服务接口安全要求

系统与系统通过服务接口相互调用时，需确保调用的安全、可信。WEB 服务接口须提供各安全层面的技术支持手段。具体要求如下。

a）SSL：在系统应用之间传递机密数据时，须支持对数据进行加密，提供业内标准的 SSLv3，支持 HTTP 头加密标准、加密 cookies 和 HTTP 压缩。

b）WS – Security：WEB 服务也必须在 Web 容器内得到安全保护，门户网站支持 WS – Security，加密关键的 WEB 服务头信息，以实现不可否认的服务请求。

9.4 安全管理要求

在保证数据安全、认证体系、服务接口等技术安全要求的前提下，加强安全管理措施，基本要求如下：

a）监视 WEB 服务系统运行记录，定期审查日志文件，认真分析告警信息，及时掌握运行状况，对系统可能发生的故障做好应急预案；

b）WEB 服务进行功能修改或增加时，须提出理由、方案、实施时间，报所注册的服务注册管理中心审批，修改后，须在测试环境上进行调试，确认无误后经批准方可投入生产应用；

c）WEB 服务修改、升级前后的程序版本须存档备查，软件修改、升级时须有应急补救方案；

d）参照国际安全标准 ISO 17799 来采购信息安全产品和服务，确保采用的安全产品符合中华人民共和国有关信息安全的法律和规范。

10 服务管理和监控

10.1 服务管理

10.1.1 服务管理内容

服务管理的主体是各级服务注册中心管理者。服务管理贯穿于服务应用的主要环节，包括：服务注册、服务使用、服务维护等。

10.1.2 服务注册管理

10.1.2.1 服务注册管理主要内容

服务注册管理的主体是各级服务注册中心管理者。服务提供者按照服务注册流程提出服务注册申请，服务注册中心管理者负责审批，并对其服务进行分类，发布服务。服务提供者根据服务内容和服务对象，可自行确定到哪一级注册中心申请服务注册。

服务注册管理中包括了服务日常管理的功能和内容，主要包括服务查询平台管理、服务目录管理和服务分类管理。

a) 服务查询平台管理：各级服务注册中心根据服务注册信息建立 WEB 信息服务查询平台，供服务使用者检索和定位；服务查询平台是服务使用者了解已提供林业 WEB 信息服务的重要公共平台；国家级服务注册中心应提供全国林业信息服务查询平台管理功能；省级服务注册中心应至少提供本省林业信息服务查询平台管理功能；应提供服务查询平台的建设和维护功能，保证查询平台稳定、正常运行。

b) 服务目录管理。包括服务目录的生成、调整、升级、各级注册中心服务目录的传递和汇聚等；服务目录存储服务运行时所关注的元数据，主要用于服务部署时的服务注册、发现和查找，以及提供变更通知功能。各级服务注册中心管理者根据注册服务信息建立本级 WEB 信息服务目录，下级服务注册中心服务目录通过交换汇总到上一级，国家级服务注册中心管理者汇总所有服务目录，建立注册服务目录体系。

c) 服务分类管理。国家级服务注册中心管理者总体负责服务分类，应按照服务体系的层次划对 WEB 服务实施分类管理；国家级服务注册中心管理者控制一级和二级服务分类，各林业业务部门提出新的服务类别需求，上报本级服务注册中心管理者；本级服务注册中心管理者汇总到国家级服务注册中心管理者，国家级服务注册中心管理者统计汇总后，生成进一步分类成果。

10.1.2.2 服务注册参考流程

步骤如下（图6）。

a) 服务提供者向服务注册中心管理者提出服务注册申请。

b) 服务注册中心管理者对申请进行审批：如果审批通过，服务管理平台的管理员将该服务注册到服务目录；如果审批不通过，向该服务提供者发送申请失败的通知（包括审批意见),并结束流程。

c)服务注册成功后,向服务提供者及潜在的服务使用者发送注册成功通知。

d)服务提供者接收注册成功通知后,根据实际情况,判断是否不需要订阅申请,而直接对潜在的服务使用者进行授权。

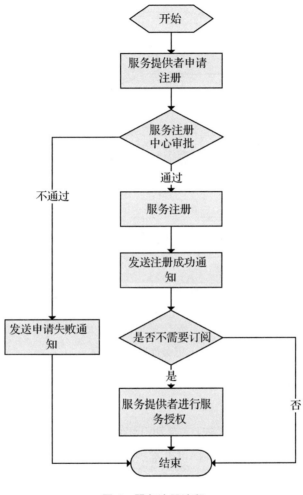

图6 服务注册流程

10.1.3 服务使用管理

10.1.3.1 服务使用管理内容

服务使用管理的核心内容是服务使用授权。服务使用授权的主体是服务提供者。服务提供者接受服务使用者申请,根据服务使用者权限分配服务。

10.1.3.2 服务使用申请流程(图7)

a)服务使用者向服务提供者提出服务使用申请。

b)服务提供者对申请进行审批:如果审批通过,则给该服务申请者分配使用该服务的权限;如果审批不通过,则向该服务申请者发送申请失败的通知(包括审批意见)。

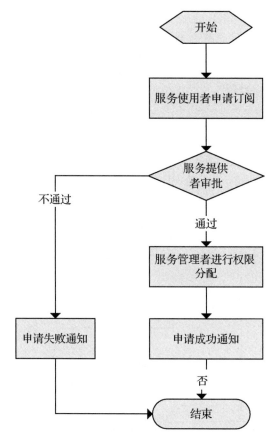

图7　服务使用申请流程

10.1.4　服务维护管理

10.1.4.1　服务维护主要内容

服务维护主要实现 WEB 服务修改完善和升级的管理。服务维护管理的主体是各级服务注册中心。服务注册中心接受服务提供者维护或升级申请,根据服务使用现状和维护需求,进行审批。

10.1.4.2　服务维护参考流程(图8)

a)服务提供者向服务注册中心管理者提出维护某项服务的申请及最新版本的服务。

b)服务注册中心管理者对申请进行审批;如果审批通过,则向该服务的使用者发出服务维护通知;如果审批不通过,则向该服务使用者发送申请维护未通过的通知(包括审批意见),并结束流程。

c)服务注册中心的管理员进行服务更新、维护操作。

d)向该服务的使用者发出服务维护完成通知。

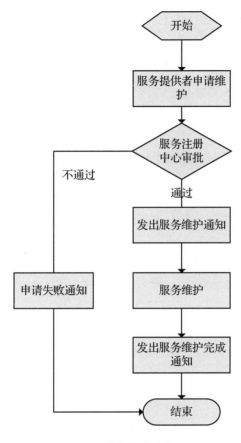

图 8 服务维护流程

10.2 服务运行维护

服务运行维护工作内容包括但不限于以下内容。

a) 服务运行监控：提供对服务运行指标的监控，包括服务节点的吞吐量和可用性等，以图形化的方式来评估服务相关性和中断造成的影响；监控指标包括但不限于服务访问用户数和访问时间、服务最小响应时间、最大响应时间、平均执行时间、处理的总消息数和错误数、成功/错误率、违反安全的消息数、校验错误的消息数等。

b) 服务质量管理：通过设置服务水平协议(SLA)提示，向服务运行管理团队通知服务运行的状况，或提供与服务质量有关的问题报告等；触发提示时，服务管理平台能按预先制定的策略通知服务运行管理团队的管理人员(通过电子邮件或短信息等)。

c) 服务自动发现：通过自动发现实际运行的服务或查找新部署的服务，减少配置管理中的人工操作，还可以通过发现其他隐藏或恶意的服务来应用更加严格的监管策略。

d) 服务异常管理：跟踪、检测分布式或异构系统间服务的消息流异常情况。

e) 服务策略实施：通过将系统的行为作为策略指定(而非过程代码)，系统的适应性将更强；例如，如果改变用户的身份验证方式，从原有的输入用户名和密码更改为提供一个证书验证，在基于策略的管理模式下，安全性策略与应用程序彼此分离，可以通过声明的方式来描述这种更改，并动态实施。

参考文献

［1］电子政务标准化指南 第五部分：支撑技术（征求意见稿 第二版）国家标准化管理委员会 国务院信息化工作办公室 2005 年 10 月

［2］环境信息服务注册技术规定（征求意见稿）国家环保部 2011 年 4 月

林业信息服务接口规范

(LY/T 2177-2013，国家林业局2013年10月17日发布，2014年1月1日实施)

1 范围

本标准规定了林业信息服务及其接口的概念、林业信息服务接口参考模型、林业信息服务的创建和集成技术要求，同时规定了主要林业信息服务接口的技术规格。

本标准适用于林业信息服务的建设。

2 规范性引用文件

下列文件对于本文件的应用是必不可少的。凡是注日期的引用文件，仅注日期的版本适用于本文件。凡是不注日期的引用文件，其最新版本(包括所有的修改单)适用于本文件。

GB/T 25597 地理信息 万维网地图服务接口

GB/Z 25598 地理信息 目录服务规范

GB/Z 25599 地理信息 注册服务规范

3 术语、定义和缩略语

3.1 术语和定义

下列术语和定义适用于本文件。

3.1.1 服务 service

实体通过接口提供的功能的可区分部分。[GB/T 17694—2009，定义 B.427]

3.1.2 接口 interface

两个功能单元共享的边界，它由各种特征(如功能、物理互连、信号交换等)来定义。[GB/T 5271.1—2000，定义 01.01.38]

3.1.3 操作 operation

对象可以被调用执行的转换和查询的规范。[GB/T 25530—2010，定义 4.3]

3.2 缩略语

API 应用程序接口(Application Programming Interface)

BPEL 业务流程执行语言(Business Process Execution Language)

HTTP 超文本传输协议(Hypertext Transfer Protocol)

本标准按照 GB/T 1.1-2009 给出的规则起草。

本标准由全国林业信息数据标准化技术委员会(SAC/TC 386)提出并归口。

本标准起草单位：国家林业局调查规划设计院。

本标准主要起草人：宦茂盛、王帅、石雯雯、刘洋、李素云、王子亮、侯璐、刘青、李应国、徐泽鸿、白降丽。

SOAP 简单对象访问协议（Simple Object Access Protocol）

SCA 服务组件架构（Service Component Arcchitecctrue）

XML 可扩展标记语言（Extensible Markup Language）

4 林业信息服务与信息服务接口

4.1 林业信息服务

林业信息服务是对后台的计算、存储、平台软件等各类资源进行封装，一般以网络方式，由软件通过接口提供特定的数据或功能，为各类林业应用开发提供支撑；同时支持按林业管理职能设置安全策略，合法访问信息；并可根据应用需求的变化动态配置和调整资源，且对服务操作有明确的定义以及详细的请求/响应技术规定。

4.2 林业信息服务接口

林业信息服务接口是各类型应用集成信息服务的技术通道。林业信息服务接口的规格定义分为两层。

a）逻辑定义：一般定义到功能操作、请求/响应参数定义、标准一致性要求；该层服务接口定义与技术和平台的选择没有直接对应关系。

b）物理定义：一般结合具体技术，例如 HTTP、SOAP 等通讯协议，XML 的请求/响应数据的编码方式，形成可编程实现的特定接口规格。

5 林业信息服务接口参考模型

5.1 参考模型

林业信息服务利用统一的基础设施，基于各类林业数据库，按照统一标准建立，支撑各类林业应用。林业信息服务接口参考模型如图1所示。

林业信息服务分为4个层次。

a）应用层：包括业务类应用、综合类应用和公用类应用；业务类应用是指由林业各专业业务部门开展业务的应用，包括林业资源监管、营造林管理、森林灾害监控与应急等；综合类应用是指林业各部门的普遍应用，包括综合办公、信息网站等系统；公用类应用是指由管理部门为开展本部门所主管工作建立的、供各政府部门或单位使用的系统，如科技、人事、计划、财务、林业执法、林业法规、党务管理、国际交流等。

b）服务层：按照所提供的功能特点不同，信息服务接口分为4种类型，分别是数据服务、功能服务、安全服务和集成服务，具体见5.2。

c）数据层：根据林业应用和服务特点，林业数据库分为公共基础数据库、林业基础数据库、林业专题数据库、综合数据库和信息产品库。

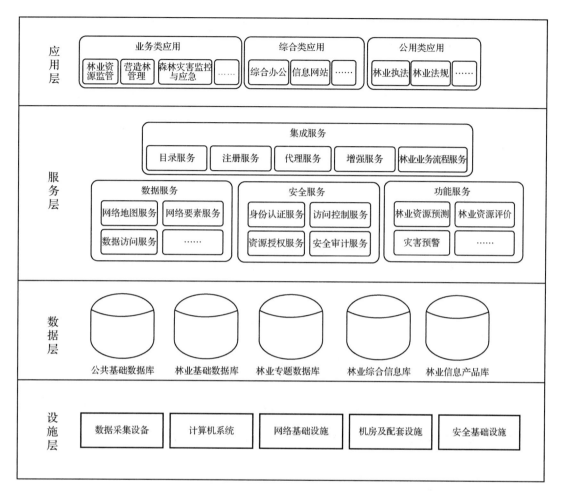

图 1　林业信息服务接口参考模型

d) 设施层：包括数据采集设备、计算机系统、网络基础设施、机房及配套、安全基础设施。

5.2　服务类型

5.2.1　数据服务

以林业数据库为基础，向各类应用提供各类型数据访问服务，包括但不限于以下内容。

a) 网络地图服务：应用可从服务器获取以图片格式获取地图的图示表现，使用地图所需要进行的各种操作，包括获取地图的描述信息、获取地图以及查询地图上要素信息的操作等；有关网络地图服务的接口规格见 GB/T 25597。

b) 网络要素服务：应用可从服务器获取以 GML 形式编码的要素数据，使用操纵要素数据的各种操作，包括 GetCapabilities、DescribeFeatureType、GetFeature、Transaction、LockFeature 操作等。

c) 数据访问服务：为各类应用访问关系型数据库、层次型数据库、文件型数据库等不同方式存储的数据提供服务。

5.2.2 功能服务

基于林业数据库和专门的计算模型，向各类应用提供数据处理、分析和挖掘服务。

5.2.3 安全服务

基于安全基础设施，向各类应用提供身份认证、资源授权、访问控制和安全审计服务。

5.2.4 集成服务

目录服务：提供林业信息服务元数据查询和检索的标准接口，用于发现和定位各类林业信息服务资源；目录服务接口规格见 GB/Z 25598。

注册服务：提供林业信息服务注册的标准接口，用于对各类服务进行注册和管理；注册服务接口规格见 GB/Z 25599。

代理服务：一般由第三方对原始信息服务进行重新封装后向应用提供信息服务的方式。

增强服务：第三方对原始信息服务进行功能或者性能提升后，向应用提供信息服务的方式。

林业业务流程服务：基于林业信息管理规则和工作流技术，对多个信息服务，包括数据服务、功能服务和安全服务，进行流程化集成后提供的信息服务。

6 林业信息服务创建

6.1 信息服务基本单元

林业信息服务的基本单元是服务组件，可利用不同方式进行构建。如图 2 所示。

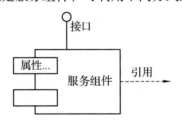

图 2 服务组件基本概念

服务组件通过接口对外提供信息服务，接口需要符合特定接口技术规格要求。例如，5.2.4 中规定的目录服务接口应遵循 GB/Z 25598 的要求。

服务组件可以引用其他服务组件提供的信息服务，以提高复用、增强服务组件自身的功能。

服务组件应有自己的基本属性，如名称、安全策略等多个属性。例如，基于 SCA 规范，服务组件的部分属性如下。

a) name(必选)：组件的名称。

b) autowire(可选)：指示包含的组件引用是否自动连线，默认是 false。

c) requires(可选)：策略意图的列表。

d) policySet(可选)：策略集列表。

e) constrainingType(可选)：强制类型的名字。

6.2 服务组件技术要求

采用 SCA 方式构建服务组件，可以基于不同的工具和技术手段实现，具体要求如下。

a) JAVA 实现方式应符合：

1)《SCA 服务构件架构 JAVA 构件实现规范》(SCA Service Component Architecture JAVA Component Implementation Specification)；

2)《SCA 服务构件架构 JAVA 通用注解和 API 规范》(SCA Service Component Architecture JAVA Common Annotations and APIs)；

3)《SCA 服务构件架构 JAVA EE 集成规范》(SCA Service Component Architecture JAVA EE Integration Specification)。

b) C++ 和 C 实现方式应符合：

1)《SCA 服务构件架构 C++ 客户端及实现模型》(SCA Service Component Architecture Client and Implementation Model Specification for C++)；

2)《SCA 服务构件架构 C 客户端及实现模型》(SCA Service Component Architecture C Client and Implementation Specification)。

c) BPEL 实现方式应符合：

《SCA 服务构件架构 WS-BPEL 客户端及实现模型》(SCA Service Component Architecture Client and Implementation Model Specification for WS-BPEL)。

d) COBOL 实现方式应符合：

《SCA 服务构件架构 COBOL 客户端及实现模型》(SCA Service Component Architecture COBOL Client and Implementation Specification)。

e) Spring 实现方式应符合：

《SCA 服务构件架构 Spring 构件实现规范》(SCA Service Component Architecture Spring Component Implementation Specification)。

f) Net 实现方式：

1) Net 实现方式可参考《SCA 服务构件架构 C++ 客户端及实现模型》(SCA Service Component Architecture Client and Implementation Model Specification for C++)；

2) 可采用 Windows Communication Foundation(WCF)模型实现；

3) Net 实现的服务组件，应实现标准网络服务接口，定义至少一种支持 SOAP 协议的绑定，可选择的预定义绑定包括 BasicHttpBinding、WSHttpBinding、WSDualHttpBinding、WS2007HttpBinding、WSFederationHttpBinding、WS2007FederationHttpBinding，用于与其他服务组件的交互。

7 林业信息服务集成

7.1 基本模式

信息服务集成有多种方式。

a) 代理模式：通过集成一个或者多个信息服务向应用提供服务的方式，被代理的服务为数据服务或功能服务。如图 3 所示。

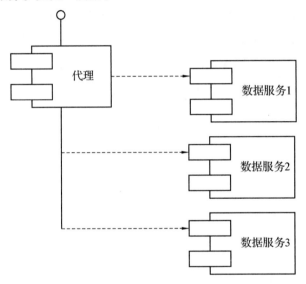

图 3 代理模式示例

b) 增强模式：通过增强信息服务功能或者性能提供信息服务的方式。

c) 服务流集成模式：基于工作流方式，按照林业业务管理的信息需求，构建复合型林业信息服务，通过顺序集成多个信息服务功能，形成更加面向应用的信息服务。如图 4 所示。

7.2 安全策略

服务组件的构建和运行应建立相应的安全策略。基于 SCA 的服务安全策略，参照《SCA 策略框架》(SCA Policy Framework) 执行。

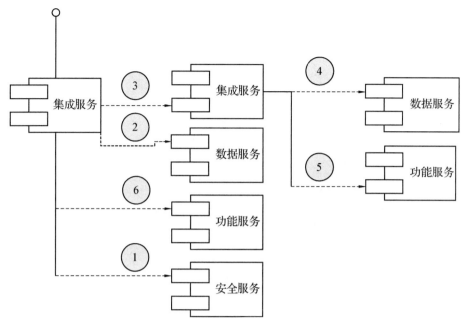

图 4　服务流基本模式

附录 A（资料性附录）林业信息服务创建与应用示例

A.1　示例概述

以森林资源监管为例，在国家级森林资源监管工作中需要省级相关信息服务的支撑。

国家级森林资源监管需要各省提供森林资源监测信息、森林资源利用信息、林地林权信息的支持，同时需要国家级森林资源监管辅助决策功能服务。

假设各省提供信息的方式如下。

a) 森林资源监测信息：以网络要素服务的形式，提供森林资源的分布信息和行政区划图；同时，以网络地图服务形式提供高分辨率遥感影像服务。

b) 森林资源利用信息：以关系型数据的数据访问服务接口方式，提供森林采伐信息。

c) 林地林权信息：以关系型数据的数据访问服务接口方式，提供林权登记信息。

假设国家提供森林资源监管的辅助决策所需的功能服务，方式如下：

d) 以功能服务的方式提供森林资源评价服务。

森林资源监管应用则通过集成上述服务，为管理和决策提供信息支持。

各类服务部署如图 A.1 所示。

A.2　服务创建

A.1 中 a) 部分的服务可以通过成熟的地理信息系统平台，直接创建和发布森林资源分布服务，应符合 GB/T 25597。

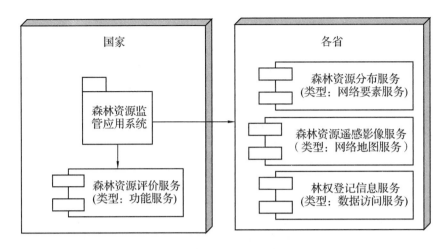

图 A.1　森林资源监管应用与信息服务部署图

A.1 中 b)部分的服务可以按照《SCA 服务构件架构 JAVA 构件实现规范》(SCA Service Component Architecture JAVA Component Implementation Specification)的要求,创建和发布 SCA 架构的 WEB 服务。

A.1 中 c)部分的服务可以按照《SCA 服务构件架构 WS－BPEL 客户端及实现模型》(SCA Service Component Architecture Client and Implementation Model Specification for WS－BPEL),集成其他信息服务,提供林权登记信息服务。

A.1 中 d)部分的服务可以按照《SCA 服务构件架构 C＋＋客户端及实现模型》(SCA Service Component Architecture Client and Implementation Model Specification for C＋＋),在改造已有计算模型的基础上,提供森林资源评价服务。

A.3　服务注册

按照 GB/Z 25599,各信息服务提供方向国家级注册中心进行服务注册。

A.4　服务授权

由服务提供方对注册的服务,基于安全服务的资源授权服务,按照预先设定的信息安全策略,进行服务访问授权。

A.5　服务访问

由森林资源监管应用集成 A.1 中所有服务,形成可视化人机交互界面,为管理和决策提供信息支撑。

参考文献

[1] SCA 组装模型规范(Service Component Architecture Assembly Model Specification).
　　http：//www.osoa.org/display/Main/Service＋Component＋Architecture＋Specifications

[2] SCA 服务构件架构 JAVA 构件实现规范(SCA Service Component Architecture JAVA Component Implementation Specification). http：//www.osoa.org/display/Main/Service＋Component＋Architecture＋Specifi-

cations

[3] SCA 服务构件架构 JAVA 通用注解和 API 规范(SCA Service Component Architecture JAVA Common Annotations and APIs). ttp：//www.osoa.org/display/Main/Service + Component + Architecture + Specifications

[4] SCA 服务构件架构 JAVA EE 集成规范(SCA Service Component Architecture JAVA EE Integration Specification). ttp：//www.osoa.org/display/Main/Service + Component + Architecture + Specifications

[5] SCA 服务构件架构 C++ 客户端及实现模型(SCA Service Component Architecture Client and Implementation Model Specification for C++)

[6] SCA 服务构件架构 C 客户端及实现模型(SCA Service Component Architecture C Client and Implementation Specification). http：//www.osoa.org/display/Main/Service + Component + Architecture + Specifications

[7] SCA 服务构件架构 WS – BPEL 客户端及实现模型(SCA Service Component Architecture Client and Implementation Model Specification for WS – BPEL).
http：//www.osoa.org/display/Main/Service + Component + Architecture + Specifications

[8] SCA 服务构件架构 COBOL 客户端及实现模型(SCA Service Component Architecture COBOL Client and Implementation Specification). http：//www.osoa.org/display/Main/Service + Component + Architecture + Specifications

[9] SCA 服务构件架构 Spring 构件实现规范(SCA Service Component ArchitectureSpring Component ImplementationSpecification). http：//www.osoa.org/display/Main/Service + Component + Architecture + Specifications

[10] SCA 策略框架(SCA Policy Framework). http：//www.osoa.org/display/Main/Service + Component + Architecture + Specifications

[11] SOAP 1.1 Request Optional Response HTTP Binding.
http：//www.w3.org/TR/2006/NOTE – soap11 – ror – httpbinding – 20060321/

[12] SOAP 1.2 Attachment Feature. http：//www.w3.org/TR/2004/NOTE – soap12 – af – 20040608/

[13] SOAP Message Transmission Optimization Mechanism. http：//www.w3.org/TR/2005/REC – soap12 – mtom – 20050125/

[14] Web Services SOAP Assertions (WS – SOAPAssertions). http：//www.w3.org/TR/2011/REC – ws – soap – assertions – 20111213/

[15] Initial Hypertext Transfer Protocol (HTTP) Method Registrations.
http：//datatracker.ietf.org/doc/draft – ietf – httpbis – method – registrations/

[16] Hypertext Transfer Protocol (HTTP/1.1)：Conditional Requests.
http：//datatracker.ietf.org/doc/draft – ietf – httpbis – p4 – conditional/

林业信息化网络系统建设规范

（LY/T 2172-2013，国家林业局2013年10月17日发布，2014年1月1日实施）

1 范围

本标准规定了林业信息化网络系统的基础设施、网络服务、网络管理、网络安全的建设技术要求。

本标准适用于各级林业主管部门及其直属单位、派出机构非涉密的信息化网络系统建设工作，企事业单位参照执行。

2 规范性引用文件

下列文件对于本文件的应用是必不可少的。凡是注日期的引用文件，仅所注日期的版本适用于本文件。凡是不注日期的引用文件，其最新版本（包括所有的修改单）适用于本文件。

GB 50174—2008　电子计算机机房设计规范

GB/T 2887　电子计算机场地通用规范

GB 50057—1994　建筑物防雷设计规范

GB 7260—2009　不间断电源设备（UPS）

GB/T 18233—2008　信息技术　用户建筑群的通用布缆

GB 50169—2006　电气装置安装工程 接地装置施工及验收规范

GB/T 19668　信息化工程监理规范

GB/T 22239—2008　信息安全技术 信息系统安全等级保护基本要求

GB/T 20269—2006　信息安全技术 信息系统安全管理要求

GB/T 20282—2006　信息安全技术 信息系统安全工程管理要求

GB/T 50311—2007　建筑与建筑群综合布线系统工程设计规范

GB/T 50312—2007　建筑与建筑群综合布线系统工程验收规范

GB/T 21671—2008　基于以太网技术的局域网系统验收测评规范

YD 1381—2005　IP网络技术要求—网络性能测量方法

3 术语、定义和缩略语

下列术语和定义适用于本标准。

3.1 术语和定义

全国林业专网 The national forestry network。

目前已建成的连接全国各级林业主管部门及其直属单位、派出机构和部分企事业单位的广域网。

3.2 缩略语

本标准按照 GB/T 1.1－2009 给出的规则起草。

本标准由全国林业信息数据标准化技术委员会（SAC/TC 386）提出并归口。

本标准起草单位：国家林业局调查规划设计院。

本标准主要起草人：张硕宁、罗恒、王倩。

IP	互联网协议	（Internet Protocol）
IPv4	互联网协议版本4	（Internet Protocol Version 4）
IPv6	互联网协议版本6	（Internet Protocol Version 6）
UPS	不间断电源	（Uninterruptable Power Supply）
VPN	虚拟专用网	（Virtual Private Network）
AP	接入点	（Access Point）

4 建设流程

4.1 前期工作

应依照林业信息化主管部门的有关规定流程开展。

4.2 项目设计

应遵循国家标准、行业标准和地方标准，符合招标要求。

4.3 项目实施

应符合国家标准、行业标准和地方标准，符合网络建设工程设计方案的要求。

4.4 监理

项目建设单位应按信息系统工程监理有关规定，委托具备相应监理资质的工程监理单位对项目建设进行工程监理。有关规定见 GB/T 19668。

4.5 验收

a）林业信息化主管部门应参与项目竣工验收评审；

b）工程验收过程应符合国家标准、行业标准和地方标准；

c）工程应符合招标要求。

4.6 运行维护

应建立网络工程质量保修制度，保修期应自竣工验收合格之日起不少于两年。网络维护应从人员、资金和规章制度等各方面做出计划安排。应依照所维护网络的防护等级，严格按照信息安全等级保护的国家标准予以执行。

5 整体建设

5.1 网络拓扑结构

a)局域网：星型拓扑结构。

b)广域网：星型或网状拓扑结构。

c)区域或全国性网络组网：

①应使用动态路由协议；

②不应使用设备厂商私有的路由协议。

5.2 网间互联带宽

5.2.1 互联网

a)根据业务需求确定带宽。

b)带宽升级参考以下标准：

①当链路具有高利用率，高优先级流量路由正常，应用业务质量可以保证，Ping测试所经延迟不显著时，不应升级带宽；

②当高优先级流量可用带宽接近带宽极限时，应升级带宽；

③当网络正常业务流量长时间达到带宽的85%，关键业务影响明显，Ping测试所经延迟显著并有一定丢包率时，应升级带宽。

5.2.2 专线

同5.2.1。

5.3 物理链路类型

a)长距离通信(超过100米)应使用光纤或无线链路。

b)终端接入：

①处理非涉密信息的终端可使用双绞线、光纤或无线接入；

②处理涉密信息的终端应使用光纤或屏蔽双绞线接入。

c)承载涉密信息的网络链路应使用光纤或屏蔽双绞线。

d)应对无线链路加密。

e)RJ45接口：

①百兆与千兆直通双绞线应按EIA/TIA 568B线序制作；

②千兆交叉双绞线应按802.3ab千兆交叉线序制作；

③屏蔽双绞线应使用同类屏蔽接口；

f)线路两端应标识清晰。

5.4 网络设计与承载设备

5.4.1 设计原则

网络设计应遵循分层原则，层次划分为核心层、汇聚层和接入层。实际设计可根据网络规模和实际情况增减网络层次。

5.4.2 核心层

a）核心设备：

①局域网：应使用三层交换机；

②广域网：应使用路由器，VPN 线路可使用防火墙或 VPN 专用设备。

b）核心设备应具有热备份或冷备份机制，保证其可用性。

5.4.3 汇聚层

a）有线汇聚：

①局域网：应使用三层交换机；

②广域网：应使用路由器，VPN 线路可使用防火墙或 VPN 专用设备。

b）无线汇聚应使用无线控制器。

c）与核心层的连接应经必要的安全手段进行处理。

d）可使用路由方式或 802.1q 的 trunk 方式上联至核心层。

5.4.4 接入层

a）外连：

①网间互联应使用路由器；

②VPN 连接可使用防火墙或专用 VPN 设备作为接入网关；

③以太网协议接入可只用防火墙作为接入网关；

④可直连核心层，与核心层连接应经必要的安全手段进行处理；

⑤与汇聚层连接应经必要的安全手段进行处理。

b）内连：

①有线终端接入应使用二层交换机；

②无线终端接入应使用无线 AP；

③使用 802.1q 的 trunk 方式上联至汇聚层；

④应上连汇聚层，核心层与汇聚层合一时，应在核心层设备中划出单独区域作为接入汇聚区；

⑤服务器虚拟机可使用虚拟交换机接入组网。

5.5 安全设备

详见 6.2。

5.6 服务器

服务器选型应保证充分满足各类应用；性能指标应有较大冗余；应具有高可靠性、可用性、易维护性，支持虚拟化技术，保证系统高可靠、可管理、易操作。应有良好的售后服务及技术支持。

所选产品应遵循国际通用标准和行业规范；操作系统安全级别 ≥ C2。

5.7 存储设备

根据需求选用存储设备。应选择专用存储备份系统和专用备份服务器，制定相应存储备份方案和恢复方案。

5.8 综合布线

应充分考虑信息点数量和分布，统筹规划综合布线系统。信息点分布和数量应满足未来五至十年的应用需求。

网络综合布线标准见：GB/T 18233—2008、GB/T 50311—2007、GB/T 50312—2007。

5.9 IP 地址规划

5.9.1 原则

a) 统一规划网络地址，中央、地方分级管理，支持网络互联；

b) IP 地址分配应具有层次性、连续性，提高利用率，减少路由表项。

5.9.2 方式

用户地址和互联共享地址构成网络地址。内部网络使用用户地址，网间互通使用互联共享地址。全国林业专网已分配的用户 IP 地址见附录 A。

a) 用户地址：内部网络设备地址和接入内网所用地址，包括个人主机地址、部门网络设备地址、应用服务器地址等，该地址为网络内部地址专用，不用于网间互联。

b) 互联共享地址：包括链路地址（网络设备间的点对点互联地址）和设备管理地址，互联共享地址分配到用户接入设备上连（网络侧）端口。

5.10 域名管理

a) 统一规划林业信息网络域名，中央、地方分级管理；

b) 林业信息网络域名应具有层次性，无二意性。

5.11 局域网

a) 使用以太网协议。

b) 网络骨干带宽：

① 国家级和省级 ≥ 10Gbps，具备平滑升级至 40G/100G 的能力；

② 地市级和县级 ≥ 10Gbps。

c) 至桌面传输速率 ≥ 100Mbps，具备平滑升级至 1G 的能力。

d) 核心设备接口速率 ≥ 1Gbps，其他网络设备接口速率 ≥ 100Mbps。

5.12 网络管理软件平台

5.12.1 拓扑管理

a) 应准确提供网络三层、二层连接视图，反映网络实际物理连接和网络拓扑结构；

b) 连接应精确到物理端口；

c) 应针对不同用户，定制拓扑查看权限。

5.12.2 性能管理

a)监测网络性能,监控网络运行,判断运行质量、效率、流量、流向、连通率等,分析网络服务趋势和方式。

b)性能报告应提供实时和历史数据,可实时查看每性能当前状态和服务水平,查看性能曲线,报告应包括小时、三小时、天、周、月报表。性能报表应按照配置文件的要求分发到相应 Web 站点。不同地点的报表可定点汇集,集中完整反映服务的性能状况。

5.12.3 故障管理

a)网络应全面监控,集合网络全部告警/故障事件,统一分析、处理,录入文档备案;

b)实现告警/故障事件信息实时交换,集中进行事件信息相关性分析。

5.12.4 综合视图呈现

网络管理系统应具备综合视图呈现功能,应具备以下特点:

a)表现直观;

b)界面统一集成,实现不同功能间互操作;

c)分权,定义不同的管理界面,分布式统一管理各网络设备。

5.13 典型业务

应提供服务于业务实际的相关系统和内容。

5.14 前瞻性

所用网络设备应(或通过软件版本升级)支持 IPv6 及 IPv4 双协议栈。

6 网络安全建设

6.1 基础要求

6.1.1 分类定级

a)应按照网络承载的数据、信息类型及重要敏感程度进行分类;

b)应依据国家信息安全等级保护二至四级中关于网络的要求,评定各分类的防护级别;

c)国家信息安全等级保护见 GB/T 22239—2008、GB/T 20269—2006;

d)承载涉密信息的网络分类还应依据涉密信息系统分级保护中关于网络的要求加强防护级别。

6.1.2 互联

a)承载涉密信息与承载非涉密信息的网络应物理隔离;

b)同级网络可通过专线或 VPN 互联,构成区域或全国性网络;

c)低级别网络可通过单向传输设备向高级别网络传送数据;

d)低级别网络与高级别网络互联,应提升低级别网络的级别至高级别网络同级;

e)低级别网络内可通过技术手段隔离出部分区域提升为高级别网络;

6.1.3 区域划分

a) 在同一网络中,应遵循不同功用、不同安全级别的设备和系统划入不同区域的原则,进行区域划分。

b) 区域种类:

①公共服务类:面向公众服务的系统所在区域,如 Web 网站区;

②内部业务处理类:面向业务处理人员开放的区域,如数据加工区或数据库区;

③管理类:用于网络管理的区域,面向网络及系统管理员开放;

④终端接入类:面向终端接入的区域,如办公区或访客接入区;

c) 各类区域在同一网络中的数量应根据业务需要增减;

d) 各区域边界应采用符合国家信息安全等级保护要求的安全手段进行处理。

6.2 安全设备及部署要求

6.2.1 设备选型

a) 应以设备主要功能作为选型参考标准;

b) 大中型网络宜使用功能专业、单一的设备;

c) 在性能满足要求的前提下,可使用一种设备提供多种功能;

d) 小型网络在性能及安全满足要求的情况下,可使用一种设备提供全部所需功能;

e) 应选用符合国家信息安全等级保护要求的安全设备;

f) 安全设备包括但不限于以下种类设备。

6.2.2 防火墙

a) 核心层、汇聚层之间应部署防火墙进行安全隔离;

b) 外连接入层与核心层或汇聚层之间应部署防火墙进行安全隔离;

c) 重要区域应增加部署防火墙进行安全隔离;

d) VPN 线路和互联网接入可直接使用防火墙。

6.2.3 上网行为管理设备

部署于外连接入层接入设备内侧或以旁路模式部署于核心层。

6.2.4 网络流量管理设备

a) 部署于任何需要带宽管理的链路;

b) 可使用透明模式部署。

6.2.5 安全隔离与信息交换设备(网闸)

部署于相互隔离的网络之间进行信息交换。

6.2.6 安全审计设备

应在网络重点区域部署。

6.2.7 网络防病毒系统

全网所有终端和服务器应部署网络版防病毒系统客户端。

6.2.8 用户身份认证系统

应对每台接入终端进行身份认证(CA认证)。

6.2.9 漏洞扫描设备

应部署于网络核心层。

6.2.10 入侵防御

应部署在网络总出口和重要区域。

6.2.11 入侵检测

应旁路部署在网络总出口和重要区域，并与防火墙联动。

6.2.12 流量净化

应部署在网络总出口。

6.2.13 堡垒机

用于网络及系统管理。

6.2.14 多功能安全网关

应具备防火墙、上网行为管理、网络流量管理、病毒检测、身份认证、入侵防御等多种功能。

6.3 项目与人员管理

a) 项目建设期间，项目单位应指定专人全程参与，监督指导；

b) 项目测试期间，各项信息数据，应由项目单位专人统一管理，保证数据不外泄；

c) 项目验收后，应立即将系统管理控制权及全部文档资料交由项目单位统一管理，涉及国家安全和机密的文档、资料、数据，承建单位不得保留；

d) 承载涉密信息的网络，其承建单位应具有涉密项目建设资质，参建人员应签订保密协议并备案；

e) 工程管理要求见 GB/T 20282—2006。

7 机房建设

7.1 基本要求

a) 以6.1为基础，合理分布工作空间及各类设备安装场所，缩短工艺流程，降低劳动强度，提高工作效率，以国家有关标准及规范为依据，确保电子设备系统稳定可靠运行，保障机房工作人员良好的工作环境；

b) 根据需求与现场实际以及电子设备系统实际操作运行情况进行设计，在设计、选材中做到整体布局科学合理；

c) 机房各项功能应完整、配套，保证专业规范、技术先进、经济合理、安全适用、质量优良、管理方便；

d) 在经济实用的前提下，选用优质机房专用装修材料，主体装修材料宜选用吸音效果

好、不易变形、变色、易清洁、防火性好、高度耐用的材料,达到最佳装修效果;

e) 室内设备、布线系统选材应注重可靠性,应采用符合国家标准的优质产品,确保系统运行故障率最低;

f) 机房内部设备应由 UPS 供电;

其他要求见:GB 50174—2008。

7.2 环境

机房内应保证空气流动性良好,不应有阻隔冷热空气循环的隔断存在,机房间隔应保证设备的良好工作环境。

机房环境应符合 GB 50174 和 GB/T 2887 的规定。

7.3 不间断电源(UPS)

7.3.1 额定输出容量

应根据所用设备负荷量统计值,选择所需 UPS 的输出功率(KVA 值)。为确保 UPS 系统效率、延长使用年限,推荐参数:

a) 负载量占 UPS 输出功率 60% ~ 70% 为宜;

b) 宜用单台大容量 UPS 集中供电,有利于 UPS 集中管理,有效利用电池,降低故障率。

7.3.2 机型

根据不同配送系统,有三种 UPS 机型。

a) 单进(220V 输入)/单出(220V 输出)机型:此机型应考虑市电配电的三相均衡。

b) 三进(380V 输入)/单出(220V 输出)机型:应为交流旁路市电输入的相线和中线,配置可单相承担 UPS 额定输出电流的导线截面积。

c) 三进(380V 输入)/三出(380V 输出)机型:应控制 UPS 输出端的负载不平衡度小于 30% ~ 40%。

7.3.3 容错冗余供电系统

对供电质量要求高的计算中心、网管中心,应采用如下几种具有"容错"功能的冗余供电系统:

a) 主机 - 从机型"热备份"冗余供电系统;

b) "1 + 1"型直接并机冗余供电系统;

c) 多机直接并机冗余供电系统。

7.3.4 运行环境

a) 应将 UPS 蓄电池组置于 20℃ ~ 25℃ 环境下运行;

b) 需要电池较多的 UPS,应考虑机房单位面积承重;

c) UPS 应具备网管功能,可远程监控。

7.3.5 中线截面积

为防止供电系统中线过流、过压,应将中线截面积设定为相线的 1.5～2 倍。

7.3.6 其他

宜选用具有双原边绕组(交流旁路和逆变器)输出隔离变压器的 UPS 机型。

有关不间断电源设备(UPS)见 GB 7260—2008。

7.4 空气调节系统

机房空气调节系统应符合 GB 50174 的规定。

7.5 消防

机房消防应符合 GB 50174 的规定。

7.6 防雷、接地保护

机房防雷、接地保护系统应符合 GB 50057、GB 50169、GB/T 2887 的规定。

8 工程验收

8.1 验收测试范围

测试范围包括各网间链路测试、局域网系统测试、网络设备测试等。

8.2 验收测试方法

验收测试方法应符合 GB/T 21671—2008 的规定。

8.3 验收测试项目

8.3.1 传输媒体

a)双绞线布线系统的传输指标、传输性能和测试方法应符合 GB/T 50311—2007、GB/T 50312—2007、GB/T 18233 等标准规定;

b)多模、单模光缆布线系统传输指标和测试方法应符合 GB/T 50311—2007、GB/T 50312—2007 等标准规定。

8.3.2 网络设备

a)设备应达到自身设计指标;

b)设备应达到标书所要求的性能指标;

c)应声明特殊情况下的解决方案和性能指标。

8.4 局域网性能验收测试

局域网性能验收测试方法应符合 GB/T 21671—2008 的规定。测试工具要求见附录 B。

9 文档要求

9.1 项目概况及建设需求

应提供包括项目建设单位、设计单位、实施单位、项目规模、项目功能要求、项目技术指标要求等文件资料。

9.2 设计方案

应提供但不限于用户需求分析、组网方案、设备选型、网络拓扑图、配置功能说明、设计变更记录等文档资料。

9.3 线路接线表和设备布置图

应提供但不限于综合布线系统、局域网系统的设备布置图、线路端接及配线架描述文件、线路端点对应表等资料。

9.4 系统参数设定表

应提供 IP 地址分配表、子网划分表、VLAN 划分表、路由表等资料。

9.5 用户操作和维护手册

应提供但不限于系统操作说明，系统安装、恢复和数据备份说明等资料。

9.6 自测报告

应提供但不限于综合布线系统的自测报告、局域网系统的自测报告等。

9.7 第三方测试报告

应提供综合布线系统的第三方验收测试报告、网络设备的第三方抽查测试报告。

9.8 试运行报告

应提供但不限于局域网系统试运行期间的运行记录、故障处理情况、硬件和软件系统调整情况等报告。

9.9 用户报告

应提供用户对局域网系统使用情况出具的报告。

附录 A（规范性附录）全国林业专网 IP 地址分配表

表 C.1 全国林业专网 IP 地址分配表

序号	单位名称	IP 地址段/子网掩码长度
1	国家林业局	10.52.0.0/16
2	北京市园林绿化局	10.56.0.0/16
3	天津市林业局	10.60.0.0/16
4	河北省林业厅	10.64.0.0/16
5	山西省林业厅	10.68.0.0/16
6	内蒙古自治区林业厅	10.72.0.0/16
7	辽宁省林业厅	10.76.0.0/16
8	吉林省林业厅	10.80.0.0/16
9	黑龙江省林业厅	10.84.0.0/16
10	上海市林业局	10.88.0.0/16
11	江苏省林业局	10.92.0.0/16

(续)

序号	单位名称	IP 地址段/子网掩码长度
12	浙江省林业厅	10.96.0.0/16
13	安徽省林业厅	10.100.0.0/16
14	福建省林业厅	10.104.0.0/16
15	江西省林业厅	10.108.0.0/16
16	山东省林业厅	10.112.0.0/16
17	河南省林业厅	10.116.0.0/16
18	湖北省林业厅	10.120.0.0/16
19	湖南省林业厅	10.124.0.0/16
20	广东省林业厅	10.168.0.0/16
21	广西壮族自治区林业厅	10.132.0.0/16
22	海南省林业厅	10.136.0.0/16
23	重庆市林业局	10.140.0.0/16
24	四川省林业厅	10.144.0.0/16
25	贵州省林业厅	10.148.0.0/16
26	云南省林业厅	10.152.0.0/16
27	西藏自治区林业局	10.156.0.0/16
28	陕西省林业厅	10.160.0.0/16
29	甘肃省林业厅	10.164.0.0/16
30	青海省林业厅	10.128.0.0/16
31	宁夏回族自治区林业局	10.172.0.0/16
32	新疆维吾尔自治区林业厅	10.176.0.0/16
33	中国内蒙古森工集团	10.188.0.0/16
34	中国吉林森工集团	10.196.0.0/16
35	黑龙江省森林工业总局	10.184.0.0/16
36	大兴安岭林业集团	10.192.0.0/16
37	新疆生产建设兵团	10.180.0.0/16
38	驻内蒙古自治区森林资源监督专员办事处	10.62.0.0/16
39	驻长春森林资源监督专员办事处	10.63.0.0/16
40	驻黑龙江省森林资源监督专员办事处	10.65.0.0/16
41	驻大兴安岭林业集团公司森林资源监督专员办事处	10.66.0.0/16
42	驻福州森林资源监督专员办事处	10.67.0.0/16
43	驻云南省森林资源监督专员办事处	10.70.0.0/16
44	驻成都森林资源监督专员办事处	10.69.0.0/16
45	驻西安森林资源监督专员办事处	10.73.0.0/16
46	驻武汉森林资源监督专员办事处	10.86.0.0/16
47	驻贵阳森林资源监督专员办事处	10.74.0.0/16

(续)

序号	单位名称	IP 地址段/子网掩码长度
48	驻海口森林资源监督专员办事处	10.75.0.0/16
49	驻合肥森林资源监督专员办事处	10.77.0.0/16
50	驻乌鲁木齐森林资源监督专员办事处	10.78.0.0/16
51	驻上海森林资源监督专员办事处	10.71.0.0/16
52	森林病虫害防治总站	10.79.0.0/16
53	东北航空护林中心	10.81.0.0/16
54	西南航空护林总站	10.82.0.0/16
55	南京森林警察学院	10.83.0.0/16
56	华东林业调查规划设计院	10.201.0.0/16
57	中南林业调查规划设计院	10.202.0.0/16
58	西北林业调查规划设计院	10.200.0.0/16
59	昆明勘察设计院	10.85.0.0/16
60	林产工业规划设计院	10.55.0.0/16
61	国家林业局管理干部学院	10.57.0.0/16
62	中国林业科学研究院	10.54.0.0/16
63	中国林业出版社	10.58.0.0/16
64	西北华北东北防护林建设局	10.61.0.0/16
65	国际竹藤中心	10.59.0.0/16
66	大连市林业局	10.87.0.0/16
67	宁波市林业局	10.89.0.0/16
68	厦门市农业与林业局	10.90.0.0/16
69	青岛市林业局	10.91.0.0/16
70	深圳市城市管理局	10.93.0.0/16

附录 B(资料性附录) 局域网系统性能测试工具要求

B.1 基本功能

a)应具备直接网络流量监听功能,能够对网络利用率、单播帧、广播帧、多播帧、碰撞、各种类型的出错帧进行统计;

b)应能统计网络中产生业务量最多的节点、出错最多的节点、产生广播帧和多播帧最多的节点;

c)应具备网络协议分析功能,能对网络中的协议进行解码和流量分布统计;

d)应具备自动网络节点和拓扑发现功能,能自动生成网络节点列表,包括节点的 MAC 地址、IP/IPX 地址和名称的对应;

e)应具备网络流量仿真功能,可指定数据包的内容(如 MAC 地址、IP 地址)和数据包长度,并可指定所产生流量的大小;

f)应具备 RFC2544 网络性能测试功能,包括吞吐率、传输时延和丢包率测试;

g)应具备 Ping 和 Trace Route 测试功能;

h)应具备从网络设备上获取 SNMP 数据的功能;

i)应具备测试结果分析及图表打印输出的功能;

j)宜具备基本网络业务仿真测试功能(如:DHCP、DNS、Web、E-mail、文件服务等);

k)网络性能测量方法见 YD 1381—2005。

B.2 性能和精度要求

a)应支持在 10/100/1000M 以太网接口上的 100% 满线速流量产生功能(包括所有的帧大小,如:64、128、256、512、1024、1280、1518 字节);

b)应支持在 10/100/1000M 以太网接口(包括全双工链路)上的 100% 满线速流量统计功能;

c)时间标签精度应优于 $10\mu s$。

参考文献

安东尼·汤森. 智慧城市[M]. 北京：中信出版社，2014.

傅治平. 第四文明[M]. 北京：红旗出版社，2007.

工业和信息化部. 国家电子政务"十二五"规划[EB/OL]. 工业和信息化部网站 www.miit.gov.cn，2011年4月13日.

工业和信息化部. 互联网行业"十二五"规划[EB/OL]. 工业和信息化部网站 www.miit.gov.cn，2013年6月27日.

国家林业局. 建设生态文明 建设美丽中国[M]. 北京：中国林业出版社，2014.

国家林业局. 中国的绿色增长：党的十六大以来中国林业的发展[M]. 北京：中国林业出版社，2012.

国家林业局. 中国林业统计年鉴2012. 北京：中国林业出版社，2012.

国家林业局信息中心."全国林业一张图"取得重大阶段性成果[EB/OL]. 中国林业网 www.forestry.gov.cn，2012年05月23日

国家信息化领导小组. 国家电子政务总体框架[EB/OL]. 国家测绘局网站 www.chzt.sbsm.gov.cn，2006年3月19日.

国土资源部信息中心. 全国国土资源"一张图"及核心数据库建设总体方案[EB/OL]，国土资源部网站 www.mlr.gov.cn，2010年4月2日.

国务院办公厅. 国家卫星导航产业中长期发展规划[EB/OL]. 中央政府门户网站 www.gov.cn，2013年10月9日.

IBM商业价值研究所. 智慧地球[M]. 北京：东方出版社.

贾治邦. 加快林业信息化 带动林业现代化[EB/OL]. 中国林业网 www.forestry.gov.cn，2011年6月3日.

贾治邦. 新中国成立60周年重要林业文献选编[M]. 北京：光明日报出版社，2009.

姜洪军. 谷歌风云[M]. 北京：科学出版社，2012.

李世东，陈幸良，马凡强，等. 新中国生态演变60年[M]. 北京：科学出版社，2010.

李世东，樊宝敏，林震，等. 现代林业与生态文明[M]. 北京：科学出版社，2011.

李世东，李文华. 中国森林生态治理方略研究[M]. 北京：科学出版社，2008.

李世东，林震，杨冰之. 信息革命与生态文明[M]. 北京：科学出版社，2013.

李世东. 中国林业信息化标准规范[M]. 北京：中国林业出版社，2014.

李世东. 中国林业信息化顶层设计[M]. 北京：中国林业出版社，2012.

李世东. 中国林业信息化发展战略[M]. 北京：中国林业出版社，2012.

李世东. 中国林业信息化绩效评估[M]. 北京：中国林业出版社，2014.

李世东. 中国林业信息化建设成果[M]. 北京：中国林业出版社，2012.

李世东. 中国林业信息化决策部署[M]. 北京：中国林业出版社，2012.

李世东. 中国林业信息化示范案例[M]. 北京：中国林业出版社，2012.

李世东. 中国林业信息化示范建设[M]. 北京：中国林业出版社，2014.

李世东. 中国林业信息化政策解读[M]. 北京：中国林业出版社，2014.

李世东. 中国林业信息化政策研究[M]. 北京：中国林业出版社, 2014.

李世东. 中国林业信息化政策制度[M]. 北京：中国林业出版社, 2012.

李世东. 把握互联网时代 拓展互联网思维[EB/OL]. 中国林业网 www.forestry.gov.cn, 2015年1月20日.

李世东. 从"数字林业"到"智慧林业"[J]. 中国信息化, 2013(20)：64-67.

李世东. 大力发展林联网 推进治理现代化[EB/OL]. 中国林业网 www.forestry.gov.cn, 2014年7月10日.

李世东. 加快信息进程 服务生态民生 建设生态文明[EB/OL]. 中国林业网 www.forestry.gov.cn, 2013年1月17日.

李世东. 林业信息化"十二五"规划解读[EB/OL]. 中国林业网 www.forestry.gov.cn, 2012年2月14日.

李世东. 论第六次信息革命[J]. 中国新通信, 2014(14)：6-11.

李世东. 凝聚智慧 成就梦想[EB/OL]. 中国林业网 www.forestry.gov.cn, 2013年3月7日.

李世东. 人类正迈入"六个第一"的信息时代[N]. 学习时报, 2014(756).

李世东, 王庆杰. 中国林业电子政务[M]. 北京：中国林业出版社, 2007.

吕宣. 谷歌地球在无线通信测量中的应用[J]. 通讯世界, 2014(20)：27-30.

梅宏, 王千祥, 张路等. 软件分析技术进展[J]. 计算机学报, 2009, 32(9)：1697-1710.

潘笑天, 郑娜. 中国海域监管 向远海覆盖[N]. 人民日报海外版. 2012年09月03日.

石军南, 唐小明. 湖南数字林业浅论[J]. 中南林业调查规划, 2003, 22(2)：21-23.

宋国杰, 唐世渭, 杨冬青, 王腾蛟. 数据流中异常模式的提取与趋势监测[J]. 计算机研究与发展, 2004, 10：1754-1759.

孙扬, 封孝生, 唐九阳, 等. 多维可视化技术综述[J]. 计算机科学, 2008, 35(11)：1-7.

王教育, 李元科, 全志杰. 空间信息技术及其与林业信息化管理工程[J]. 陕西林业科技, 1997, 04：47-48+55.

王景光. 信息资源组织与管理[M]. 北京：清华大学出版社, 2002.

王少勇. "全球地质一张图·中国"正式上线[N]. 中国国土资源报, 2014年5月20日.

王涛, 余顺争. 基于机器学习的网络流量分类研究进展[J]. 小型微型计算机系统, 2012, 33(5)：1034-1040.

王志红, 胡川. 基于Google Maps API的网络地图服务系统的研究与应用[J]. 测绘标准化, 2010(02)：21-25.

韦维, 陈海林, 蓝肖, 等. 关于林业科技信息化应用的思考[J]. 广西林业科学, 2008, 37(3)：172-174.

杨洪泉. 大众电子地图的应用现状及发展趋势[J]. 测绘通报, 2014(11)：35-38.

余明, 地理信息系统导论, 清华大学出版社, 2009.

张建波, 胡启萍, 郭建强. 美国信息产业发展战略对我国的启示与借鉴[J]. 生产力研究, 2008, (4)：93-95.

张康聪著, 陈健飞等译. 地理信息系统导论(第3版)[M]. 北京：清华大学出版社, 2009.

张令. 环境红线相关问题研究[J]. 现代农业科技, 2013, (11)：247-247.

张维迎. 中国电子政务发展报告[M]. 北京：北京大学出版社, 2011.

中国可持续发展林业战略研究项目组. 中国可持续发展林业战略研究[M]. 北京：中国林业出版社, 2003.

《中国林业工作手册》编纂委员会. 中国林业工作手册[M]. 北京：中国林业出版社, 2006.

《中国林业信息化发展报告》编纂委员会. 2010 年中国林业信息化发展报告[M]. 北京：中国林业出版社，2010.

《中国林业信息化发展报告》编纂委员会. 2011 年中国林业信息化发展报告[M]. 北京：中国林业出版社，2011.

《中国林业信息化发展报告》编纂委员会. 2012 年中国林业信息化发展报告[M]. 北京：中国林业出版社，2012.

《中国林业信息化发展报告》编纂委员会. 2013 年中国林业信息化发展报告[M]. 北京：中国林业出版社，2013.

《中国林业信息化发展报告》编纂委员会. 2014 年中国林业信息化发展报告[M]. 北京：中国林业出版社，2014.

中国卫星导航系统管理办公室. "北斗"卫星导航系统发展报告[J]. 国际太空，2014(2)：15 - 19.

钟凯文，李岩，黄建明. 省级"数字林业"系统模型研究[J]. 热带地理，2004，24(4)：311 - 315.

周宏仁. 中国信息化形势分析与预测[M]. 北京：社会科学文献出版社，2010.

周宏仁. 信息化论[M]. 北京：人民出版社，2008.

朱彧. "全国海岛一张图"逐步完善[EB/OL]. 国家海洋局网站：www. soa. gov. cn，2012 年 8 月 29 日.

左志莉. 基于生态红线区划分的土地利用布局研究[D]. 广西师范学院，2010.

A. Halevy, M. Franklin, and . Maier. Principles of Dataspace System. The Twenty-Fifth ACM SIGACT-SIGMOD-SIGART Symposium on Principles of Database Systems, Illinois, ACM, 2006：1 - 9.

Cowardin L M, Carter V, Golet F C, et al. Classification of wetlands and deepwater habitats of the United States. FWS/OBS-79/31[J]. Department of the Interior Fish & Wildlife Service, 1979.

Hand D J. Principles of Data Mining[J]. Drug Safety, 2007, 30(7)：621 - 622.

Rabbath M, Sandhaus P, Boll S. Multimedia retrieval in social networks for photo book creation//Proc of the 1st ACM Int Conf on Multimedia Retrieval. New York：ACM，2011：72：1 - 72：2.

后 记

从 2010 年开始，以林业资源监管综合服务体系试点建设项目实施为标志，开启了中国林业一张图建设的历程。经过数年努力，林业资源的海量数据流不断地生成、汇聚，并以此为基础，构建起一张立体、动态、可视的全国林业一张图。一张图相关项目的建设，拉开了我国智慧林业建设的序幕。鼠标轻点，在特定的网络环境下，便可以查询到全国及省、市、县甚至山头地块的林业资源分布情况。中国林业一张图，将是林业有史以来可动态监测、及时决策的最全面、最细致、最先进的一张图，其数据管理与服务机制也正在逐步建立，将为国家林业局各司局各单位及各地林业部门提供数据支撑服务。

在第四届全国林业信息化工作会议上，张建龙局长指出，"十三五"林业信息化工作，要深入贯彻党中央、国务院关于加快信息化建设的系列决策部署，大力推进"互联网+"林业建设，实现互联网思维、大数据决策、智能型生产、协同化办公、云信息服务，为引领林业现代化做出新贡献。力争到 2020 年，全国林业信息化率达到 80%，其中，国家级林业信息化率达到 90%，省级林业信息化率达到 80%，市级林业信息化率达到 70%，县级林业信息化率达到 60%。"十三五"期间，国家林业局将进一步加大林业信息资源整合共享力度，加大林业资源采集、汇集、存储、分析、预测和开放的能力，为全国林业智慧应用的发展提供基础数据支撑，更多地采用新一代信息技术，实现中国林业一张图支撑现代林业发展的宏伟目标。

中国林业一张图，有人称它为现代林业信息管理的经典力作，有人联想到它不断升级后在林业更广泛领域的应用。林业一张图推广应用的大幕已开启，必将成为大数据时代的一个重要标志，为林业现代化建设做出重要贡献。

在中国林业一张图建设和本书编写过程中，得到了国家林业局调查规划设计院、中国林业科学研究院、北京市园林绿化局、辽宁省林业厅、内蒙古自治区林业厅和鄂尔多斯市林业局、湖北省林业厅和老河口市林业局、四川省林业厅和卧龙国家级自然保护区等大力支持，在此一并致谢！

不妥之处，敬请批评指正。

著者

2015 年 12 月